南史

四部備要

史部

中華書局據武英殿本校刊

桐鄉陸費逵總勘

杭縣高時顯　吳汝霖輯校

杭縣丁輔之監造

南史卷四十

唐　李延壽撰

列傳第三十

魯爽　薛安都從子深　鄧琬劉胡　宗越

吳喜　黃回

魯爽小字女生扶風郿人也祖宗之字彥仁仕晉官至南陽太守義熙元年起義以功爲雍州刺史宋武帝討劉毅與宗之因會江陵封南陽郡公自以非武帝舊隸屢建大功有自疑之志會司馬休之見討猜懼因與休之北奔盡室入姚氏頃之病卒父軌一名象齒便弓馬膂力絕人爲竟陵太守隨父入姚氏及武帝定長安軌休之北奔魏魏以軌爲荊州刺史襄陽公鎭長社孝武鎭襄陽軌遣親人程整奉書規欲歸南致誠以殺劉康祖徐湛之父不敢歸文帝累遣招納許以爲司州刺史爽少有武藝魏太武知之常置左右及軌死爽代爲荊州刺史襄陽公鎭長社麤中使酒數有過失太武怒將誅之爽懼密懷歸南計

次弟秀小字天念頗有意略仕魏以軍功爲中書郎封廣陵侯或告太武鄴人欲反復遣秀檢察幷燒石季龍殘餘宮殿秀常乘驛往返是時病還遲爲太武所詰秀復恐懼太武尋南攻因從度河先是廣平人程天祚爲殿中將軍有武力元嘉二十七年助戍彭城爲魏軍所獲以善針術深被太武賞愛封南安公常置左右恆勸秀南歸秀納之及太武北還與爽俱來奔文帝悅以爽爲司州刺史秀爲滎陽潁川二郡太守是歲元嘉二十八年也魏毀其墳墓明年四月入朝時太武已崩上更謀經略五月遣爽秀及程天祚等出許洛王玄謨攻碻磝不拔敗退爽亦收衆南還三十年元凶弑逆南譙王義宣起兵入討爽與雍州刺史臧質俱詣江陵事平以爽爲豫州刺史加都督至壽陽便曲意賓客爵命士人畜仗聚馬如寇將至元凶之爲逆也秀在建鄴元凶謂秀曰我爲卿誅徐湛之矣方相委任以秀爲右將軍使攻新亭秀因此歸順孝武即位以爲司州刺史加都督領汝南太守孝建元年二月義宣與爽謀反報秋當同舉爽狂酒乖謬即日便起兵使其衆戴黃標稱建平元年竊造法服義宣質聞爽已處

分便狽狽同反爽於是送所造輿服詣江陵板義宣及臧質等文曰丞相劉今補天子名義宣車騎臧今補丞相名質平西朱今補車騎名修之皆板到奉行義宣駭愕爽所送法物並留竟陵縣不聽進使爽直出歷陽自采石濟軍與質水陸俱下左軍將軍薛安都與爽相遇刺殺之傳首建鄴進平壽陽子弟並伏誅

薛安都河東汾陰人也世爲強族族姓有三千家父廣爲宗豪宋武帝定關河以爲上黨太守安都少以勇聞身長七尺八寸便弓馬仕魏以軍功爲雍州秦州都統元嘉二十一年來奔求北還構扇河陝文帝許之孝武鎭襄陽板爲北弘農太守魏軍漸強安都乃歸襄陽二十七年隨王誕板安都爲建武將軍隨柳元景向關陝率步騎居前所向剋捷後孝武伐逆安都領馬軍與柳元景俱發孝武踐阼除右軍將軍率所領騎爲前鋒直入殿庭以功封南鄉縣男安都初征關陝至白口夢仰視天見天門開謂左右曰汝等見天門開不至是歎曰夢天門開乃中興之象邪從弟道生亦以軍功爲大司馬參軍犯罪爲秣陵令

庚淑之所鞭安都大怒卽日乃乘馬從數十人令左右執矟欲往殺淑之行至
朱雀航逢柳元景遙問曰薛公何之安都躍馬至車後曰小子庚淑之鞭我從
弟今指往刺殺之元景慮其不可駐車紿之曰小子無宜適卿往與手甚快安
都旣回馬元景復呼之令下馬入車因讓之曰卿從弟服章言論與寒細不異
且人身犯罪理應加罰卿爲朝廷勳臣云何放恣輒於都邑殺人非惟科律所
不容主上亦無辭相宥因載俱歸安都乃止其年以憚直免官孝建元年除左
軍將軍及魯爽反叛遣安都及沈慶之濟江安都望見爽便躍馬大呼直往刺
之應手倒左右范雙斬爽首爽世梟猛咸云萬人敵安都單騎直入斬之而反
時人皆云關羽斬顏良不是過也進爵爲侯時王玄謨拒南郡王義宣臧質於
梁山安都復領騎爲支軍義宣遣將劉諶及臧質攻玄謨玄謨命衆軍擊之使
安都引騎出賊陣右橫擊陷之賊遂大潰轉太子右衞率大明元年魏軍向無
鹽遣安都領馬軍東陽太守沈法系統水軍並授徐州刺史申坦節度時魏軍
已去坦求回軍討任榛見許會天旱水泉多竭人馬疲困不能遠追安都法系

白衣領職坦緊尙方任榛大抵在任城界積世逋叛所聚棘榛深密難爲用師故能久自保藏屢爲人患安都明年復職改封武昌縣侯景和元年爲平北將軍徐州刺史加都督明帝即位安都舉兵同晉安王子勛時安都從子索兒在都明帝以爲左軍將軍直閤安都將爲逆遣報之又遣人至瓜步迎接時右衞將軍柳光世亦與安都通謀二人俱逃攜安都諸子及家累席卷北奔青州刺史沈文季冀州刺史崔道固並皆同反明帝遣齊高帝率前將軍張永等北討所至奔散斬薛索兒時武衞將軍王廣之領軍隸劉勔攻殷琰於壽陽道固部將傅靈越爲廣之軍人所禽厲聲曰我傅靈越也汝得賊何不即殺時生送詣勔勔躬自慰勞詰其叛逆對曰九州唱義豈獨在我勔又問卿何不早歸天闕乃逃命草間靈越曰薛公舉兵淮北威震天下不能專任智勇委付子姪致敗之由實在於此人生歸於一死實無面求活勔壯其意送還建鄴明帝欲加原宥靈越辭對如一終不回改乃殺之靈越清河人也子勛平定安都遣別駕從事史畢衆愛下邳太守王煥等奏啓事詣明帝歸款索兒之死也安都使柳光

世守下邳至是亦率所領歸降帝以四方已平欲示威於淮外遣張永沈攸之以重軍迎安都懼不免罪遂降魏

深安都從子也本名道深避齊高帝偏諱改焉安都以彭城降魏親族皆入北高帝鎮淮陰深遁來委身自結於高帝果幹有氣力宋元徽末以軍功至驍騎將軍軍主封竟陵侯沈攸之之難齊高帝入朝堂豫章王嶷代守東府使深領軍屯司徒右府分備建鄴袁粲據石頭豫章王嶷夜登西門遙呼深深驚起率軍赴難高帝即位除淮陰太守尋爲直閣將軍轉太子左率武帝即位遷左衞將軍隆昌元年爲司州刺史右將軍卒

鄧琬字元琰豫章南昌人也父胤之宋孝武征虜長史光祿勳孝武起義初琬爲南海太守以弟瓊與臧質同逆遠徙仍亭廣州久之得還歷位丹陽丞大明七年車駕幸歷陽追思在蕃之舊擢琬爲給事黃門侍郎明年出爲晉安王子勛鎮軍長史尋陽內史行江州事前廢帝以文帝孝武並次居第三以登極位子勛次第既同深致嫌疑因何邁之謀乃遣使齎藥賜死使至子勛典籤謝道

邁主帥潘欣之侍書褚靈嗣等馳以告琬泣涕請計琬曰身南土寒士蒙先帝殊恩以愛子見託當以死報効景和元年冬子勛戎服出聽事宣旨欲舉兵四坐未荅錄事參軍陶亮曰請効死前驅衆並奉旨會明帝定亂進子勛號車騎將軍開府儀同三司令書至諸佐史並喜造琬曰暴亂旣除殿下又開黃閤實爲公私大慶琬以子勛次第居三又以尋陽起事有符孝武理必萬剋乃取令書投地曰殿下當開端門黃閤是吾徒事耳衆並駭愕琬與陶亮等繕甲器徵兵四方郢州刺史安陸王子綏荆州刺史臨海王子頊會稽太守尋陽王子房雍州刺史袁顗梁州刺史柳元怙益州刺史蕭惠開廣州刺史袁曇遠徐州刺史薛安都青州刺史沈文季冀州刺史崔道固湘州行事何慧文吳郡太守顧琛吳興太守王曇生晉陵太守袁標義興太守劉延熙並同叛逆琬乃建牙於桑尾傳檄建鄴購明帝萬戶侯布絹二萬疋金銀五百斤其餘各有差明帝遣荆州典籤邵宰乘驛還江陵經過襄陽袁顗馳書報琬勸勿解甲并奉勸子勛卽僞位琬乃稱說符瑞令顧昭之撰爲瑞命記造乘輿御服立宗廟設壇場矯

作崇憲太后璽令羣僚上僞號於子勛泰始二年正月七日卽位於尋陽城改景和三年爲義嘉元年其日雲雨晦合行禮忘稱萬歲取子勛所乘車除脚以爲輦置僞殿之西其夕有鵄棲其中鶵集其幰又有秃鶖鳥集城上拜安陸王子綏爲司徒因雷電晦冥震其黄閤柱鵄尾墮地又有鵄棲其帳上琬性鄙闇貪吝過甚財貨酒食皆身自量校至是父子並賣官鬻爵使婢僕出市道販賣酣歌博奕日夜不休賓客到門者歷旬不得前內事悉委褚靈嗣等三人羣小競爲威福士庶忿怨內外離心矣明帝遣領軍將軍王玄謨領水軍南討吳興太守張永爲繼尚書下符奉詔以四王幼弱不幸陷難兵交之日不得妄加侵犯若有逼損誅翦無貸琬遣孫沖之等前鋒一萬據赭圻沖之於道與子勛書欲沿流挂帆直取白下請速遣陶亮衆軍相接分據新亭亮本無幹略聞建安王休仁自上殷孝祖又至不敢進及孝祖中流矢死沈攸之代爲前鋒沖之謂陶亮曰孝祖梟將一戰便死天下事定矣不須復戰便當直取京都亮不從明帝遣員外散騎侍郎王道隆至赭圻督戰衆軍奮擊大破之琬又遣豫州刺史

劉胡來屯鵲尾胡宿將攸之等甚憚之胡鄉人蔡那佼長生張敬兒各領軍隸
攸之在赭圻胡因與那等共語那等說令歸順胡回軍入鵲尾無他權略建安
王休仁自武檻進據赭圻時胡等兵衆強盛遠近疑惑明帝欲綏慰人情遣吏
部尚書褚彥回至武檻選用將帥以下申謙杜幼文因此求黃門沈懷明劉亮
求中書郎建安王休仁即使彥回擬選上不許曰忠臣殉國不謀其報臨難以
干朝典豈爲下之節沈攸之等與劉胡相持久不決上又遣強弩將軍任農夫
等領兵繼至攸之繕修船舸板材不周計無所出會琬送五千片榜供胡軍用
俄而風潮奔迅榜突柵出江胡等力不能制趁流而下泊攸之等營於是材板
大足琬進袁顗都督征討諸軍事率樓船千艘來入鵲尾張興世建議越鵲尾
上據錢溪斷其糧道胡累攻之不能剋乃遣龍驤將軍陳慶領三百舸向錢溪
戒慶不須戰陳慶至錢溪不敢攻越溪於梅根立砦胡別遣將王起領百舸攻
與世擊大破之胡率其餘舸馳還顗更使胡攻興世休仁因此命沈攸之吳喜
佼長生劉靈遺劉伯符等進攻濃湖造皮艦千乘拔其營柵苦戰移日大破之

顗被攻急馳信召胡令還張興世旣據錢溪江路阻斷胡軍乏食琬大送資糧畏興世不敢下胡遣將迎之爲錢溪所破夜走徑趣梅根顗聞胡走亦棄衆西奔至青林見殺琬惶擾無計時張悅始發兄子浩喪乃稱疾呼琬計事令左右伏甲戒之若聞索酒便出琬至謀斬晉安王封府庫以謝罪悅曰寧可賣殿下求活邪因呼求酒再呼左右震懾不能應第二子詢提刀出餘人續至即斬琬悅因齎琬首詣建安王休仁降蔡那子道深以父爲明帝効力被繫作部因亂脫鏁入城執子勛因之沈攸之諸軍至江州斬子勛於桑尾牙下傳首建鄴劉胡走入沔竟陵郡丞陳懷直憲子也斷道邀之胡人馬旣疲困因隨懷直入城告渴得酒飲酒畢引佩刀自刺不死斬首送建鄴張興世弟僧彥追殺懷直取胡首竊有其功荆州聞濃湖平更議奉子頊奔益州就蕭惠開典籤阮道預邵宰不同曰雖復欲西豈可得至遣使歸罪荆州中從事宗景士人姚儉等勒兵入城執子頊以降

劉胡南陽湼陽人也本以面坳黑似胡故名坳胡及長單名胡焉出身郡將稍

至隊主討伐諸蠻往無不捷蠻甚畏憚之明帝卽位除越騎校尉蠻畏之小兒啼語云劉胡來便止

宗越南陽葉人也本爲南陽次門安北將軍趙倫之鎭襄陽襄陽多雜姓越更被黜爲役門出身補郡吏父爲蠻所殺越於市中刺殺讎人太守夏侯穆嘉其意擢爲隊主蠻有爲寇盜者常使越討伐往輒有功家貧無以市馬刀楯步出單身挺戰衆莫能當每一捷郡將輒賞錢五千因此得買馬元嘉二十四年啓文帝求復次門移戶屬冠軍縣許之二十七年隨柳元景侵魏領馬幢隸柳元怙有戰功還補後軍參軍督護隨王誕戲之曰汝何人遂得我府四字越答曰佛狸未死不憂不得諮議參軍誕大笑孝武卽位以爲江夏王義恭大司馬行參軍濟陽太守臧質魯爽反朝廷致討越戰功居多追奔至江陵時荆州刺史朱修之未至越多所誅戮又逼略南郡王義宣子女坐免官繫尚方尋被宥追論前功封范陽縣子大明三年爲長水校尉竟陵王誕據廣陵反越領馬軍隸沈慶之攻誕及城陷孝武使悉殺城內男丁越受旨行誅躬臨其事莫不先加

捶撻或有鞭其面者欣欣然若有所得凡殺數千人改封始安縣子前廢帝景和元年進爵為侯召為游擊將軍直閤領南濟陰太守改領南東海太守帝凶暴無道而越譚金童太一並為之用命誅戮羣公及何邁等莫不盡心竭力故帝憑其爪牙無所忌憚賜與越等美女金帛充牣其家越等武人麤強識不及遠感一往意氣皆無復二心帝時南巡明旦便發其夕悉聽越等出外宿明帝因此定亂明晨越等並入被撫接甚厚越改領南濟陰太守本官如故越等既為廢帝盡心慮明帝不能容之上接待雖厚內並懷懼上意亦不欲使其居中從容謂曰卿遭離暴朝勤勞日久兵馬大郡隨卿等所擇越等素已自疑及聞此旨皆相顧失色因謀作難以告沈攸之攸之具白帝即日下獄死越善立營陣每數萬人止頓自騎馬前行使軍人隨其後馬止營合未嘗參差及沈攸之代殷孝祖為南討前鋒時孝祖新死衆心並懼攸之歎曰宗公可惜故有勝人處而性嚴酷好行刑誅時王玄謨御下亦少恩將士為之語曰寧作五年徒不逐王玄謨玄謨猶尚可宗越更殺我譚金在魏時與薛安都有舊後出新野居

牛門村及安都歸國金常隨征討副安都排堅陷陣氣力兼人孝建三年爲屯騎校尉直閤領南清河太守景和元年前廢帝誅羣公金等並爲之用封金平都縣男童太一宜陽縣男沈攸之東興縣男越州里又有武念佼長生曹欣之蔡那並以將帥顯武念位至南陽太守長生寧蠻校尉曹欣之驍騎將軍蔡那

見子道恭傳

吳喜吳興臨安人也本名喜公明帝減爲喜出身爲領軍府白衣吏少知書領軍將軍沈演之使寫起居注所寫既畢闇誦略皆上口演之嘗作讓表未奏失本喜經一見即寫無所漏脫演之甚知之因此涉獵史漢頗見古今演之門生朱重人入爲主書薦喜爲主書吏進爲主圖令史文帝嘗求圖書喜開卷倒進之帝怒遣出會太子步兵校尉沈慶之征蠻啓文帝請喜自隨爲孝武所知稍還至河東太守殿中御史明帝即位四方反叛喜請得精兵三百致死於東帝大悅即假建武將軍簡羽林勇士配之議者以喜刀筆吏不當爲將不可遣中書舍人巢尚之曰喜隨沈慶之累經軍旅性既勇決又習戰陣若能任之必有

成績喜乃東討喜在孝武世既見驅使性寬厚所至人並懷之及東討百姓聞吳河東來便望風降散故喜所至剋捷遷步兵校尉封竟陵縣侯東土平定又率所領南討遷尋陽太守泰始四年改封東興縣侯除右軍將軍淮陽太守兼太子左衞率五年轉驍騎將軍太守兼率如故其年大破魏軍於荆亭六年又率軍向豫州拒魏軍加都督豫州諸軍事明年還建鄴初喜東征白明帝得尋陽王子房及諸賊帥卽於東梟斬東土既平喜見南賊方熾慮後翻覆受禍乃生送子房還都凡諸大主帥顧琛王曇生之徒皆被全活上以喜新立大功不問而心銜之及平荆州恣意剽虜贓私萬計又嘗對客言漢高魏武本是何人上聞之益不悅後壽寂之死喜內懼因乞中散大夫上尤疑之及上有疾爲身後之慮疑其將來不能事幼主乃賜死上召入內殿與言謔酬接甚款賜以名饌並金銀御器敕將命者勿使食器宿喜家上素多忌諱不欲令食器停凶禍之室故也及喜死發詔賻贈子徽人襲

黃回竟陵郡軍人也出身充郡府雜使稍至傳教臧質爲郡轉爲齋帥及去職

以回自隨質討元凶回隨從有功免軍戶後隨質於梁山敗走被錄遇赦因下都於宣陽門與人相打詐稱江夏王義恭馬客被鞭二百付右尚方會中書舍人戴明寶被繫差回爲戶伯奉事明寶竭心盡力明寶尋得原散委任如初啓免回以領隨身隊統知宅及江西墅事性巧觸類多能明寶甚寵任之回拳捷果勁勇力兼人在江西與諸楚子相結屢爲劫盜會明帝初卽位四方反叛明寶啓帝使回募江西楚人得快手八百隸劉勔西討累遷至將校以功封葛陽縣男元徽初桂陽王休範爲逆回以屯騎校尉領軍隸齊高帝於新亭創詐降之計回見休範可乘謂張敬兒曰卿可取之我誓不殺諸王敬兒卽日斬休範事平進爵爲侯改封聞喜縣四年還冠軍將軍南瑯邪濟陽二郡太守建平王景素反回又率軍前討城平之日回軍先入又以景素讓張敬兒奴倪奴明年還右軍將軍沈攸之反以回爲平西將軍郢州刺史率衆出新亭爲前鋒未發而袁粲據於石頭不從齊高帝回與新亭諸將任候伯彭文之王宜興等謀應粲攻高帝於朝堂事既不果高帝撫之如舊回與宜興素不協斬之宜興吳興

人也形狀短小而果勁有膽力少年時爲劫不須伴郡縣討逐圍繞數十重終莫能擒嘗舞刀楯回使十餘人以水交灑不能著明帝泰始中爲將在壽陽間與魏戰每以少制多挺身深入以平建平王景素功封長壽縣男至是爲屯騎校尉見殺回進軍未至郢州而沈攸之敗走回不樂停郢州固求南兗遂率部曲輒還改封安陸郡公徙南兗州刺史加都督齊高帝以回專殺終不附己乃使召之及上車愛妾見赤光冠其頭至足苦止不肯住及至見誅回既貴祇事戴明寶甚謹言必自名未嘗敢坐躬至帳下及入內料檢有無隨乏供送以此爲常回同時爲將有南郡高道慶凶險暴橫求欲無已有失意者輒加捶拉往往有死者朝廷畏之如虎狼齊高帝與袁粲等議收付廷尉賜死

論曰凶人之濟其身業非世亂其莫由焉魯爽以亂世之請而行之於平日其取敗也宜哉安都自致奔亡亦爲幸矣鄧琬以亂濟亂終致顛隕宗越譚稔惡盈旋至夷戮各其職也吳喜以定亂之功勞未酬而禍集黃回以助順之志福未驗而災生唯命也哉

南史卷四十

南史卷四十考證

薛安都傳父廣爲宗豪宋武帝定關河以爲上黨太守○北史作父廣晉上黨太守

元嘉二十一年來奔○北史眞君五年與東雍州刺史沮渠康謀逆事發奔宋

靑州刺史沈文季○季北史作秀

明帝遣齊高帝率前將軍張永等北討○北史作明帝遣將張永討安都

黃回傳竟陵郡軍人也○郡南本作都

南史卷四十考證

南史卷四十一

唐　李延壽　撰

列傳第三十一

齊宗室

衡陽元王道度 繼子鈞　始安貞王道生　始安王遙光

曲江公遙欣 子幾　安陸昭王緬　新吳侯景先

南豐伯赤斧 子穎胄 穎達　衡陽公諶　臨汝侯坦之

衡陽元王道度齊高帝長兄也始與高帝俱受學於雷次宗宣帝問次宗二子學業次宗答曰其兄外朗其弟內潤皆良璞也仕宋位安定太守卒齊建元元年高帝追加封謚無子高帝以第十一子鈞繼

鈞字宣禮年五歲所生區貴人病便加慘悴左右依常以五色餅飴之不肯食曰須侍姨差年七歲出繼衡陽元王見高帝未拜便涕泗橫流高帝執其手曰伯叔父猶父勿怨所以令汝出繼以汝有意堪奉蒸嘗故耳即敕外如先給通

幰車雉尾扇等事事依正王區貴人卒居喪盡禮服闋當問訊武帝尫羸骨立
登車三上不能升乃止典籤曹道人具以聞武帝卽幸鈞邸見之愴然還謂褚
蓁曰昨見衡陽猶奇毀損卿可數相撫悅先是貴人以華釵廚子并翦刻錦繡
中倒炬鳳皇蓮芰星月之屬賜鈞以爲玩弄貴人亡後每歲時及朔望輒開視
再拜哽咽見者皆爲之悲性好學善屬文與瑯邪王智深以文章相會濟陽江
淹亦遊焉武帝謂王儉曰衡陽王須文學當使華實相稱不得止取貴游子弟
而已乃以太子舍人蕭敷爲文學鈞常手自細書寫五經部爲一卷置于巾箱
中以備遺忘侍讀賀玠問曰殿下家自有墳素復何須蠅頭細書別藏巾箱中
答曰巾箱中有五經於檢閱旣易且一更手寫則永不忘諸王聞而爭効爲巾
箱五經巾箱五經自此始也居身清率言未嘗及時事會稽孔珪家起園列植
桐柳多構山泉殆窮真趣鈞往遊之珪曰殿下處朱門遊紫闥詎得與山人交
邪答曰身處朱門而情遊江海形入紫闥而意在青雲珪大美之吳郡張融清
抗絕俗雖王公貴人視之傲如也唯雅重鈞謂從兄緒曰衡陽王飄飄有淩雲

氣其風情素韻彌足可懷融與之遊不知老之將至見賞如此歷位祕書監延興元年爲明帝所殺明帝立以永陽王子珉仍本國繼元王爲孫子珉字雲璵武帝第二十子也初封義安郡王後改永陽永泰元年見害復以武陵昭王曄子子坦奉元王後

始安貞王道生字孝伯高帝次兄也仕宋位奉朝請卒高帝卽位追加封諡三子長鳳次鸞是爲明帝次緬是爲安陸昭王鳳字景慈仕宋位正員郎卒高帝卽位諡靖世子建武元年明帝追尊道生爲景皇妃江氏爲后立寢廟於御道西陵曰修安追封鳳始安靖王改華林鳳莊門爲望賢門太極東堂畫鳳鳥題爲神鳥而改鸞鳥爲神雀子遙光嗣

始安王遙光字元暉生而躄疾高帝謂不堪奉拜祭祀欲封其弟武帝諫乃以遙光襲爵位中書郎明帝輔政誅賞諸事唯與遙光共謀議勸明帝併殺高武諸子弟見從建武元年爲揚州刺史三年進號撫軍將軍好吏事頗多慘害足疾不得同朝例常乘輿自望賢門入每與明帝久淸閑言畢帝索香火明日必

有所誅太子不悅學唯曼遊是好朝議令蔡仲熊爲太子講禮未半遙光從容曰文義之事此是士大夫以爲伎藝欲求官耳皇太子何用講爲上以爲然乃停講永泰元年即本號爲大將軍給油絡車帝不豫遙光數入侍疾帝疾漸甚河東王鉉等七王一夕見殺遙光意也帝崩遺詔加遙光侍中中書令給扶永元元年給班劍二十人即本號開府儀同三司遙光多忌人有餉履者以爲戲己大被嫌責劉繪嘗爲牋云智不及葵亦以忤旨既輔東昏潛結江祏兄弟謀自樹立弟遙欣在荊楚擁兵居上流密相影響遙光當據東府號令使遙欣急下潛謀將發而遙欣病死江祏被誅東昏召遙光入殿告以祏罪遙光懼還省便陽狂號哭自此稱疾不復入臺先是遙光行還入城風飄儀繖出城外遙光弟遙昌先卒壽春豫州部曲皆歸遙光及遙欣喪還葬武進停東府前渚荊州衆力送者甚盛東昏誅江祏後慮遙光不自安欲轉爲司徒還第召入喻旨遙光慮見殺收集荊豫二州部曲於府東門衆頗怪其異莫知其指趣也遙光召親人丹陽丞劉渢及城局參軍劉晏中兵參軍曹樹生等幷諸傖楚欲以討劉

喧爲名夜遣數百人破東冶出囚尙方取仗又召驍騎將軍垣歷生歷生隨信至便勸遙光令率城內兵夜攻臺輦荻燒城門曰公但乘輿隨後反掌可得遙光意疑不敢出天稍曉遙光戎服至聽事停輿處分上仗登城行賞賜歷生復勸出軍遙光不肯望臺內自變及日出臺軍稍至遙光於是戒嚴赦都下領軍蕭坦之屯湘宮寺鎭軍司馬曹武屯青溪大橋太子右率左興盛屯東府門東籬門衆軍圍東城遙光遣垣歷生從西門出戰臺軍屢北殺軍主桑天愛初遙光問諮議參軍蕭暢暢正色拒不從既而暢與撫軍長史沈昭略奔臺人情大沮又垣歷生從南門出戰爲曹武所禽謂武曰卿以主上爲聖明梅茹爲賢相者則我當死且我今死卿明亦死遂殺之遙光聞歷生見獲大怒於牀上自竦踊使殺歷生兒其晚臺軍射火箭燒東北角樓至夜城潰遙光還小齋令人反拒左右並踰屋出臺軍主劉國寶時當伯等先入遙光聞外兵至吹滅火扶匐下牀軍人排閤入斬之遙光舉事四日而卒舉事之夕月蝕識者以月爲大臣蝕而既必滅之道未敗之夕城內皆夢羣蛇緣城四出各共說之咸以爲異臺

軍入城焚屋宇且盡遙光幼時甚貞正明帝傾意待之東昏爲兒童時明帝使與遙光共齋居止呼遙光爲安兄恩情甚至及遙光誅後東昏登舊宮土山望東府愴然呼曰安兄乃嗚咽左右不忍視見思如此天下知名之士劉渢渢弟謙陸閑閑子絳司馬端崔慶遠皆坐誅

曲江公遙欣字重暉始安王遙光弟也宣帝兄西平太守奉之無後以遙欣繼爲曾孫遙欣髫齓中便嶷然明帝謂江祏曰遙欣雖幼觀其神彩殊有局幹必成令器未知年命何如耳安陸昭王緬曰不患其兄弟不富貴但恐緬不及見耳言之慘然而悲始年七歲出齋時有一左右小兒善彈飛鳥無不應弦墜落遙欣謂曰凡戲多端何急彈此鳥自空中翔飛何關人事無趣殺此生亦復不急左右感其言遂不復彈鳥時少年通好此事所在遂止年十五六便博覽經史弱冠拜中書郎明帝入輔遙欣與始安王遙光等參預政事凡所談薦皆得其人由是朝野輻湊軒蓋盈門延興元年明帝以遙欣爲兗州刺史時豐城公遙昌亦出鎮壽春帝於便殿密宴始安王遙光亦在座帝慘然謂遙欣曰昭王

云不患汝兄弟不富貴而言不及見如何因悲慟不自勝君臣皆嗚咽侍者雨
淚及泊歐陽岸忽謂左右曰比何都不見彈左右云有門生因彈見鼏遂以此
廢所在皆止遙欣笑曰我小兒時聊復語耳那復遂斷邪建武元年進號西中
郎將封聞喜縣公遷荆州刺史加都督改封曲江公明帝子弟弱小晉安王寶
義有廢疾故以遙光爲揚州居中遙欣居陝西在外威權并在其門遙欣好勇
聚畜武士以爲形援永泰元年詔遙欣以本官領雍州刺史寧蠻校尉移州鎮
襄陽魏軍退不行卒贈司空諡康公葬用王禮
子幾字德玄年十歲便能屬文早孤有弟九人並幼幾恩愛篤睦聞於朝廷性
溫和與物無競清貧自立好學善草隸書湘州刺史楊公則曲江公故吏也每
見幾謂人曰康公此子可謂桓靈寶重出及公則卒幾爲之誄時年十五沈約
見而奇之謂其舅蔡撙曰昨見賢甥楊平南誄文不減希逸之作始驗康公積
善之慶位中書侍郎尚書左丞末年專尚釋教爲新安太守郡多山水特其所
好適性遊履遂爲之記卒于官子清亦有文才位永康令遙欣弟遙昌字季暉

建武元年封豐城縣公位豫州刺史卒謚憲公
安陸昭王緬字景業善容止仕宋位中書郎建元元年封安陸侯爲五兵尚書
出爲吳郡太守政有能名竟陵王子良與之書曰竊承下風數十年來姑蘇未
有此政武帝嘉其能累遷寧蠻校尉雍州刺史加都督緬留心辭訟人人呼至
案前親自顧問有不得理者勉喻之退皆無恨爲百姓所畏愛及卒喪還百姓
緣沔水悲泣設祭於峴山爲立祠謚曰昭侯明帝少相友愛時爲僕射領衞尉
表求解職私第展哀詔不許每臨緬靈輒慟絶哭不成聲建武元年贈司徒安
陸王子寶晊嗣永元元年改封湘東王東昏廢寶晊望物情歸己坐待法駕旣
而城内送款于梁武帝宣德太后臨朝拜太常不自安謀反及弟江陵公寶覽
霄城公寶宏皆伏誅
新吳侯景先高帝從子也祖爰之員外郎父敬宗始興王國中軍景先少孤有
至性隨母孔氏爲舅氏鞠養高帝嘉之常相提攜及鎮淮陰以景先領軍主自
隨防衞城内委以心腹武帝爲廣興郡啓高帝求景先同行除武帝寧朔府司

馬自此常相隨逐建元元年爲太子左衞率封新吳縣伯見委任勢傾天下景先本名道先乃改爲景先以避上諱初武帝少年與景先共車行泥路車久故壞至領軍府西門車轅折俱狼狽景先謂帝曰兩人脫作領軍亦不得忘今日艱辛及武帝踐阼詔以景先爲兼領軍將軍拜日羽儀甚盛傾朝觀矚拜還未至府中門詔相聞領軍今日故當無折轅事邪景先奉謝景先事上盡心故恩寵特密初西還上坐景陽樓召景先語故舊唯豫章王一人在席而已轉中領軍車駕射雉郊外景先常甲仗從廉察左右尋進爵爲侯始昇明中沈攸之於荆州舉兵武帝時鎭江州盆城景先夜乘城忽聞塹中有小兒呼蕭丹陽未測何人聲聲不絕試問誰空中應云賊尋當平何事嚴防語訖不復言即窮討之了不見明旦以白帝帝曰攸之自無所至焉知汝後不作丹陽尹景先曰寧有作理尋而攸之首至及永明三年詔以景先爲丹陽尹謂曰此授欲驗往年盆城塹空中言耳後假節司州諸軍事卒諡曰忠侯子毅位至中郎司馬性奢豪好弓馬爲明帝所疑忌王晏事敗幷陷誅之

南豐伯赤斧高帝從祖弟也祖隆子衞軍錄事參軍父始之冠軍中兵參軍赤
斧以和謹爲高帝所知高帝輔政爲黃門侍郎淮陵太守順帝遜位于丹陽故
所立宮上令赤斧輔送至因留防衞甍乃還後爲雍州刺史在州不營產利勤
於奉公遷散騎常侍左衞將軍武帝親遇與蕭景先相比封南豐縣伯還給事
中太子詹事卒於家貧無絹爲衾武帝聞之愈加惋惜諡懿伯子穎胄襲爵
穎胄字雲長弘厚有父風起家祕書郎高帝謂赤斧曰穎胄輕朱被身覺其趨
進轉美足慰人意遷太子舍人遭父喪感腳疾數年然後能行武帝有詔慰勉
之賜以醫藥除竟陵王司徒外兵參軍晉熙王文學穎胄好文義弟穎基好武
勇武帝登烽火樓詔羣臣賦詩穎胄詩合旨上謂穎胄曰卿文弟武宗室便不
乏才上以穎胄勳戚子弟自中書郎除左軍將軍知殿內文武事得入便殿出
爲新安太守吏人懷之後除黃門郎領四廂直遷衞尉明帝廢立穎胄從容不
爲同異乃引穎胄預功建武二年進爵爲侯賜以常所乘白牏牛明帝每存儉
約欲鑄壞太官元日上壽銀酒鎗尚書令王晏等咸稱盛德穎胄曰朝廷盛禮

莫過三元此一器既是舊物不足爲侈帝不悅後預曲宴銀器滿席穎胄曰陛下前欲壞酒鎗恐宜移在此器也帝甚慙後爲廬陵王後軍長史廣陵太守行兗州府事是年魏揚聲當飲馬長江帝懼敕穎胄移居人入城百姓驚恐席卷欲南度穎胄以魏軍尙遠不卽施行魏軍亦尋退仍爲南兗州刺史加都督和帝爲荆州以穎胄爲西中郞長史南郡太守行荆州府事時江祏專執朝權此行由祏穎胄不平曰江公盪我輩出東昏侯誅戮羣公委任厮小崔陳敗後方鎭各懷異計永元二年十月尙書令臨湘侯蕭懿及弟衞尉暢見害先遣輔國將軍劉山陽就穎胄兵襲梁武帝帝時爲雍州刺史將起兵慮穎胄不同遣穎胄親人王天武詣江陵聲云山陽西上幷襲荆雍書與穎胄勸同舉兵穎胄意猶未決初山陽出南州謂人曰朝廷以白虎幡追我亦不復還矣席捲妓妾盡室西行至巴陵遲回十餘日不進梁武帝復遣天武齎書與穎胄設奇略以疑之是時或云山陽謀殺穎胄以荆州同舉山陽至果不敢入城穎胄計無所出夜遣錢唐人朱景思呼西中郞城局參軍席闡文諮議參軍柳忱閉齋定議闡

文曰蕭雍州畜養士馬非復一日江陵素畏襄陽人人衆又不敢取之不可必
制制之歲寒復不爲朝廷所容今若殺山陽與雍州舉事立天子以令諸侯霸
業成矣山陽持疑不進是不信我今斬送天武則彼疑可釋至而圖之罔不濟
矣忱亦勸焉穎冑乃斬天武以示山陽山陽大喜輕將步騎數百到州闈文勒
兵斬之傳首于梁武東昏聞山陽死發詔討荆雍穎冑有器局既唱大事衆情
歸之長沙寺僧鑄黃金爲龍數千兩埋土中歷相傳付稱爲下方黃鐵穎冑因
取此龍以充軍實乃歎曰往年江祏斥我至今始知禍福之無門也十二月移
檄建鄴三年正月和帝爲相國穎冑爲左長史進號鎮軍將軍於是始選用方
伯梁武屢表勸和帝卽尊號穎冑使別駕宗史撰定禮儀上尊號改元於江陵
立宗廟南北郊州府門城悉依建康官置尚書五省以城南射堂爲蘭臺南郡
太守爲尹建武中荆州大風雨龍入柏齋中柱壁上有爪足處刺史蕭遙欣恐
畏不敢居之至是以爲嘉福殿中興元年三月穎冑爲侍中尚書令監八州軍
事荆州刺史留衞西朝以弟穎達爲冠軍將軍及楊公則等率師隨梁武圍郢

城穎達會軍於漢口與王茂曹景宗等攻陷郢城梁武進漂州使與曹景宗破
東昏將李居士又從下東城初梁武之起也巴東太守蕭惠訓子璝巴西太守
魯休烈弗從舉兵侵荆州敗輔國將軍任漾之於峽口穎胄遣軍拒之而梁武
已平江郢圍建康時穎胄輔帝主有安重之勢素能飲酒噉白肉膾至三斗自
以職居上將不能拒制璝等憂愧發疾而卒州中祕之使似其書者假爲教命
時梁武圍建康住石頭和帝密詔報穎胄凶問亦祕不發喪及建康平蕭璝亦
衆懼而潰和帝乃始發喪詔贈穎胄丞相前後部羽葆鼓吹班劍三十人轀輬
車黃屋左纛梁天監元年追封巴東郡公喪還武帝車駕臨哭渚次葬依晉王
導齊豫章王故事謚曰獻武
弟穎達少好勇使氣穎胄齊建武末行荆州事穎達亦爲西中郎外兵參軍俱
在西府齊季多難頗不自安因與兄穎胄舉兵穎達弟穎孚自建鄴爲廬陵人
修景智潛引與南歸穎孚緣山逾嶂僅免道中絕糧後因食過飽而卒建康平
梁武帝以穎達爲前將軍丹陽尹及受禪贈穎孚右衞將軍封穎達作唐侯位

侍中衞尉卿出爲豫章內史意甚憤憤未發前預華林宴酒後於座辭氣不悅沈約因勸酒欲以釋之頵達大罵約曰我今日形容正是汝老鼠所爲何忽復勸我酒舉坐驚愕帝謂之曰汝是我家阿五沈公宿望何意輕脫若以法繩汝汝復何理頵達竟無一言唯大涕泣帝心愧之未幾還江州刺史少時懸瓠歸化頵達長史沈瑀等苛刻爲盜所害衆頗疑頵達或傳謀反帝遣直閤將軍張豹子稱江中討盜實使防之頵達知朝廷之意唯飲酒不知州事後卒於左衞將軍謚康侯子敏嗣位新安太守好射雉未嘗在郡辭訟者還於畝焉後張弩損腰而卒第七子斆太清初爲魏與太守梁州刺史宜豐侯循以爲府長史梁州有古墓名曰尖冢或云張騫墳欲有發者輒聞鼓角與外相拒椎埋者懼而退斆謂無此理求自監督及開唯有銀鏤銅鏡方尺斆時居母服清談所貶

衡陽公諶字彥孚高帝絕服族子也祖道清員外郞父仙伯桂陽國下軍宋元徽末武帝在郢欲知都下消息高帝遣諶就武帝宣傳謀計留爲腹心昇明中爲武帝中軍刑獄參軍南東莞太守以勞封安復縣男建元初武帝在東宮諶

領宿衞高帝殺張景真武帝令諶啓乞景真命高帝不悅諶懼而退武帝卽位除步兵校尉南蘭陵太守領御仗主齋內兵仗悉委付之心膂密事皆使參掌爲左中郞將後軍將軍太守如故武帝臥疾延昌殿諶在左右宿直上崩遺敕諶領殿內事如舊鬱林卽位深委信諶諶每請急出宿帝通夕不能寐諶還乃安轉衞軍司馬兼衞尉丁母憂敕還本位守衞尉明帝輔政諶回附明帝勸行廢立密召諸王典籤約語之不許諸王外接人物諶親要日久衆皆憚而從之鬱林被廢日初聞外有變猶密爲手敕呼諶其見信如此諶性險無護身計及廢帝日領兵先入後宮齋內仗身素隸服諶莫有動者海陵立轉中領軍進爵爲公甲仗五十人入直殿內月十日還府建武元年轉領軍將軍左將軍南徐州刺史給扶進爵衡陽郡公明帝初許事剋用諶爲揚州及有此授諶恚曰見炊飯推以與人王晏聞之曰誰復爲蕭諶作甌篩者諶恃勳重干豫朝政明帝新卽位遣左右要人於外聽察具知諶言深相疑阻二年六月上華林園宴諶及尚書令晏等數人盡歡坐罷留諶晚出至華林閣仗身執還入省上遣左右

莫智明數諶曰隆昌之際非卿無有今日今一門二州兄弟三封朝廷相報政
可極此卿恆懷怨望乃云炊飯已熟合甑與人邪今賜卿死諶謂智明曰天去
人亦復不遠我與至尊殺高武諸王是卿傳語來去我今死還取卿矣於省殺
之至秋而智明死見諶為祟詔乃顯其過惡收付廷尉諶好左道吳與沈文猷
相諶云相不減高帝諶喜曰感卿意無為人言也至是文猷伏誅諶兄誕字彥
偉永明中為建康令與秣陵令司馬迪之同乘行車前導四卒左丞沈昭略奏
凡有鹵簿官共乘不得兼列騶寺請免誕等官詔贖論延興元年歷徐司二州
刺史明帝立封安復侯徵為左衛將軍上欲殺諶以誕在邊鎮拒魏故未及行
魏軍退六旬諶誅遣梁武帝為司州別使誅誕誕子稜妻江淹女字才君聞諶
死曰蕭氏皆盡妾何用生慟哭而絕諶弟誄字彥文與諶同豫廢立封西昌侯
位太子左衛率誅諶之日輔國將軍蕭季敞啓求收誄深加排苦乃至手相摧
辱誄徐曰已死之人何足至此君不憶相提拔時邪幽冥有知終當相報季敞
麤猛無行善於彌縫高帝時為諶所獎說故累為郡守在政貪穢諶輒掩之後

爲廣州刺史白日見誅將兵入城收之少日果爲西江都護周世雄所襲軍敗奔山中爲蛭所嚙肉都盡而死慘楚備至後爲村人所斬論者以爲有天道焉

臨汝侯坦之字君平高帝絕服族子也祖道濟太中大夫父欣祖武進令坦之與蕭諶同族爲東宮直閤以勤直爲文惠所知除給事中蘭陵令武帝崩坦之率太孫文武度上臺除射聲校尉令如故未拜除正員郎南魯郡太守少帝以坦之文惠舊人親信不離得入內見皇后帝於宮中及出後堂雜狡獪坦之皆得在側或遇醉後倮袒坦之輒扶持諫喻見帝不可奉乃改附明帝密爲耳目隆昌元年追錄坦之父勳封臨汝縣男少帝微聞外有異謀憚明帝在臺內敕移西州後在華林園華光殿露著黃縠褌跂牀垂腳謂坦之曰人言鎮軍與王晏蕭諶欲共廢我似非虛傳蘭陵所聞云何坦之嘗作蘭陵令故稱之坦之曰天下寧當有此誰樂無事廢天子邪昔元徽獨在路上走三年人不敢近政坐枉殺孫超杜幼文等故敗耳官有何事一旦便欲廢立朝貴不容造以論政當是諸尼師母言耳豈可以尼姥言爲信官若無事除此三人誰敢自保安陸諸

王在外寧肯復還道剛之徒何能抗此帝曰蘭陵可好聽察作事莫在人後帝以爲除諸執政應須當事人意在沈文季夜遣內左右密賂文季文季不受帝大怒謂坦之曰我賜文季不受豈有人臣拒天子賜坦之曰官遣誰送帝曰內左右坦之曰官若詔敕出賜令舍人主書送往文季寧敢不受政以事不方幅故仰遣耳帝又夜醉乘馬從西步廊向北馳走如此兩三將倒坦之諫不從執馬控帝運拳擊坦之不著倒地坦之與曹道剛扶抱還壽昌殿璿瑁牀上臥又欲起走坦之不能制坦之馳信報皇后至請譬良久乃眠時明帝謀廢殺既與蕭諶及坦之定謀少帝腹心直閤將軍曹道剛疑外間有異密有處分諶未能發始與內史蕭季敞南陽太守蕭穎基並應還都諶欲待二蕭至藉其威力以舉事明帝慮事變以告坦之坦之馳謂諶曰廢天子古來大事比聞曹道剛朱隆之等轉已猜疑衛尉明日若不就事無所復及弟有百歲母豈能坐聽禍敗政應作餘計耳諶惶遽明日遂廢帝坦之力也海陵卽位除黃門郞兼衛尉建武元年遷左衛將軍進爵爲侯東昏立爲侍中領軍將軍永元元年母憂起復

職加將軍置府江祏兄弟欲立始安王遙光密告坦之坦之曰明帝取天下已非次第天下人至今不服今若復作此事恐四海瓦解我其不敢言及遙光起事遣人夜掩取坦之坦之科頭著褌踰牆走逢臺遊邏主顏端執之坦之謂曰始安作賊遣人見取向於宅奔走欲還臺耳君何見錄端不答而守防逾嚴坦之謂曰身是大臣夜半奔走君理見疑以爲得罪朝廷若不信自可步往東府參視亦不答端至小街審知遙光舉事乃走還未至三十餘步下馬再拜曰今日乞垂將接坦之曰向語君何所道豈容相欺端以馬與坦之相隨去比至新亭道中收遙光所虜之餘得二百許人幷有纛仗乃進西掖門開鼓後得入殿內其夕四更主書馮元嗣叩北掖門告遙光反殿內爲之備向曉召徐孝嗣入左將軍沈約五更初聞難馳車走趨西掖門或勸戎服約慮外軍已至若戎衣或者謂同遙光無以自明乃朱服而入臺內部分既立坦之假節督衆軍討遙光事平還尙書左僕射丹陽尹右軍如故進爵爲公坦之肥黑無鬚語聲嘶時人號爲蕭瘂剛佷專執羣小畏而惜之遙光事平二十餘日帝遣延明主帥黃

文濟圍坦之宅誅之坦之從兄翼宗爲海陵郡將發坦之謂文濟曰從兄海陵宅故應無他文濟曰海陵宅在何處坦之告之文濟曰政應得罪仍遣收之檢家赤貧唯有質錢帖子數百還以啓帝原其死和帝中興元年追贈坦之中軍將軍開府儀同三司

論曰有齊宗室唯始安之後克昌明帝取之以非道遙光濟之以殘酷其卒至顛仆所謂亦以此終者也穎胄荆州之任蓋惟失職及其末途倚伏豈預圖之所致乎諶與坦之俱應顧託旣以傾國亦以覆身各其宜矣

南史卷四十一

南史卷四十一考證

始安王遙光傳太子右率左興盛屯東府門東籬門○屯東府門東籬門一本作屯府東籬門

焚屋宇且盡○屋宇一本作居宇

曲江公遙欣子幾傳好學善草隸書○草閣本作章

南豐伯赤斧子穎胄傳梁武帝復遣天武齋書與穎胄○遣監本誤追今改從梁書

穎胄使別駕宗史撰定禮儀○史應作夬雖梁書宗夬本傳未載此事而云故領軍將軍蕭穎胄深相委仗每事諮焉其爲夬無疑也

穎胄遣軍拒之而梁武已平江郢圍建康○監本缺郢字今從閣本增入

衡陽公諶傳諶每請急出宿帝通夕不能寐○出宿監本訛宿出今据齊書改正

臨汝侯坦之傳少帝以坦之文惠舊人親信不離得入內見皇后○離各本誤

雖今改從齊書
建武元年遷左衛將軍○建監本訛孝今從閣本
坦之科頭著褌踰牆走○褌監本誤禪今從齊書
羣小畏而惜之○惜一本作憎應從之
南史卷四十一考證

南史卷四十二

唐　李延壽撰

列傳第三十二

齊高帝諸子上

齊高帝十九男昭皇后生武帝豫章文獻王嶷謝貴嬪生臨川獻王映長沙威王晃羅太妃生武陵昭王曄任太妃生安成恭王暠陸脩儀生鄱陽王鏘晉熙王銶袁脩容生桂陽王鑠何太妃生始興簡王鑑宜都王鏗區貴人生衡陽王鈞張淑妃生江夏王鋒河東王鉉李美人生南平王銳第九第十三第十四第十七皇子早亡衡陽王鈞出繼高帝兄元王後

豫章文獻王嶷字宣儼高帝第二子也寬仁弘雅有大成之量高帝特鍾愛焉仕宋爲尚書左戶郎錢唐令高帝破薛索兒改封西陽以先爵賜嶷爲晉壽縣侯後爲武陵內史時沈攸之賧伐荊州界內諸蠻遂反五溪禁斷魚鹽羣蠻怨怒酉溪蠻王田頭擬殺攸之使攸之責賧千萬頭擬輸五百萬發氣死其弟婁

侯篡立頭擬子田都走入獠中於是蠻部大亂抄掠至都城下嶷遣隊主張英兒擊破之田都自獠中請立而婁侯亦歸附嶷誅婁侯於郡獄命田都繼其父蠻衆乃安入爲宋順帝驃騎從事中郎詣司徒袁粲粲謂人曰後來佳器也高帝在領軍府嶷居青溪宅蒼梧王夜中微行欲掩襲宅內嶷令左右儛刀戟於中庭蒼梧從牆閒窺見已有備乃去高帝憂危既切腹心荀伯玉勸帝度江北起兵嶷諫曰主上狂凶人不自保單行道路易以立功外州起兵鮮有剋勝於此立計萬不可失及蒼梧殞高帝報嶷曰大事已判汝明可早入順帝即位轉侍中總宮內直衞沈攸之之難高帝入朝堂嶷出鎭東府加冠軍將軍及袁粲舉兵夕丹陽丞王遜告變先至東府嶷遣帳內軍主戴元孫二千人隨薛道深等俱至石頭焚門之功元孫預焉先是王蘊薦部曲六十人助爲城防實以爲內應也嶷知蘊懷貳不給其仗散處外省及難作搜檢皆已亡去上流平後武帝自尋陽還嶷出爲都督江州刺史以定策功改封永安縣公仍徙鎭西將軍都督荊州刺史時高帝作輔嶷務存約省停府州儀迎物及至州坦懷納善側

席恩政王儉與嶷書曰舊楚蕭條仍歲多故政荒人散實須緝理公臨莅甫爾
英風惟穆江建來蘇八荒慕義庾亮以來荆州無復此政古人云期月有成而
公旬日成化豈不休哉初沈攸之欲聚衆開人相告士庶坐執役者甚衆嶷至
鎭一日遣三千餘人見囚五歲刑以下不連臺者皆原遣以市稅重多所寬假
百姓甚悅禪讓之間武帝欲速定大業嶷依違其事默無所言建元元年高帝
卽位赦詔未至嶷先下令蠲除部內昇明二年以前逋負遷侍中尙書令都督
揚州刺史驃騎大將軍開府儀同三司封豫章郡王會魏軍動詔以嶷爲南蠻
校尉荆湘二州刺史都督八州尋給油絡俠望車二年給班劍二十人其夏於
南蠻園東南開館立學上表言狀置生三十人取舊族父祖位正佐臺郎年二
十五以下十五以上補之置儒林參軍一人文學祭酒一人勸學從事二人行
釋菜禮以穀過賤聽人以米當口錢優評斛一百義陽劫帥張羣亡命積年鼓
行爲賊義陽武陵天門南平四郡界被其殘破沈攸之連討不禽末乃首用之
攸之起事羣從下郢於路先叛結砦於三溪依據深險嶷遣中兵參軍虞欣祖

爲義陽太守使降意誘納之厚爲禮遺於坐斬首其黨皆散四郡獲安入爲中書監司空揚州刺史都督二州侍中如故加兵置佐以前軍臨川王映府文武配司空嶷以將還都修廨宇及路陌東歸部曲不得齎府州物出城發江津士女觀送數千人皆垂泣嶷發江陵感疾至都未瘳上深憂慮爲之大赦三年六月壬子赦令是也疾愈上幸東府設金石樂使乘輿至宮六門武帝卽位進位太尉增置兵佐解侍中增班劍三十人建元中武帝以事失旨高帝頗有代嫡之意而嶷事武帝恭悌盡禮未嘗違忤顏色故武帝友愛亦深性至孝高帝崩哭泣過度眼耳皆出血永明元年領太子太傅解中書監宋武以來州郡秩俸及雜供給多隨土所出無有定準嶷上表請明立定格班下四方永爲恆制從之嶷不參朝務而言事密謀多見信納服闋加侍中宋元嘉制諸王入齋閤得白服裙帽見人主唯出太極四廂乃備朝衣自此以來此事一斷上與嶷同生相友睦宮內曲宴許依元嘉嶷固辭不奉敕唯車駕幸第乃白服烏紗帽以侍宴焉至於衣服制度動皆陳啓事無專制務從減省並不見許又啓曰北第舊

邸本自甚華臣往歲作小眠齋皆補接爲辦無乖格制要是樫柏之華一時新淨東府又有此齋亦爲華屋而臣頓有二處住止下情竊所未安訊訪東宮玄圃乃有柏屋制甚古拙臣乃欲壞取以奉太子非但失之於前且補接既多不可見移亦恐外物或爲異論不審可有垂許送東府齋理不上答曰見別紙汝勞疾亦復那得不動何意爲作煩長啓事竟不從三年文惠太子講孝經畢嶷求解太傅不許嶷常慮盛滿又因宮宴求解揚州授竟陵王子良上終不許曰畢汝一世無所多言武帝即位後頻發詔拜陵不果行遣嶷拜陵還過延陵季子廟觀沸井有水牛突部伍直兵執牛推問嶷不許取絹一疋橫繫牛角放歸其家政在寬厚故得朝野歡心四年唐寓之賊起嶷啓上曰此段小寇出於凶愚天網宏罩理不足論但聖明御世幸甚不爾比藉聲聽皆云有由而然但頃小大士庶每以小利奉公不顧所損者大擿籍檢功巧督卹簡小塘藏丁匿口凡諸條制實長怨府此目前交利非天下大計一室之中尙不可精宇宙之內何可周洗公家何嘗不知人多巧古今政以不可細碎故不爲耳爲此者實非

乖理但識理者百不有一陛下弟兒大臣猶不能伏理況復天下悠悠萬品怨
積聚黨凶迷相類止於一處何足不除脫復多所便成紜紜上答曰欺巧那可
容宋世混亂以爲是不蚑蟻何足爲憂至今都應散滅吾政恨其不辯大耳亦
何時無亡命邪後乃詔聽復籍注是時武帝奢侈後宮萬餘人宮內不容太樂
景第暴室皆滿猶以爲未足嶷後房亦千餘人頴川荀丕獻書於嶷極言其失
嶷咨嗟良久爲書答之又爲之減遣丕字令哲後爲荊州西曹書佐長史王秀
與其書題之云西曹荀君丕報書曰第五之位不減驃騎亦不知西曹何殊長
史且人之處世當以德行稱著何遽以一爵高人邪相如不見屈於澠池毛遂
安受辱於郢都造敵臨事僕必先於二子未知足下之貴足下之威孰若秦楚
兩王僕以德爲寶足下以位爲寶各寶其寶於此敬宜於是直題云長史王君
時尚書令王儉當朝丕又與儉書曰足下建高人之名而不顯高人之迹將何
以書於齊史哉及南郡綱紀啓荊州刺史隨王子隆請罪丕丕自申乃免又上
書極諫武帝言甚直帝不悅丕竟於荊州獄賜死徐孝嗣聞其死曰丕縱有罪

亦不應殺數千年後其如竹帛何五年嶷進位大司馬八年給皁輪車尋加中書監固讓嶷身長七尺八寸善持容範文物衞從禮冠百僚每出入殿省皆瞻望嚴肅自以地位隆重深懷退素北宅舊有園田之美乃盛脩理之武帝嘗問臨川王映居家何事樂映曰政使劉瓛講禮顧則講易朱廣之講莊老臣與二三諸彥兄弟友生時復擊贊以此爲樂上大賞之他日謂嶷曰臨川爲善遂至於斯嶷曰此大司馬公之次弟安得不爾上仍以玉如意指嶷曰未若皇帝之次弟爲善最多也嶷常戒諸子曰凡富貴少不驕奢以約失之者鮮矣漢世以來侯王子弟以驕恣之故大者滅身喪族小者削奪邑地可不戒哉稱疾不利住東城累求還第令世子子廉代鎮東府上數幸嶷第宋長寧陵隧道出第前路上曰我便是入他家墓內尋人乃徙其表闕騏驎於東岡騏驎及闕形勢甚巧宋孝武於襄陽致之後諸帝王陵皆模範而莫及也永明末車駕數遊幸唯嶷陪從上嘗出新林苑同輦夜歸至宮門嶷下輦辭出上曰今夜行無使爲尉司所呵也嶷對曰京輦之內皆屬臣州願陛下不垂過慮上大笑賜以魏所送

氈車每幸第不復屏人敕外監曰我往大司馬第是還家耳嶷妃庾氏嘗有疾瘳上幸嶷邸後堂設金石樂宮人畢至登桐臺使嶷著烏紗帽極日盡歡敕嶷備家人之禮嶷謂上曰古來言願陛下壽比南山或稱萬歲此殆近貌言如臣所懷實願陛下極壽百年亦足矣上曰百年復何可得止得東西一百於事亦濟因相執流涕十年上封嶷諸子舊例王子封千戶嶷欲五子俱封啓減人五百戶其年疾篤表解職不許賜錢五百萬營功德薨年四十九其日上視疾至薨乃還宮詔斂以袞冕之服温明祕器大鴻臚持節護喪事太官朝夕送祭奠大司馬太傅二府文武悉停過葬詔贈假黃鉞都督中外諸軍事丞相揚州牧綠綟綬具九服錫命之禮侍中大司馬太傅王如故給九旒鸞輅黃屋左纛虎賁班劍百人轀輬車前後部羽葆鼓吹喪葬送儀並依漢東平王蒼故事嶷臨終召子子廉子恪曰吾無後當共相勉勵篤睦爲先才有優劣位有通塞運有富貧此自然理無足以相陵侮勤學行守基業修閨庭尙閑素如此足無憂患聖主儲皇及諸親賢亦當不以吾沒易情也三日施靈唯香火盤水干飯酒脯

檳榔而已朔望菜食一盤加以甘果此外悉省葬後除靈可施吾常所乘輿扇繖朔望時節席地香火盤水酒脯干飯檳榔便足棺器及墓中勿用餘物爲後患也朝服之外唯下鐵環刀一口作冢每令深一二依格莫過度也後堂樓可安佛供養外國二僧餘皆如舊與汝遊戲後堂船乘吾所乘牛馬送二宮及司徒服飾衣裘悉爲功德子廉等號泣奉行武帝哀痛特至蔬食積旬太官朝送祭奠敕王融爲銘云半岳摧峯中河墜月帝流涕曰此正吾所欲言也至其年十二月乃舉樂宴朝臣樂始舉上便歔欷流涕嶷薨後第庫無見錢武帝敕貨雜物服飾數百萬起集善寺月給第見錢百萬至上崩乃省嶷性汎愛不樂聞人過失左右投書相告置鞾中竟不視取火焚之齋庫失火燒荊州還資評直三千餘萬主局各杖數十而已嶷薨後忽見形於沈文季曰我未應便死皇太子加膏中十一種藥使我癰不差湯中復加藥一種使利不斷吾已訴先帝先帝許還東邸當判此事因胸中出青紙文書示文季曰與卿少舊因卿呈上俄失所在文季祕而不傳甚懼此事少時太子薨又嘗見形於第後園乘腰輿指

麾處分呼直兵直兵無手板左右授一玉手板與之謂曰橘樹一株死可覓補
之因出後園閤直兵倒地仍失手板羣吏中南陽樂藹彭城劉繪吳郡張稷最
被親禮藹與竟陵王子良牋欲率荊江湘三州僚吏建碑託中書侍郎劉繪營
辦藹又與右率沈約書請爲文約答曰郭有道漢末之匹夫非蔡伯喈不足以
偶三絕謝安石素族之台輔時無麗藻迄乃有碑無文況文獻王冠冕彝倫儀
形寓內自非一代辭宗難或與此約閭閈鄙人名不入第歘酬今旨便是以禮
許人聞命慚顏已不覺汗之霑背也建武中第二子子恪託約及太子詹事孔
珪爲文妃庾氏有女功婦德嶷甚重之宋時武帝及嶷位宦尚輕家又貧薄庾
氏常徹己損身以相營奉兄弟每行來公事晚還飢疲躬營飲食未嘗不迎時
先辦雖豐儉隨事而香淨適口穆皇后不自營又不整潔上亦以此貴之又不
妬忌嶷倍加敬重嶷薨後少時亦亡

子廉字景藹初嶷養魚復侯子響爲嗣子子廉封永新侯子響還本子廉爲世
子位淮陵太守太子中舍人前將軍善撫諸弟十一年卒贈侍中謚哀世子子

元琳嗣梁武受禪詔曰豫章王元琳故竟陵王昭胄子同齊氏宗國高武嫡胤
宜祚井邑以傳于後降封新塗侯
子廉弟子恪字景沖永明中以王子封南康縣侯年十二和從兄司徒竟陵王
子良高松賦衞軍王儉見而奇之建武中爲吳郡太守及大司馬王敬則於會
稽反奉子恪爲名而子恪奔走未知所在始安王遙光勸上併誅高武諸子孫
於是並敕竟陵王昭胄等六十餘人入永福省令大醫煑椒二斛并命辦數十
具棺材謂舍人沈徽孚曰椒熟則一時賜死期三更當殺之會上暫臥主書單
景儁啓依旨斃之徽孚堅執曰事須更審爾夕三更子恪徒跣奔至建陽門上
聞驚覺曰故當未賜諸侯命邪徽孚以答上撫牀曰遙光幾誤人事及見子恪
顧問流涕諸侯悉賜供饌以子恪爲太子中庶子東昏卽位爲侍中中興二年
爲相國諮議參軍梁天監元年降爵爲子位司徒左長史子恪與弟子範等嘗
因事入謝梁武帝在文德殿引見謂曰夫天下之寶本是公器苟無期運雖有
項籍之力終亦敗亡宋孝武爲性猜忌兄弟粗有令名者無不因事鴆毒所遺

唯景和至朝臣之中疑有天命而致害者枉濫相繼于時雖疑卿祖無如之何如宋明帝本爲庸常被免豈疑得全又復我于時巳年二歲彼豈知我應有今日當知有天命者非人所害害亦不能得我初平建康城朝廷內外皆勸我云時代革異物心須一宜行處分我于時依此而行誰謂不可政言江左以來代謝必相誅戮此是傷於和氣國祚例不靈長此是一義二者齊梁雖曰革代義異往時我與卿兄弟宗屬未遠卿勿言兄弟是親人家兄弟自有周旋者不周旋者況五服之屬邪齊業之初亦是甘苦共嘗腹心在我卿兄弟年少理當不悉我與卿兄弟便是情同一體豈當都不念此作行路事此是二義且建武屠滅卿門我起義兵非惟自雪門恥亦是爲卿兄弟報仇卿若能在建武永元之時撥亂反正我雖起樊鄧豈得不釋戈推奉我今爲卿報仇且時代革異望卿兄弟盡節報我耳且我自藉喪亂代明帝家天下不取卿家天下昔劉子輿自稱成帝子光武言假使成帝更生天下亦不復可得況子輿乎梁初人勸我相誅滅者我答之猶如向言若苟有天命非我所殺若其無運何忽行此政是示

無度量曹志親是魏武帝孫入事晉武爲晉室忠臣此即卿事例卿是宗室情義異他方坦然相期小待自當知我寸心又文獻王時內齋直帳閹人趙叔祖天監初入臺爲齋帥在壽光省武帝呼問曰汝比見北第諸郎不若見道我此意今日雖是革代情同一家但今盤石未立所以未得用諸郎非唯在我未宜我亦是欲使諸郎得安耳但閉門高枕後自當見我心叔祖即出具宣敕意子恪普通三年累遷都官尚書四年轉吏部大通二年出爲吳郡太守卒官諡曰恭子子恪兄弟十六人並入梁有文學者子恪子質子顯子雲子暉子恪常謂所親曰文史之事諸弟備之矣不煩吾復牽率但退食自公無過足矣子恪亦涉學頗屬文隨棄其本故不傳文集子恪次弟子操封泉陵侯王侯出身官無定準素姓三公長子一人爲員外郎建武中子操解褐爲給事中自此齊末皆以爲例永泰元年兄南康侯子恪爲吳郡太守避王敬則難歸以子操爲吳郡太守永元中爲黃門郎子操弟子範字景則齊永明中封祁陽縣侯拜太子洗馬天監初降爵爲子位司徒主簿丁所生母憂去職子範有孝性居喪以毀聞

服闋累遷大司馬南平王從事中郎王愛文學士子範偏被恩遇常曰此宗室奇才也使製千字文其辭甚美王命記室蔡薳注釋之自是府中文筆皆使具草後爲臨賀王正德長史正德遷丹陽尹復爲正德信威長史領尹丞歷官十餘年不出蕃府而諸弟並登顯列意不能平及是爲到府牋曰上蕃首僚於茲再忝河南雌伏自此重叨老少異時盛衰殊日雖佩恩寵還羞年鬢子範少與弟子顯子雲才名略相比而風采容止不逮故宦途有優劣每讀漢書杜緩傳云六弟五人至大官唯中弟欽官不至最知名常吟諷之以況己也後爲祕書監領文郎位召爲光祿大夫加金章紫綬以逼賊不拜其年葬簡皇后使製哀策文理哀切帝謂武林侯蕭諮曰此段莊陵萬事零落唯哀冊尚有典刑敕賫米千石子範無居宅尋卒於招提寺僧房賊平元帝追贈金紫光祿大夫謚曰文前後文集三十卷子滂確並少有文章簡文在東宮時嘗與邵陵王數諸蕭文士滂確並預焉滂位中軍宣城王記室先子範卒確位司徒右長史魏平江陵入長安滂弟乾字思惕容止雅正性恬簡善隸書得叔父子雲之法九歲補

國子周易生祭酒袁昂深敬重之仕梁爲宣城王諮議參軍陳武帝鎭南徐州引爲司空從事中郎及受命永定元年除給事黃門侍郎時熊曇朗在豫章周迪在臨川留異在東陽陳寶應在建安共相連結閩中豪帥立砦自保武帝患之令乾往諭以逆順謂曰昔陸賈南征趙佗歸順隨何奉使黥布來臣追想清風髣髴在目卿宜勉建功名不煩更勞師旅乾至示以逆順所在款附其年就除建安太守天嘉二年留異反陳寶應助之又資周迪兵糧出寇臨川因逼建安乾單使臨郡不能守乃棄郡以避寶應時閩中守宰並受寶應署置乾獨不屈徙居郊野及寶應平都督章昭達以聞文帝甚嘉之超授五兵尚書卒諡靜子

子顯字景陽子範弟也幼聰慧嶷偏愛之七歲封寧都縣侯梁天監初降爲子位太尉錄事參軍子顯身長八尺狀貌甚雅好學工屬文嘗著鴻序賦尚書令沈約見而稱曰可謂明道之高致蓋幽通之流也又採衆家後漢考正同異爲一家之書又啓撰齊史書成表奏詔付祕閣累遷邵陵王友後除黃門郎中大

通二年遷長兼侍中梁武帝雅愛子顯才又嘉其容止吐納每御筵侍坐偏顧訪焉嘗從容謂曰我造通史此書若成衆史可廢子顯對曰仲尼讚易道黜八索述職方除九丘聖製符同復在茲日時以爲名對三年以本官領國子博士武帝製孝經義未列學官子顯在職表置助教一人生十人又啓撰武帝集幷普通北伐記遷國子祭酒加侍中於學遞述武帝五經義遷吏部尚書侍中如故子顯風神灑落雍容閑雅簡通賓客不畏鬼神性愛山水爲伐社文以見其志飲酒數斗頗負才氣及掌選見九流賓客不與交言但舉扇一撝而已衣冠竊恨然簡文素重其爲人在東宮時每引與促宴子顯嘗起更衣簡文謂坐客曰常聞異人間出今日始見知是蕭尚書其見重如此出爲吳興太守卒時年四十九詔贈侍中中書令及請謚手敕曰恃才傲物宜謚曰驕子顯嘗爲自序其略云余爲邵陵王友忝還京師遠思前比即楚之唐宋梁之嚴鄒追尋平生頗好辭藻雖在名無成求心已足若乃登高目極臨水送歸風動春朝月明秋夜早鴈初鶯開花落葉有來斯應每不能已也且前代賈傅崔馬邯鄲繆路之

徒並以文章顯所以屢上歌頌自比古人天監六年始預九日朝宴稠人廣坐獨受旨云今雲物甚美卿將不斐然賦詩詩既成又降旨曰可謂才子余退謂人曰一顧之恩非望而至遂方賈誼何如哉未易當也每有製作特寡思功須其自來不以力構少來所爲詩賦則鴻序一作體兼衆製文備多方頗爲好事所傳故虛聲易遠子顯所著後漢書一百卷齊書六十卷普通北伐記五卷貴儉傳三卷文集二十卷子序愷並少知名序太清中位中庶子卒愷太子家令愷才學譽望時論以方其父簡文在東宮早引接之時中庶子謝嘏出守建安於宣猷堂餞飲並召時才賦詩同用十五劇韻愷詩先就其辭又美簡文與湘東王令曰王筠本自舊手後進有蕭愷可稱信爲才子先是太學博士顧野王奉令撰玉篇簡文嫌其書詳略未當以愷博學於文字尤善使更與學士刪改太清中卒於侍中子顯弟子雲

子雲字景喬年十二齊建武四年封新浦縣侯自製拜章便有文采梁天監初降爵爲子及長勤學有文藻弱冠撰晉書至年二十六書成百餘卷表奏之詔

付祕閣子雲性沉靜不樂仕進風神閑廣任性不羣夏月對賓客恆自裸袒而
兄弟不睦乃至吉凶不相弔問時論以此少之年三十方起家爲祕書郎遷太
子舍人撰東宮新記奏之敕賜束帛累遷丹陽郡丞湘東王繹爲丹陽尹深相
賞好如布衣之交中大通三年爲臨川內史在郡以和理稱人吏悅之還除散
騎常侍歷侍中國子祭酒梁初郊廟未革牲牷樂辭皆沈約撰至是承用子雲
啓宜改之敕答曰此是主者守株宜急改也仍使子雲撰定敕曰郊廟歌辭應
須典誥大語不得雜用子史文章淺言而沈約所撰亦多舛謬子雲作成敕並
施用子雲善草隸爲時楷法自云善效鍾元常王逸少而微變字體嘗答敕云
臣昔不能拔賞隨時所貴規摹子敬多歷年所年二十六著晉史至二王列傳
欲作論草隸法言不盡意遂不能成略指論飛白一事而已十許年始見敕旨
論書一卷商略筆狀洞徹字體始變子敬全範元常逮爾以來自覺功進其書
迹雅爲武帝所重帝嘗論書曰筆力勁駿心手相應巧逾杜度美過崔寔當與
元常並驅爭先其見賞如此出爲東陽太守百濟國使人至建鄴求書逢子雲

爲郡維舟將發使人於渚次候之望船三十許步行拜行前子雲遣問之答曰
侍中尺牘之美遠流海外今日所求唯在名迹子雲乃爲停船三日書三十紙
與之獲金貨數百萬性吝自外答餉不書好紙好事者重加賂遺以要酬答太
清元年復爲侍中國子祭酒二年侯景寇逼子雲逃民間三年宮城失守奔晉
陵餧卒于顯雲寺僧房年六十三所著晉書一百一十卷東宮新記二十卷子
特字世達早知名亦善草隸時人比之衞恆衞瓘武帝嘗使特書及奏帝曰子
敬之迹不及逸少蕭特之書遂逼於父位太子舍人海鹽令坐事免先子雲卒
遺啓簡文求爲墓誌銘帝爲製銘焉
子雲弟子暉字景光少涉學亦有文才性恬靜寡嗜慾嘗預重雲殿聽制講三
慧經退爲講賦奏之甚見賞卒於驃騎長史

南史卷四十二

南史卷四十二考證

豫章文獻王嶷傳江建來蘇○建一本作漢又下文古人云期用有成而公旬日成化豈不休哉用作月似俱應从之

上數幸嶷第○第各本俱訛弟今改正

子廉弟子恪傳使製千字文其辭甚美王命記室蔡薳注釋之○此與梁書同惟隋書經籍志云千字文一卷梁國子祭酒蕭子雲注與此異

子雲傳自云善效鍾元常王逸少○鍾監本訛鐘今改正

南史卷四十二考證

南史卷四十三

唐　李　延　壽　撰

列傳第三十三

齊高帝諸子下

臨川獻王映字宣光高帝第三子也少而警悟美言笑善容止仕宋位給事黃門侍郎南兗州刺史留心吏事自下莫不肅然令行禁止高帝踐阼爲雍州刺史加都督封臨川王嘗致錢還都買物有獻計者於江陵買貨至都還換可得微有所增映笑曰我是賈客邪乃復求利改授都督揚州刺史莅事聰敏府州曹局皆重足以奉禁令自宋彭城王義康以後未之有也永明元年爲侍中驃騎將軍五年卽本號開府儀同三司七年薨映善騎射解聲律工左右書左右射應接賓客風韻韶靡及薨朝野莫不惋惜贈司空九子皆封侯長子子晉永元初爲侍中入梁爲高平太守第二子子游州陵侯爲黃門侍郎謀反兄弟並伏誅

長沙威王晃字宣明高帝第四子也少有武力爲高帝所愛昇明二年代兄映爲淮南宣城二郡太守晃便弓馬初沈攸之事起晃多從武容赫奕都街時人爲之語曰煥煥蕭四繖其年遷西中郎將豫州刺史監三州諸軍事高帝踐阼晃每陳政事輒爲典籤所裁晃殺之上大怒手詔賜杖還南徐州刺史加都督武帝爲皇太子拜武進陵於曲阿後湖鬬隊使晃御馬軍上聞之又不悅臨崩以晃屬武帝處以輦轂近蕃勿令遠出永明元年以晃爲都督南徐州刺史入爲中書監時禁諸王蓄仗在都下者唯置捉刀左右四十人晃愛武飾罷徐州還私載數百人仗還都爲禁司所覺投之江中帝聞之大怒將糾以法豫章王嶷稽首流涕曰晃罪誠不足宥陛下當憶先朝念白象白象晃小字也上亦垂泣高帝大漸時戒武帝曰宋氏若骨肉不相圖他族豈得乘其弊汝深戒之故武帝終無異意然晃亦不見親寵當時論者以武帝優於魏文減於漢明後拜車騎將軍侍中薨贈開府儀同三司武帝常幸鍾山晃從駕以馬矟刺道邊枯蘖上令左右數人引之銀纏皆卷聚而矟不出乃令晃復馳馬拔之應手便去

每遠州獻駿馬上輒令晃於華林中調試之高帝常曰此我家任城也武帝緣

此意故諡曰威

武陵昭王曅字宣昭高帝第五子也母羅氏從高帝在淮陰以罪誅曅年四歲

思慕不異成人每慟吐血高帝敕武帝曰三昧至性如此恐不濟汝可與共住

每抑割之三昧曅小字也故曅見愛高帝雖爲方伯而居處甚貧諸子學書無

紙筆曅常以指畫空中及畫掌學字遂工篆法少時又無棋局乃破荻爲片縱

橫以爲棋局指點行勢遂至名品性剛穎儁出與諸王共作短句詩學謝靈運

體以呈高帝帝報曰見汝二十字諸兒作中最爲優者但康樂放蕩作體不辯

有首尾安仁士衡深可宗尚顏延之抑其次也建元二年爲會稽太守加都督

上遣儒士劉瓛往郡爲曅講五經武帝卽位歷中書令祠部尚書丞覸或言曅

有非常之相以此自負武帝聞之故無寵未嘗處方岳於御坐曲宴醉伏地貂

抄肉柈帝笑曰汙貂對曰陛下愛其羽毛而疎其骨肉帝不悅性輕財重義有

古人風罷會稽還都齋中錢不滿萬俸祿所入皆與參佐賓僚共之常曰兒作

天子何畏弟無錢居止附身所須而已名後堂山爲首陽蓋怨貧薄也嘗於武
帝前與竟陵王子良圍棋子良大北及退豫章文獻王謂曅曰汝與司徒手談
故當小相推讓荅曰曅立身以來未嘗一口妄語執心疎婞偏不知悔好文章
射爲當時獨絕琅邪王瞻亦稱善射而不及曅也武帝幸豫章王嶷東田宴諸
長王獨不召曅嶷曰風景殊美今日甚憶武陵上仍呼使射屢發命中顧四坐
曰手何如上神色甚怪嶷曰阿五常日不爾今可謂仰藉天威帝意乃釋後於
華林射賭凡六箭五破一皮賜錢五萬文又上舉酒勸曅曰陛下常不以此處
許臣上回面不荅豫章王於邸起土山列種桐竹號爲桐山武帝幸之置酒爲
樂顧臨川王映王邸亦有嘉名否映曰臣好栖靜因以爲稱又問曅曅曰臣山
卑不曾栖靈昭景唯有薇蕨直號首陽山帝曰此直勞者之歌也久之出爲江
州刺史上以曅方出鎮求其宅給諸皇子遣舍人喻旨曅曰先帝賜臣此宅使
臣歌哭有所陛下欲以州易宅臣請不以宅易州帝恨之至鎮百餘日典籤趙
渥之啓曅得失徵還爲左戶尙書遷太常卿累不得志冬節問訊諸王皆出曅

獨後來上已還便殿聞暈至引見問之暈稱牛羸不能取路上敕車府給副御牛一頭敕主客自今諸王來不隨例者不復爲通公事還過竟陵王子良宅冬月道逢乞人脫襦與之子良見暈衣單進襦於暈暈曰我與向人亦復何異尚書令王儉詣暈暈留儉設食盤中菘菜鮑魚而已儉重其率真爲飽食盡歡而去尋爲丹陽尹始不復置行事自得親政轉侍中護軍將軍給油絡車又給扶二人武帝臨崩遺詔爲衞將軍開府儀同三司大行在殯竟陵王子良在殿內太孫未至衆論喧疑暈衆中言曰若立長則應在我立嫡則應立太孫及鬱林立甚見馮賴隆昌元年薨贈司空班劍二十人

安成恭王暠字宣曜高帝第六子也性清和多疾歷位南中郎將江州刺史侍中領步兵校尉中書令永明元年爲散騎常侍祕書監領石頭戍事及夏薨

鄱陽王鏘字宣韶高帝第七子也建元末武帝卽位爲雍州刺史加都督武帝服除鏘方還始入覲拜便流涕武帝愕然問其故鏘收淚曰臣違奉彌年今奉顏色聖顏損瘦所以泣耳武帝歎曰我復是有此一弟累遷丹陽尹永明十年

爲領軍將軍鏘和悌美令性謙愼好文章有寵於武帝領軍之授齊室諸王所未爲鏘在官理事無擁當時稱之車駕游幸常甲仗衞從恩待次豫章王嶷其年給油絡車隆昌元年轉尚書左僕射還侍中驃騎將軍開府儀同三司領兵置佐鏘雍容得物情爲鬱林依信鬱林心疑明帝諸王問訊獨留鏘謂曰聞鸞於法身何如鏘曰臣鸞於宗戚最長且受寄先帝臣等年皆尚少朝廷之幹唯鸞一人願陛下無以爲慮鬱林退謂徐龍駒曰我欲與公共計取鸞公既不同我不能獨辦且復小聽及鬱林廢鏘竟不知延興元年進位司徒侍中如故明帝鎭東府權威稍異鏘每往明帝屣履至車迎鏘語及家國言淚俱下鏘以此推信之而宮臺內皆屬意於鏘勸令入宮發兵輔政制局監謝粲說鏘及隨王子隆曰殿下但乘油壁車入宮出天子置朝堂二王夾輔號令粲等閉城門上仗誰敢不同宣城公政當投井求活豈有一步動哉東城人政共縛送耳子隆欲定計鏘以上臺兵力既悉度東府且慮難捷意甚猶豫馬隊主劉巨武帝時舊人詣鏘請閒叩頭勸鏘立事鏘命駕將入復回還內與母陸太妃別日暮不

成行典籤知謀告之數日明帝遣二千人圍鏘宅害鏘謝粲等皆見殺凡諸王被害皆以夜遣兵圍宅或斧斫關排牆叫譟而入家財皆見封籍焉

桂陽王鑠字宣朗高帝第八子也永明七年爲中書令加散騎常侍時鄱陽王鏘好文章鑠好名理人稱爲鄱桂鑠清羸有冷疾常枕臥武帝臨視賜牀帳衾褥性理偏誕遇其賞興則詩酒連日情有所廢則兄弟不通隆昌元年加前將軍給油絡車幷給扶二人鄱陽王見害鑠還中軍將軍開府儀同三司不自安至東府見明帝及出處分存亡之計謂侍讀山悰曰吾前日覲王王流涕嗚咽而鄱陽隨郡見誅今日見王王又流涕而有愧色其在吾邪其夜三更中兵至見害

始興簡王鑑字宣徹高帝第十子也性聰警年八歲喪所生母號慕過人數日中便至骨立豫章文獻王聞之撫其首嗚咽謂高帝曰此兒操行異人恐其不濟高帝亦悲不自勝初封廣興郡王袁彖時爲祕書丞早有令譽高帝盛重鑑乃以彖爲友後改封始興自晉以來益州刺史皆以良將爲之宋泰始中益州

市橋忽生小洲道士邵碩見之曰當有貴王臨州劉亮爲刺史齋前石榴樹陵冬生華亮以問碩碩曰此謂狂華宋諸劉滅亡之象後二年君當終後九載宋當滅滅後有王勝憙來作此州冀爾時蜀土平碩始康人元徽二年忽告人云吾命終因臥而死後人見碩在荊州上明以一隻故履縛左腳而行甚疾遂不知所之永明二年武帝不復用諸將爲益州始以鑑爲益州刺史督益寧二州軍事加鼓吹一部勝憙反語爲始與碩言於此乃驗先是劫帥韓武方常聚黨千餘人斷流爲暴郡縣不能禁行旅斷絕鑑行至上明武方乃出降長史虞悰等咸請殺之鑑曰武方爲暴積年所在不能制今降而被殺失信且無以勸善於是啓臺果被宥自是巴西蠻夷凶惡皆望風降附行次新城道路籍籍云陳顯達大選士馬不肯就徵巴西太守陰智伯亦以爲然乃停新城十許日遣典籤張曇晳往觀形勢俄而顯達遣使人郭安明朱公恩奉書貢遺咸勸鑑執之鑑曰顯達立節本朝必自無此曇晳還若有同異執安明等未晚居二日曇晳還說顯達遣家累已出城日夕望殿下至於是乃前時年十四好學善屬文不

重華飾器服淸素有高士風與記室參軍蔡仲熊登張儀樓商略先言往行及蜀土人物鑒言辭和辯仲熊應對無滯當時以爲盛事州城北門常閉不開鑒問其故於虞悰悰答曰蜀中多夷暴有時抄掠至城下故相承閉之鑒曰古人云善閉無關鍵且在德不在門卽令開之戎夷慕義自是淸謐於州園地得古冢無復棺但有石槨銅器十餘種並古形玉璧三枚珍寶甚多不可皆識金銀爲蠶蛇形者數斗又以朱沙爲阜水銀爲池左右咸勸取之鑒曰皇太子昔在雍有發古冢者得玉鏡玉屛風玉匣之屬皆將還都吾意常不同乃遣功曹何佇爲之起墳諸寶物一不得犯性甚淸在蜀積年未嘗有所營造資用一歲不滿三萬王儉常歎云始興王雖尊貴而行履都是素士時有廣漢什邡人段祖以淳于獻鑒古禮器也高三尺六寸六分圍三尺四寸圓如筩銅色黑如漆甚薄上有銅馬以繩縣馬令去地尺餘灌之以水又以器盛水於下以芒莖當心跪注淳于以手振芒則聲如雷淸響良久乃絕古所以節樂也五年鑒獻龍角一枚長九尺三寸色紅有文九年爲散騎常侍祕書監領石頭戍事上以與鑒

久別車駕幸石頭宴會賞賜尋還左衛將軍未拜遇疾上爲南康王子琳起青陽巷第新成車駕與後宮幸第樂飲其日鑑疾上遣騎詔問疾相繼爲之止樂尋薨

江夏王鋒字宣穎高帝第十二子也母張氏有容德宋蒼梧王逼取之又欲害鋒高帝甚懼不敢使居舊宅匿於張氏舍時年四歲性方整好學書張家無紙札乃倚井欄爲書書滿則洗之已復更書如此者累月又晨興不肯拂牕塵而先畫塵上學爲書字五歲高帝使學鳳尾諾一學即工高帝大悅以玉麒麟賜之曰麒麟賞鳳尾矣至十歲便能屬文武帝時藩邸嚴急諸王不得讀異書五經之外唯得看孝子圖而已鋒乃密遣人於市里街巷買圖籍期月之間殆將備矣好琴書蓋亦天性常觀武帝賜以寶裝琴仍於御前鼓之大見賞帝謂鄱陽王鏘曰闍黎琴亦是柳令之流亞其既事事有意吾欲試以臨人鏘曰昔鄒忌鼓琴威王委以國政乃出爲南徐州刺史善與人交行事王文和別駕江祏等皆相友善後文和被徵爲益州置酒告別文和流淚曰下官少來未嘗作詩

今日違戀不覺文生於性王儉聞之曰江夏可謂善變素絲也工書爲當時蕃王所推南郡王昭業亦稱工謂武帝曰臣書固應勝江夏王武帝答闍梨第一法身第二法身昭業小名闍梨鋒小名也隆昌元年爲侍中領驍騎將軍尋加祕書監及明帝知權蕃邸危懼江祏嘗謂王晏曰江夏王有才行亦善能匿迹以琴道授羊景之景之著名而江夏掩能於世非唯七絃而已百氏亦復如之鋒聞歎曰江祏遂復爲混沌畫眉欲益反弊耳寡人聲酒是耽狗馬是好豈復一豪於平生哉當時以爲話言常忽忽不樂著修柏賦以見志曰既殊羣而抗立亦含貞而挺正豈春日之自芳在霜下而爲盛衝風不能摧其枝積雪不能改其性雖坎壈於當年度後凋之可詠時鼎業潛移鋒獨慨然有匡復之意逼之行事典籤故不遂也嘗見明帝言次及遙光才力可委之意鋒答曰遙光之於殿下猶殿下之於高皇衞宗廟安社稷實有攸寄明帝失色鋒有武力明帝殺諸王鋒與書詰責左右不爲通明帝深憚之不敢於第收之鋒出登車兵人欲上車防勒鋒以手擊却數人皆應時倒地遂逼害之江斅聞其死流涕曰芳

蘭當門不得不鋤其修柏之賦乎

南平王鋭字宣毅高帝第十五子也位左户尚書朝直勤謹未嘗屬疾永明七年出爲南中郎將湘州刺史延興元年明帝作輔害諸王遣裴叔業平尋陽仍進湘州鋭防閤周伯玉大言於衆曰此非天子意今斬叔業舉兵匡社稷誰敢不同鋭典籤叱左右斬之鋭見害伯玉下獄誅

宜都王鏗字宣儼高帝第十六子也生三歲喪母及有識問母所在左右告以早亡便思慕蔬食自悲不識母常祈請幽冥求一夢見至六歲遂夢見一女人云是其母鏗悲泣向舊左右説容貌衣服事皆如平生聞者莫不歔欷清悟有學行永明十一年爲南豫州刺史都督二州軍事雖未經庶務而雅得人心舉動每爲籤帥所制立意多不得行州鎮姑熟于時人發桓温女冢得金巾箱織金篋爲嚴器又有金蠶銀蠒等物甚多條以啓聞鬱林敕以物賜之鏗曰今取往物後取今物如此循環豈可熟念使長史蔡約自往修復纖毫不犯年十歲時與吉景曜商略先言往行左右誤排柟榴屏風倒壓其背神色不異言談無

轂亦不顧視彌善射常以堋的大闊曰終日射侯何難之有乃取甘蔗插地百
步射之十發十中永明中制諸王年未三十不得畜妾及武帝晏駕後有勸取
左右者鏗曰在內不無使役旣先朝遺旨何忍而違及延興元年明帝誅高武
文惠諸子鏗聞之馮左右從容雅步詠陸機弔魏武云昔以四海爲己任死則
以愛子託人如此者三左右皆泣後果遣呂文顯賫藥往夜進聽事正逢八關
齋鏗上高坐謂文顯曰高皇昔寵任君何事乃有今日之行答云出不獲已於
是仰藥時年十八身長七尺鏗狀似兄嶷咸以國器許之及死有識者莫不痛
惜初鏗出閤時年七歲陶弘景爲侍讀八九年中甚相接遇後弘景隱山忽夢
鏗來慘然言別云某日命過無罪後三年當生某家弘景訪以幽中事多祕不
出覺後卽遣信出都參訪果與事符同弘景因著夢記云
晉熙王銶字宣攸高帝第十八子也隆昌元年位郢州刺史延興元年見害
河東王鉉字宣胤高帝第十九子也母張氏有寵於高帝鉉又最幼尤所留心
高帝臨崩以屬武帝武帝甚加意焉爲納柳世隆女爲妃武帝與羣臣看新婦

流涕不自勝豫章王嶷亦哽咽及明帝誅高帝諸子以鉉高帝所愛亦以才弱
年幼故得全初鉉年三四歲高帝嘗晝臥纏髮鉉上高帝腹上弄繩高帝因以
繩賜鉉及崩後鉉以寶函盛繩歲時輒開視流涕嗚咽人才甚凡而有此一至
建武中高武子孫憂疑鉉朝見常鞠躬俯僂不敢正行直視壽還侍中衞將軍
鉉年稍長四年誅王晏以謀立鉉爲名鉉免官以王還第禁不得與外人交通
永泰元年明帝暴疾甚乃見害聞收至欣然曰死生命也終不斁建安乞爲奴
而不得仰藥而卒鉉二子在孩抱亦見殺
論曰豫章文獻王珪璋之質夙表天姿行己所安率由忠敬雖代宗之議早隆
皇矚而天倫之愛無虧承明故知爲仁由己不虛言也自宋受晉終馬氏遂爲
廢姓齊受宋禪劉宗盡見誅夷梁武革齊弗取前轍子恪兄弟並皆錄用雖見
梁武之弘裕亦表文獻之餘慶昔陳思表云權之所存雖疏必重勢之所去雖
親必輕原夫此言實存固本然就國之典既隨代革卿士入朝作貴藩輔皇王
託體同稟尊極仕無常資秩有恆數禮地兼隆易生猜疑武帝顧命情深尊嫡

密圖遠算意在求安以明帝同起布衣用存顧託遂韜永命於近戚寄重任於
疎親以爲子弟布列外有強大之固支庶中立可息覬覦之謀表裏相維洊隆
家國曾不慮機能還衡權可制衆宗族殲滅一至於斯曹植之言遠有致矣

南史卷四十三

南史卷四十三考證

始興簡王鑑傳道士邵碩見之曰當有貴王臨州○王監本訛一今改从閣本

時有廣漢什邡人段祖以淳于獻鑑古禮器也○邡一本作郊

宜都王鏗傳左右誤排枏榴屏風倒壓其背○枏閣本作楠又榴一本作瘤誤

史臣論禮地兼隆易生猜疑○猜疑閣本作推擬

遂韜斥命於近戚○斥一本作末

南史卷四十三考證

南史卷四十四

唐　李　延　壽　撰

列傳第三十四

齊武帝諸子　文惠諸子　明帝諸子

武帝二十三男穆皇后生文惠太子竟陵文宣王子良張淑妃生廬陵王子卿魚復侯子響周淑儀生安陸王子敬建安王子真阮淑媛生晉安王子懋衡陽王子峻王淑儀生隨郡王子隆蔡婕妤生西陽王子明樂容華生南海王子罕傅充華生巴陵王子倫謝昭儀生邵陵王子貞江淑儀生臨賀王子岳庾昭容生西陽王子文荀昭華生南康王子琳顏婕妤生永陽王子珉宮人謝生湘東王子建何充華生南郡王子夏第六第十二第十五第二十二皇子早亡子珉繼衡陽元王後

文惠皇太子長懋字雲喬小字白澤武帝長子也武帝年未弱冠而生太子姿容豐美爲高帝所愛宋元徽末除祕書郎不拜板輔國將軍遷晉熙王撫軍主

簿事寧武帝遣太子還都高帝方創霸業心存嫡嗣謂太子曰汝還吾事辦矣處之府東齋令通文武賓客謂荀伯玉曰我出行日城中軍悉受長懋節度我雖不行內外直防及諸門甲兵悉令長懋時時履行轉祕書丞以與宣帝諱同不就歷中書黃門侍郎昇明三年高帝將受禪以襄陽兵馬重鎮不欲處他族出太爲子雍州刺史加都督北中郎將寧蠻校尉建元元年封南郡王江左嫡皇孫封王始自此也先是梁州刺史范柏年頗著威名沈攸之事起候望形勢事平朝廷遣王玄邈代之玄邈已至柏年遲回魏興不肯下太子慮其爲變乃遣說之許啓爲府長史及至襄陽因執誅之二年徵爲侍中中軍將軍置府鎮石頭穆妃薨成服日車駕出臨喪朝議疑太子應出門迎左僕射王儉曰尋禮記服問君所主夫人喪太子嫡婦言國君爲此三人爲主喪也今鑾輿臨降自以主喪而至雖因事撫慰義不在弔南郡以下不應出門奉迎但尊極所臨禮有變革權去杖絰移立戶外足表情敬無煩止哭皇太子既一宮之主自應以車駕幸宮依常奉候既當成服之日吉凶不相干宜以衰幘行事望拜止哭率

由舊章尊駕不以臨弔奉迎則惟常體求之情禮如爲可安又其年九月有閏
小祥疑應計閏儉又議以爲三百六旬尚書明義文公納幣春秋致譏故先儒
期喪歲數沒閏大功以下月數數閏所以吳商云含閏以正期允協情理沒閏
之理固在言先並從之武帝卽位爲皇太子初高帝好左氏春秋太子承旨諷
誦以爲口實及正位東儲善立名尚解聲律工射飲酒至數斗而未嘗舉盃從
容有風儀音韻和辯引接朝士人人自以爲得意文武士多所招集會稽虞炎
濟陽范岫汝南周顒陳郡袁廓並以學行才能應對左右而武人略陽垣歷生
襄陽蔡道貴拳勇秀出當時以比關羽張飛其餘安定梁天惠平原劉孝慶河
東王世興趙郡李居士襄陽黃嗣祖魚文康絢之徒並爲後來名將永明三年
於崇正殿講孝經少傅王儉令太子僕周顒撰爲義疏五年冬太子臨國學親
臨策試諸生於坐問少傅王儉曲禮云無不敬義儉及竟陵王子良等各有酬
答太子又以此義問諸學生謝幾卿等一十人並以筆對太子問王儉周易乾
卦本施天位而說卦云帝出乎震震本非天義豈當相左儉曰乾健震動天以

運爲德故言帝出乎震儉又諸太子孝經仲尼居曾子侍義臨川王映諸孝爲德本義太子並應機酬答甚有條貫明年上將訊丹陽所領囚爲南北二百里內獄詔太子於玄圃園宣猷堂錄三署囚原宥各有差上晚年好游宴尚書曹事亦分送太子省視太子與竟陵王子良俱好釋氏立六疾館以養窮人而性頗奢麗宮內殿堂皆雕飾精綺過於上宮開拓玄圃園與臺城北塹等其中起出土山地閣樓觀塔宇窮奇極麗費以千萬多聚異石妙極山水慮上宮中望見乃旁列修竹外施高鄣造游觀數百間施諸機巧宜須鄣蔽須臾成立若應毀撤應手遷徙製珍玩之物織孔雀毛爲裘光彩金翠過於雉頭遠矣以晉明帝爲太子時立西池乃啓武帝引前例求於東田起小苑上許之永明中二宮兵力全實太子使宮中將吏更番築役營城包巷制度之盛觀者傾都上性雖嚴太子所爲無敢啓者後上幸豫章王宅還過太子東田見其彌亘華遠壯麗極目於是大怒收監作主帥太子懼皆藏之由是見責太子素疾體又過壯常在宮內簡於遨遊玩弄羽儀多所僭擬雖咫尺宮禁而上終不知又使徐文景

造輦及乘輿御物虎賁雲罕之屬上嘗幸東宮忽忽不暇藏輦文景乃以佛像內輦中故上不疑文景父陶仁時爲給事中謂文景曰終當滅門政當掃墓待喪耳乃移家避之其後文景竟賜死陶仁遂不哭時人以爲有古人風十年豫章王嶷薨太子見上友于既至造碑文奏之未及鐫勒十一年春正月太子有疾上自臨視有憂色疾篤上表告辭薨於東宮崇明殿時年三十六太子年始過立久在儲宮得參政事內外百姓私咸謂旦暮繼體及薨朝野驚惋焉上幸東宮上臨哭盡哀詔斂以衮冕之服諡曰文惠葬崇安陵有司奏御服期朝臣齊衰三月南郡國臣齊衰期臨汝曲江國臣並不服六宮不從服武帝履行東宮見太子服玩過制大怒敕有司隨事毀除以東田殿堂處爲崇虛館鬱林立追尊爲文帝廟稱世宗初太子惡明帝密謂竟陵王子良曰我意色中殊不悅此人當由其福德薄所致子良便苦救解後明帝立果大相誅害

竟陵文宣王子良字雲英武帝第二子也幼聰敏武帝爲贛縣時與裴后不諧遣人船送后還都已登路子良時年小在庭前不悅帝謂曰汝何不讀書子良

曰孃今何處何用讀書帝異之即召后還縣仕宋爲邵陵王友時宋道衰謝諸王微弱故不廢此官昇明三年爲會稽太守都督五郡封聞喜公宋元嘉中皆責成郡縣孝武後徵求急速以郡縣遲緩始遣臺使自此公役勞擾高帝踐阼子良陳之請息其弊子良敦義愛古郡人朱百年有至行先卒賜其妻米百斛蠲一人給其薪蘇郡閤下有虞翻舊牀罷任還乃致以歸後於西邸起古齋多聚古人器服以充之夏禹廟盛有禱祀子良曰禹泣辜表仁菲食旌約服玩果粽足以致誠使歲獻扇簟而已時有山陰人孔平詣子良訟嫂市米負錢不還子良歎曰昔高文通與寡嫂訟田義異於此乃賜米錢以償平建元二年穆妃薨去官仍爲丹陽尹開私倉振屬縣貧人先是太妃以七月薨子良以八月奉凶問及小祥疑南郡王應相待尚書左僕射王儉議以爲禮有倫序義無徒設如令遠則不待近必相須禮例既乖即心無取若疑兄弟同居吉凶舛雜則遠還之子自應開立別門以終喪事靈筵祭奠隨在家之人再期而毀庶子在家亦不待嫡而況儲妃正體王室中軍長奠之重天朝又行權制進退彌復非疑

謂應不相待中軍緣縞之日聞喜致哀而已不受弔慰至聞喜變除昆弟亦宜相就寫情不對客從之武帝卽位封竟陵郡王南徐州刺史加都督永明二年爲護軍將軍兼司徒四年進號車騎將軍子良少有清向禮才好士居不疑之地傾意賓客天下才學皆游集焉善立勝事夏月客至爲設瓜飲及甘果著之文教士子文章及朝貴辭翰皆發教撰錄是時上新視政水旱不時子良密啓請原除逋租又陳寬刑息役輕賦省徭并陳泉鑄歲遠類多翦鑿江東大錢十不一在公家所受必須輪郭遂買本一千加子七百求請無地揰革相驅尋完者爲用既不兼兩回復遷貿會非委積徒令小人每嬰困苦且錢布相半爲制永久或聞長宰須令輸直進違舊科退容姦利五年正位司徒給班劍二十人侍中如故移居雞籠山西邸集學士抄五經百家依皇覽例爲四部要略千卷招致名僧講論佛法造經唄新聲道俗之盛江左未有武帝好射雉子良啓諫先是左衞殿中將軍邯鄲超上書諫射雉武帝爲止久之超竟被誅永明末上將復射雉子良復諫前後所陳上雖不盡納而深見寵愛又與文惠太子同好

釋氏甚相友悌子良敬信尤篤數於邸園營齋戒大集朝臣衆僧至賦食行水或躬親其事世頗以爲失宰相體勸人爲善未嘗厭倦以此終致盛名八年給三望車九年都下大水吳興偏劇子良開倉振救貧病不能立者於第北立廨收養給衣及藥十年領尚書令揚州刺史本官如故尋解尚書令加中書監文惠太子薨武帝檢行東宮見太子服御羽儀多過制度上大怒以子良與太子善不啓聞頗加嫌責武帝不豫詔子良甲仗入延昌殿侍醫藥子良啓進沙門於殿戶前講經武帝爲感夢見優曇鉢花子良案佛經宣旨使御府以銅爲花插御牀四角日夜在殿內太孫間日入參武帝暴漸內外惶懼百僚皆已變服物議疑立子良俄頃而蘇問太孫所在因召東宮器甲皆入遺詔使子良輔政明帝知尚書事子良素仁厚不樂時務乃推明帝詔云事無大小悉與鸞參懷子良所志也太孫少養於子良妃袁氏甚著慈愛既懼前不得立自此深忌子良大行出太極殿子良居中書省帝使虎賁中郎將潘敞二百人仗屯太殿西階之下成服後諸王皆出子良乞停至山陵不許進位太傅增班劍爲三十人

本官如故解侍中隆昌元年加殊禮劒履上殿入朝不趨贊拜不名進督南徐州其年疾篤謂左右曰門外應有異遣人視見淮中魚無算皆浮出水上向城門尋薨年三十五帝常慮子良異志及薨甚悅詔給東園温明祕器斂以衮冕之服東府施喪位大鴻臚持節監護太官朝夕送祭又詔追崇假黃鉞侍中都督中外諸軍事太宰領大將軍揚州牧綠綟綬備九服錫命之禮使持節中書監王如故給九旒鸞輅黃屋左纛轀輬車前後部羽葆鼓吹挽歌二部虎賁班劒百人葬禮依晉安平王孚故事初豫章王嶷葬金牛山文惠太子葬夾石子良臨送望祖硎山悲感歎曰北瞻吾叔前望吾兄死而有知請葬茲地及薨遂葬焉所著內外文筆數十卷雖無文采多是勸戒子良既亡故人皆來奔赴陸惠曉於邸門逢袁彖問之曰近者云云定復何謂王融見殺而魏準破膽道路籍籍又云竟陵不永天年有之乎答曰齊氏微弱已數年矣爪牙柱石之臣都盡命之所餘政風流名士耳若不立長君無以鎮安四海王融雖爲身計實安社稷恨其不能斷事以至於此道路之談自爲虛說耳蒼生方塗炭矣政當瀝

耳聽之建武中故吏范雲上表爲子良立碑事不行子昭冑嗣
昭冑字景胤汎涉書史有父風位太常以封境邊魏永元元年改封巴陵王先
是王敬則事起南康侯子恪在吳郡明帝慮有同異召諸王侯入宮晉安王寶
義及江陵公寶覽住中書省高武諸孫住西省敕人各兩左右自隨過此依軍
法孩抱者乳母隨入其夜並將加害賴子恪至乃免自建武以來高武王侯居
常震怖朝不保夕至是尤甚及陳顯達起事王侯復入宮昭冑懲往時之懼與
弟永新侯昭穎逃奔江西變形爲道人崔慧景舉兵昭冑兄弟出投之慧景敗
昭冑兄弟首出投臺軍主胡松各以王侯還第不自安謀爲身計子良故防閤
桑偃爲梅蟲兒軍副結前巴西太守蕭寅謀立昭冑昭冑許事剋用寅爲尚書
左僕射護軍以寅有部曲大事皆委之時胡松領軍在新亭寅遣人說之松許
諾又張欣泰嘗爲雍州亦有部曲昭冑又遣房天寶以謀告之欣泰聞命響應
蕭寅左右華永達知其謀以告御刀朱光尚光尚挾左道以惑東昏因謂東昏
曰昨見蔣王云巴陵王在外結黨欲反須官出行仍從萬春門入事不可量時

東昏日游走聞此說大懼不復出四十餘日僫等議募健兒百餘人從萬春門
入突取之昭胄以爲不可僫同黨王山沙慮事久無成以事告御刀徐僧重寅
遣人殺山沙於路吏於麝幐中得其事迹昭胄兄弟與同黨皆伏誅梁受禪降
封昭胄子同爲監利侯同弟賁字文奐形不滿六尺神識耿介幼好學有文才
能書善畫於扇上圖山水咫尺之內便覺萬里爲遥矜慎不傳自娱而已好著
述嘗著西京雜記六十卷起家湘東王法曹參軍得一府歡心及亂王爲檄賁
讀至僫師南望無復儲胥露寒河陽北臨或有穹廬氈帳迺曰聖製此句非爲
過似如體目朝廷非關序賦王聞之大怒收付獄遂以餓終又追戮賁尸乃著
懷舊傳以謗之極言詆毀
廬陵王子卿字雲長武帝第三子也建元元年封臨汝郡公武帝卽位爲郢州
刺史加都督子卿諸子中無德又與魚復侯子響同生故無寵徙都督荆州刺
史始與王爲益州子卿解督子卿在鎮營造服飾多違制度作璹瑁乘具詔責
之令速送都又作銀燈金薄裹箭脚亦便速壞去凡諸服章自今不啓專輒作

者當得痛杖又曰汝比令讀學今年轉成長學既未得敕如風過耳使吾失氣
永明十年爲都督南豫州刺史之鎮道中戲部伍爲水軍上聞大怒殺其典籤
遣宜都王鏗代之子卿還第至崩不與相見隆昌元年爲衞將軍開府儀同三
司置兵佐鄱陽王鏘見害以子卿代爲司徒所居屋梁柱際血出溜於地旬日
而見殺

魚復侯子響字雲音武帝第四子也豫章王嶷無子養子響後嶷有子表留爲
嫡武帝卽位爲南彭城臨淮二郡太守子響勇力絕人開弓四斛力數在園池
中帖騎馳走竹樹下身無虧傷既出繼車服異諸王每入朝輒忿拳打車壁武
帝知之令車服與皇子同永明六年有司奏子響宜還本乃封巴東郡王七年
爲都督荊州刺史直閤將軍董蠻粗有氣力子響要與同行蠻曰殿下癲如雷
敢相隨邪子響笑曰君敢出此語亦復奇癲上聞而不悅曰人名蠻復何容得
蘊藉乃改名爲仲舒謂曰今日仲舒何如昔日仲舒答曰昔日仲舒出自私庭
今日仲舒降自天帝以此言之勝昔遠矣上稱善子響少好武帶仗左右六十

人皆有膽幹數在內齋殺牛置酒與之聚樂令私作錦袍絳襖欲餉蠻交易器仗長史劉寅等連名密啓上敕精檢寅等懼欲祕之子響聞臺使不見敕乃召寅及司馬席恭穆諮議參軍江悆殷曇粲中兵參軍周彥典籤吳修之王賢宗魏景深等俱入於琴臺下併斬之上聞之怒遣衞尉胡諧之游擊將軍尹略中書舍人茹法亮領羽林三千人檢捕羣小敕子響若來首自歸可全其性命諧之等至江津築城燕尾洲子響白服登城頻遣信與相聞曰天下豈有兒反身不作賊直是麤疎今便單舸還闕何築城見捉邪尹略獨答曰誰將汝反父人共語子響聞之唯灑泣又送牛數十頭酒二百石果饌三十輿略棄之江流子響膽力之士王衝天不勝忿乃率黨度洲攻壘斬略而諧之法亮單艇奔逸上又遣丹陽尹蕭順之領兵繼之子響即日將白衣左右三十人乘舴艋中流下都初順之將發文惠太子素忌子響密遣不許還令便爲之所子響及見順之欲自申明順之不許於射堂縊之有司奏絕子響屬籍賜爲蛸氏子響密作啓數紙藏妃王氏裙腰中具自申明云輕舫還闕不得此苦之深唯願矜憐無使

竹帛齋有反父之子父有害子之名及順之還上心甚怪恨百日於華林爲子嚮作齋上自行香對諸朝士嚬蹙及見順之嗚咽移時左右莫不掩涕他日出景陽山見一猨透擲悲鳴問後堂丞此猨何意答曰猨子前日墮崖致死其母求之不見故爾上因憶子嚮歔欷良久不自勝順之慙懼感病遂以憂卒於是豫章王嶷上表曰故庶人蛸子嚮識懷靡樹見淪不逞肆憤一朝取陷凶德身膏草野未云塞釁但歸罪司戮迷而知返撫事惟往載傷心目伏願一下天矜使得旋窆餘麓豈伊窮骸被德實且天下歸仁上不許貶爲魚復侯

安陸王子敬字雲端武帝第五子也初封應城縣公先是子敬所生早亡帝命貴妃范氏母養之而子及婦服制禮無明文永明中尚書令王儉議孫爲慈孫婦爲慈婦姑爲慈姑宜制期年服從之十年位散騎常侍撫軍將軍丹陽尹十一年加車騎將軍隆昌元年遷都督南兗州刺史延興元年加侍中明帝除諸蕃王遣中護軍王玄邈征九江王廣之襲殺子敬初子敬爲武帝所留心帝不豫有意立子敬爲太子代太孫子敬與太孫俱入參畢同出武帝目送子敬良

久曰阿五鈍由此代换之意乃息

晉安王子懋字雲昌武帝第七子也諸子中最爲清恬有意思廉讓好學年七歲時母阮淑媛嘗病危篤請僧行道有獻蓮華供佛者衆僧以銅罌盛水漬其莖欲華不萎子懋流涕禮佛曰若使阿姨因此和勝願諸佛令華竟齋不萎七日齋畢華更鮮紅視罌中稍有根鬚當世稱其孝感永明五年爲南兗州刺史監五州軍事六年徙監湘州刺史八年撰春秋例苑三十卷奏之武帝敕付祕閣十一年爲都督雍州刺史給鼓吹一部豫章王嶷服未畢上以邊州須威望許得奏之啓求所好書武帝曰知汝常以書讀在心足爲深欣賜以杜預手所定左傳及古今善言隆昌元年爲征南大將軍江州刺史敕留西楚部曲助鎮襄陽單將白直俠轂自隨陳顯達時屯襄陽入別子懋謂之曰朝廷命身單身而反身是天王豈可過爾輕率今欲將二三千人自隨公意何如顯達曰殿下若不留部曲便是大違敕旨顯達因辭出便發去子懋計未立還鎮尋陽延興元年加侍中聞鄱陽隨郡二王見殺欲起兵赴難與參軍周英防閤陸超之議

傳檄荆郢入討君側事成則宗廟獲安不成猶爲義鬼防閤董僧慧攘袂曰此州雖小孝武亦嘗用之今以勤王之師横長江指北闕以請鬱林之過誰能對之於是部分兵將入匡社稷母阮在都遣書欲密迎上阮報同產弟于瑤之爲計瑤之馳告明帝於是纂嚴遣中護軍王玄邈平西將軍王廣之南北討使軍主裴叔業與瑤之先襲尋陽聲云爲郢府司馬子懋知之遣三百人守盆城叔業泝流直上襲盆城子懋先已具船於稽亭渚聞叔業得盆城乃據州自衛子懋部曲多雍土人皆勇躍願奮叔業畏之遣于瑤之說子懋曰今還都必無過憂政當作散官不失富貴也子懋既不出兵攻叔業衆情稍沮中兵參軍于琳之瑤之兄也說子懋重賂叔業子懋使琳之往琳之因說叔業請取子懋叔業遣軍主徐玄慶將四百人隨琳之入城僚佐皆奔散唯周英及外兵參軍王皎更移入城内子懋聞之歎曰不意吾府有義士二人琳之從二百人仗自入齋子懋笑謂之曰不意渭陽翻成梟獍琳之以袖障面使人害之故人懼罪無敢至者唯英皎僧慧號哭盡哀爲喪殯董僧慧丹陽姑孰人出自寒微而慷慨有

節義好讀書甚驍果能反手於背彎五斛弓當世莫有能者玄邈知其豫子懋之謀執之僧慧曰晉安舉義兵僕實豫議古人云非死之難得死之難僕得爲主人死不恨矣願至主人大斂畢退就湯鑊雖死猶生玄邈義而許之還具白明帝乃配東冶言及九江時事輒悲不自勝子懋子昭基九歲以方二寸絹爲書參其消息并遺錢五百以金假人崎嶇得至僧慧覩書對錢曰此郎君書也悲慟而卒陸超之吳人以清靜雅爲子懋所知子懋既敗于琳之勸其逃亡答曰人皆有死此不足懼吾若逃亡非唯孤晉安之眷亦恐田横客笑人玄邈等以其義欲因將還都而超之亦端坐待命超之門生姓周者謂殺超之當得賞乃伺超之坐自後斬之頭墜而身不僵玄邈嘉其節後爲殯斂周又助舉棺未出戶棺墜政壓其頭折卽死聞之者莫不以爲有天道焉

隨郡王子隆字雲興武帝第八子也性和美有文才娶尚書令王儉女爲妃武帝以子隆能屬文謂儉曰我家東阿也永明八年爲都督荆州刺史隆昌元年爲侍中撫軍將軍領兵置佐延興元年轉中軍大將軍侍中如故子隆年二十

一而體過充壯常使徐嗣伯合蘆茹丸以服自銷損猶無益明帝輔政謀害諸
王武帝諸子中子隆最以才貌見憚故與鄱陽王鏘同夜先見殺文集行於世
建安王子真字雲仙武帝第九子也永明七年累遷郢州刺史加都督隆昌元
年爲散騎常侍護軍將軍延興元年明帝遣裴叔業就典籤柯令孫殺之子真
走入牀下令孫手牽出之叩頭乞爲奴贖死不從見害年十九
西陽王子明字雲光武帝第十子也永明元年封武昌王三年失國璽改封西
陽十年爲會稽太守督五郡軍事子明風姿明淨士女觀者咸嗟歎之建武元
年爲撫軍將軍領兵置佐二年誅蕭諶子明及弟子罕子貞同謀見害年十
七
南海王子罕字雲華武帝第十一子也頗有學母樂容華有寵故武帝留心母
嘗寢疾子罕晝夜祈禱于時以竹爲燈纘照夜此纘宿昔枝葉大茂母病亦愈
咸以爲孝感所致主簿劉駿及侍讀賀子喬爲之賦頌當時以爲美談建武元
年位護軍將軍二年見殺年十七

巴陵王子倫字雲宗武帝第十三子也永明十年爲北中郎將南琅邪彭城二郡太守鬱林卽位以南彭城祿力優厚奪子倫與中書舍人綦毋珍之更以南蘭陵代之延興元年明帝遣中書舍人茹法亮殺子倫子倫時鎭琅邪城有守兵子倫英果明帝恐不卽罪以問典籤華伯茂伯茂曰公若遣兵取之恐不卽可辦若委伯茂一小吏力耳旣而伯茂手自執鴆逼之左右莫敢動者子倫正衣冠出受詔謂法亮曰積不善之家必有餘殃昔高皇帝殘滅劉氏今日之事理數固然舉酒謂亮曰君是身家舊人今銜此命當由事不獲已此酒差非勸酬之爵因仰之而死時年十六法亮及左右皆流涕先是高帝武帝爲諸王置典籤帥一方之事悉以委之每至覲接輒留心顧問刺史行事之美惡係於典籤之口莫不折節推奉恆慮弗及於是威行州部權重蕃君武陵王曅爲江州性烈直不可忤典籤趙渥之曰今出郡易刺史及見武帝相誣曅遂免還南海王子罕戍琅邪欲暫游東堂典籤姜秀不許而止還泣謂母曰兒欲移五步亦不得與囚何異秀後輒取子罕屐繖飮器等供其兒昏武帝知之鞭二百繫尙

方然而擅命不改邵陵王子貞嘗求熊白廚人答典籤不在不敢與西陽王子
明欲送書參侍讀鮑僎病典籤吳修之不許曰應諮行事乃止言行舉動不得
自專徵衣求食必須諮訪永明中巴東王子響殺行事劉寅等武帝聞之謂羣
臣曰子響遂反戴僧靜大言曰諸王都自應反豈唯巴東武帝問其故答曰天
王無罪而一時被囚取一挺藕一杯漿皆諮籤帥不在則竟日忍渴諸州唯聞
有籤帥不聞有刺史竟陵王子良嘗問衆曰士大夫何意詣籤帥參軍范雲答
曰詣長史以下皆無益詣籤帥使便有倍本之價不詣謂何子良有愧色及明
帝誅異己者諸王見害悉典籤所殺竟無一人相抗孔珪聞之流涕曰齊之衡
陽江夏最有意而復害之若不立籤帥故當不至於此
邵陵王子貞字雲松武帝第十四子也建武二年見誅年十五
臨賀王子岳字雲嶠武帝第十六子也明帝誅武帝諸子唯子岳及弟六人在
後時呼爲七王朔望入朝上還後宮輒歎息曰我及司徒諸兒子皆不長高武
子孫日長大永泰元年上疾甚絕而復蘇於是誅子岳等延興建武中凡三誅

諸王每一行事明帝輒先燒香嗚咽涕泣衆以此輒知其夜當殺戮也子岳死時年十四
西陽王子文字雲儒武帝第十七子也永明七年封蜀郡王建武中改封西陽永泰元年見殺年十四
衡陽王子峻字雲嵩武帝第十八子也永明七年封廣漢郡王建武中改封永泰元年見殺年十四
南康王子琳字雲璋武帝第十九子也母荀昭華慼寵後宮才人位登采女者依例舊賜玉鳳凰荀時始爲采女得玉鳳凰投地曰我不能例受此武帝乃拜爲昭華子琳以母寵故最見愛太尉王儉因請昏武帝悅而許之羣臣奉寶物名好盡直數百金武帝爲之報答亦如此及應封而好郡已盡乃以宣城封之既而以宣城屬揚州不欲爲王國改封南康公褚蓁爲巴東公以南康爲王國封子琳永泰元年見殺年十四
湘東王子建字雲立武帝第二十一子也母謝無寵武帝度爲尼明帝卽位使

還母子建永泰元年見殺年十三
南郡王子夏字雲廣武帝第二十三子也上春秋高子夏最幼寵愛過諸子初
武帝夢金翅鳥下殿庭搏食小龍無數乃飛上天及明帝初其夢方驗永泰元
年子夏誅年七歲
文惠太子四男安皇后生廢帝鬱林王昭業宮人許氏生廢帝海陵恭王昭文
陳氏生巴林王昭秀褚氏生桂陽王昭粲
巴陵王昭秀字懷尚太子第三子也鬱林卽位封臨海郡王隆昌元年爲都督
荆州刺史延興元年徵爲車騎將軍明帝建武二年改封巴陵王永泰元年見
殺年十六
桂陽王昭粲太子第四子也鬱林立封永嘉郡王延興元年出爲荆州刺史加
都督建武三年改封桂陽王四年爲太常永泰元年見殺年八歲
明帝十一男敬皇后生廢帝東昏侯寶卷江夏王寶玄鄱陽王寶寅和帝殷貴
妃生巴陵隱王寶義晉熙王寶嵩袁貴妃生廬陵王寶源管淑妃生邵陵王寶

修許淑媛生桂陽王寶貞餘皆早夭

巴陵隱王寶義字智勇明帝長子也本名明基建武元年封晉安郡王寶義少有廢疾不堪出人間止加除授爲都督揚州刺史仍以始安王遙光代之轉爲右將軍領兵置佐鎮石頭二年爲南徐州刺史加都督東昏卽位進征北將軍開府儀同三司給扶永泰元年爲都督揚州刺史三年進位司徒和帝西臺建以爲侍中司空梁武平建鄴宣德太后令以寶義爲太尉領司徒詔云不言之化形於自遠時人皆云此實錄也梁受禪封謝沐公尋封巴陵郡王奉齊後天監中薨

江夏王寶玄字智深明帝第三子也建武元年封江夏郡王東昏卽位爲都督南徐兗二州刺史寶玄娶尚書令徐孝嗣女爲妃孝嗣被誅離絕東昏送少姬二人與之寶玄恨望有異計明年崔慧景舉兵還至廣陵遣使奉寶玄爲主寶玄斬其使因是發將吏防城慧景將度江寶玄密與相應開門納慧景乘八掆輿手執絳麾幡隨慧景至都百姓多往投集慧景敗收得朝野投寶玄及慧景

軍名東昏令燒之曰江夏尚爾豈復可罪餘人寶玄逃奔數日乃出帝召入後堂以步鄣裏之令羣小數十人鳴鼓角馳繞其外遣人謂曰汝近圍我亦如此少日乃殺之

盧陵王寶源字智泉明帝第五子也建武元年封和帝卽位爲車騎將軍開府儀同三司中興二年薨

鄱陽王寶寅字智亮明帝第六子也建武初封建安郡王東昏卽位爲都督郢州刺史永元三年爲車騎將軍開府儀同三司鎮石頭其秋雍州刺史張欣泰等謀起事於新亭殺臺內諸主帥難作之日舁前南譙太守王靈秀奔往石頭帥城內將吏去車脚載寶寅向臺城百姓數十人皆空手隨後至杜姥宅日已欲暗城門閉城上人射之衆棄寶寅走寶寅逃亡三日戎服詣草市尉尉馳以啓帝帝迎入宮問之寶寅涕泣稱制不自由帝笑乃復爵位宣德太后臨朝改封寶寅鄱陽王中興二年謀反奔魏

邵陵王寶修字智宣明帝第九子也建武元年封南平郡王二年改封中興二

年謀反宣德太后令賜死

晉熙王寶嵩字智靖明帝第十子也中興元年和帝以爲中書令二年誅

桂陽王寶貞明帝第十一子也中興二年誅

論曰守器之重邦家所憑觀文惠之在東儲固已有虧令德向令負荷斯集猶當及於禍敗況先期夙隕愆失已彰而武帝不以擇賢傳之昏孽推此而論有冥數矣子良物望所集失在儒雅當斷不斷以及於災非止自致喪亡乃至宗祀覆滅哀哉夫帝王子弟生長尊貴情僞之事不經耳目雖卓爾天悟自得懷抱孤寡爲識所陋猶多齊氏諸王並幼踐方岳故輔以上佐簡自帝心勞舊左右用爲主帥州國府第先令後行飲食游居動應聞啓端拱守祿遵承法度張弛之要莫敢厝言行事執其權典籤掣其肘處地雖重行止莫由威不在身恩未接下倉卒一朝事難總集望其擇位扶危不可得矣路温舒云秦有十失其一尚存斯宋氏之餘風及在齊而彌弊寶玄親兼一體欣受家殃曾不知執柯所指附蕁相從而敗以此而圖萬事未知其身歸也

南史卷四十四

南史卷四十四考證

文惠皇太子長懋傳後明帝立杲大相誅害○杲監本誤東今改从閣本

竟陵文宣王子良傳賜其妻米百斛○斛監本訛解今改正

廬陵王子卿傳又作銀鐙金薄裹箭脚亦便速壞去○鐙閣本作鐙

魚復侯子響傳子響膽力之士王衡天○衡監本作衡今从閣本

臨賀王子岳傳字雲嶠○嶠監本誤喬本卷文惠皇太子長懋字雲喬此誤複之今从閣本改正

史臣論守器之重邦家所馮○馮監本訛爲今从南本

南史卷四十四考證

南史卷四十五

唐　李　延　壽　撰

列傳第三十五

王敬則　陳顯達　張敬兒　崔慧景

王敬則臨淮射陽人也僑居晉陵南沙縣母爲女巫常謂人云敬則生時胞衣紫色應得鳴鼓角人笑之曰汝子得爲人吹角可矣敬則年長而兩掖下生乳各長數寸夢騎五色獅子性倜儻不羈好刀劍嘗與既陽縣吏鬭謂曰我若得既陽縣當鞭汝小吏背吏唾其面曰汝得既陽縣我亦得司徒公矣屠狗商販徧於三吳使於高麗與其國女子私通因不肯還被收録然後反善拍張補刀戟左右宋前廢帝使敬則跳刀高出白虎幢五六尺接無不中仍撫髀拍張甚爲儇捷補俠轂隊主領細鎧左右與壽寂之殺前廢帝及明帝卽位以爲直閤將軍封重安縣子敬則少時於草中射獵有蟲如烏豆集其身摘去乃脫其處皆流血敬則惡之詣道士卜道士曰此封侯瑞也敬則聞之喜故出都自効後

補既陽令昔日闞吏亡叛勒令[illegible]遇之甚厚曰我已得既陽縣汝何時得司徒公邪初至既陽縣陸主山下宗侶十餘船同發敬則船獨不進乃令弟入水推之見烏漆棺敬則呪云若是吉使船速進吾富貴當改葬爾船須臾入縣收此棺葬之時軍荒後縣有一部劫逃入山中爲人患敬則遣人致意劫帥使出首當相申論郭下廟神甚酷烈百姓信之敬則引神爲誓必不相負劫帥既出敬則於廟中設酒會於坐收縛曰吾啓神若負誓還神十牛今不得違誓卽殺十牛解神幷斬諸劫百姓悅之元徽三年隨齊高帝拒桂陽賊於新亭敬則與羽林監陳顯達寧朔將軍高道慶乘舸迎戰大破賊水軍事寧帶南太山守右俠轂主轉越騎校尉安成王車騎參軍蒼梧王狂虐左右不自安敬則以高帝有威名歸誠奉事每下直輒往領軍府夜著青衣扶匐道路爲高帝聽察高帝令敬則於殿內伺機及楊玉夫將首投敬則敬則馳謁高帝乃戎服入宮至承明門門郎疑非蒼梧還敬則慮人覘見以刀環塞窐孔呼開門甚急衞尉丞顏靈寶窺見高帝乘馬在外竊謂親人今若不開內領軍天下會是亂爾門開敬則

隨帝入殿昇明元年遷輔國將軍領臨淮太守知殿內宿衞兵事沈攸之事起進敬則冠軍將軍高帝入守朝堂袁粲起兵召領軍劉韞直閤將軍卜伯興等於宮內相應戒嚴將發敬則開關掩襲皆殺之殿內竊發盡平敬則之力也政事無大小帝並以委之敬則不識書止下名然甚善決斷齊臺建爲中領軍高帝將受禪材官薦易太極殿柱順帝欲避土不肯出宮遜位明日當臨軒順帝又逃宮內敬則將輿入迎帝啓譬令出引令升車順帝不肯卽上收淚謂敬則曰欲見殺乎敬則答曰出居別宮爾官先取司馬家亦復如此順帝泣而彈指唯願後身生生世世不復天王作因緣宮內盡哭聲徹於外順帝拍敬則手曰必無過慮當餉輔國十萬錢齊建元元年出爲都督南兗州刺史封尋陽郡公加敬則妻懷氏爵爲尋陽國夫人二年魏軍攻淮泗敬則恐委鎮還都百姓皆驚散奔走上以其功臣不問以爲都官尚書還吳興太守郡舊多剽掠有十數歲小兒於路取遺物敬則殺之以狗自此路不拾遺郡無劫盜又錄得一偷召其親屬於前鞭之令偷身長掃街路久之乃令偷舉舊偷自代諸偷恐爲所識

皆逃走境內以清仍入烏程從市過見屠肉枅歎曰吳興昔無此枅是我少時
在此所作也召故人飲酒說平生不以屑也遷護軍以家爲府三年以改葬去
職詔贈敬則母尋陽國太夫人改授侍中撫軍高帝遺詔敬則以本官領丹陽
尹尋遷會稽太守加都督永明二年給鼓吹一部會土邊帶湖海人丁無士庶
皆保塘役敬則以功力有餘悉評斂爲錢送臺庫以爲便宜上許之三年進號
征東將軍宋廣州刺史王翼之子妾路氏酷暴殺婢媵翼之子法朗告之敬則
付山陰獄殺之路氏家訴爲有司所奏山陰令劉岱坐棄市刑敬則入朝上謂
敬則曰人命至重是誰下意殺之都不啓聞敬則曰是臣愚意臣知何物科法
見背後有節便言應得殺人劉岱亦引罪上乃赦之敬則免官以公領郡後與
王儉俱即本號開府儀同三司時徐孝嗣於崇禮門候儉因嘲之曰今日可謂
連璧儉曰不意老子遂與韓非同傳人以告敬則敬則欣然曰我南沙縣吏徼
倖得細鎧左右逮風雲以至於此遂與王衞軍同日拜三公王敬則復何恨了
無恨色朝士以此多之十一年授司空敬則名位雖達不以富貴自遇初爲散

輦使魏於北館種楊柳後員外郎虞長曜北使還敬則問我昔種楊柳樹今若
大小長曜曰虜中以爲甘棠武帝令羣臣賦詩敬則曰臣幾落此奴度上問之
敬則對曰臣若解書不過作尙書都令史爾那得今日敬則雖不大識書而性
甚警黠臨郡令省事讀辭下教制決皆不失理明帝輔政密有廢立意隆昌元
年出敬則爲會稽太守加都督海陵王立進位太尉明帝卽位爲大司馬臺使
拜授日雨大洪注敬則文武皆失色一客旁曰公由來如此昔拜丹陽尹吳興
時亦然敬則大悅曰我宿命應得雨乃引羽儀備朝服導引出聽事拜受意猶
不自得吐舌久之帝既多殺害敬則自以高武舊臣心懷憂懼帝雖外厚其禮
而內相疑備數訪問敬則飲食體幹聞其衰老且以居內地故得少安後遣蕭
坦之將齋仗五百人行晉陵敬則諸子在都憂怖無計上知之問計於梁武帝
武帝曰敬則豎夫易爲感唯應錫以子女玉帛厚其使人如斯而已上納之吳
人張思祖敬則謀主也爲府司馬頻銜使上僞傾意待之以爲游擊將軍遣敬
則世子仲雄入東仲雄善彈琴江左有蔡邕焦尾琴在主衣庫上敕五日一給

仲雄仲雄在御前鼓琴作懊儂曲歌曰常歎負情儂郎今果行許又曰君行不
淨心那得惡人題帝愈猜愧永泰元年帝疾屢經危殆以張瓌爲平東將軍吳
郡太守置兵佐密防敬則內外傳言當有處分敬則聞之竊曰東今有誰秖是
欲平我耳東亦何易可平吾終不受金甖金甖謂鴆酒也諸子怖懼第五子幼
隆遣正員將軍徐嶽以情告徐州行事謝朓爲計若同者當往報敬則朓執嶽
馳啓之敬則城局參軍徐庶家在京口其子密以報庶庶以告敬則五官王公
林公林敬則族子也常所委信公林勸敬則急送啓賜兒死單舟星夜還都敬
則曰若爾諸郎要應有信且忍一夕其夜呼僚佐文武摴蒱賭錢謂衆曰卿諸
人欲令我作何計莫敢先答防閤丁興懷曰官秖應作爾敬則不聲明旦召山
陰令王詢臺傳御史鍾離祖願敬則橫刀跂坐問詢等發丁可得幾人庫見有
幾錢物詢祖願對並乖旨敬則怒將出斬之王公林又諫敬則曰官詎不更思
敬則唾其面曰小子我作事何關汝小子乃起兵招集配衣二三日便發欲劫
前中書令何胤還爲尚書令長史王弄璋司馬張思祖止之曰何令高蹈必不

從不從便應殺之舉大事先殺朝賢事必不濟及率實甲萬人過浙江謂曰應須作檄思祖曰公今自還朝何用作此乃止朝廷遣輔國將軍前軍司馬左興盛直閤將軍馬軍主胡松三千餘人築壘於曲阿長岡尚書左僕射沈文秀爲持節都督屯湖頭備京口路敬則以舊將舉事百姓擔篙荷鍤隨逐之十餘萬衆至武進陵口慟哭乘肩輿而前遇興盛山陽二柴盡力攻之官軍不敵欲退而圍不開各死戰胡松領馬軍突其後白丁無器仗皆驚散敬則大叫索馬再上不得上與盛軍容袁文曠斬之傳首是時上疾已篤敬則倉卒東起朝廷震懼東昏侯在東宮議欲叛使人上屋望見征虜亭失火謂敬則至急裝欲走有告敬則者敬則曰檀公三十六策走是上計汝父子唯應急走耳蓋譏檀道濟避魏事也敬則之來聲勢甚盛凡十日而敗時年六十四朝廷漆其首藏在武庫至梁天監元年其故吏夏侯亶表請收葬許之

陳顯達南彭城人也仕宋以軍功封彭澤縣子位羽林監濮陽太守隸齊高帝討桂陽賊於新亭壘劉勔大桁敗賊進杜姥宅及休範死顯達出杜姥宅大戰

於宣陽津陽門大破賊矢中左目而鏃不出地黃村潘嫗善禁先以釘釘柱嫗禹步作氣釘即出乃禁顯達目中鏃出之事平封彭城侯再遷平越中郎將廣州刺史加都督沈攸之事起顯達遣軍援臺長史到遁司馬諸葛導勸顯達保境蓄衆密通彼此顯達於坐手斬之遣表疏歸心齊高帝帝即位拜護軍將軍後御膳不宰牲顯達上熊蒸一盤上即以充飯後拜都督益州刺史武帝即位進號鎮西將軍益部山險多不賓服大度村獠前刺史不能制顯達遣使責其租賧獠帥曰兩眼刺史尙不敢調我遂殺其使顯達分部將吏聲將出獵夜往襲之男女無少長皆斬之自此山夷震服永明二年徵爲侍中護軍將軍顯達累任在外經高帝之憂及見武帝流涕悲咽上亦泣心甚嘉之八年爲征南大將軍江州刺史顯達謙厚有智計自以人微位重每遷官常有愧懼之色子十餘人誡之曰我本意不及此汝等勿以富貴陵人家既豪富諸子與王敬則諸兒並精車牛麗服飾當世快牛稱陳世子青王三郎烏呂文顯折角江瞿曇白鼻而皆集陳舍顯達知此不悅及子休尙爲郢府主簿過九江拜別顯達曰凡

奢侈者鮮有不敗麈尾蠅拂是王謝家物汝不須捉此自隨即取於前燒除之其靜退如此豫廢鬱林之勳延興元年爲司空進爵爲公明帝即位進太尉封鄱陽郡公加兵二百人給油絡車後以太尉判鄱陽郡公爲三公事而職典連率人以爲格外三公上欲悉除高武諸孫上微言問顯達答曰此等豈足介慮上乃止顯達建武世心懷不安深自貶退車乘朽敗導從鹵簿皆用羸小侍宴酒後啓上借枕帝令與之顯達撫枕曰臣年已老富貴已足唯少枕枕死特就陛下乞之上失色曰公醉矣以年老告退不許永泰元年乃遣顯達北侵永元元年顯達督平北將軍崔慧景衆軍四萬圍南鄉界馬圈城去襄陽三百里攻之四十日魏軍食盡噉死人肉及樹皮外圍急魏軍突走顯達入據其城遣軍主莊丘黑進取南鄉縣魏孝文帝自領十餘萬騎奄至軍主崔恭祖胡松以烏布幔盛顯達數人擔之出均水口臺軍緣道奔退死者三萬餘人顯達素有威名著於外境至是大損喪焉御史中丞范岫奏免顯達官又表解職並不許以爲江州刺史鎮彭城初王敬則事起始安王遙光啓明帝慮顯達爲變欲追軍

還事平乃寢顯達亦懷危怖及東昏立彌不樂還都得此授甚喜尋加領征南
大將軍給三望車顯達聞都下大相殺戮徐孝嗣等皆死傳聞當遣兵襲江州
顯達懼禍十一月十五日舉兵欲直襲建業以掩不備又遙指郢州刺史建安
王寶寅爲主朝廷遣後軍將軍胡松等據梁山顯達率衆數千人發尋陽與松
戰於采石大破之都下震恐十二月潛軍度取石頭北上襲城宮掖大駭閉門
守備顯達馬稍從步軍數百人於西州前與臺軍戰再合大勝稍折手猶殺十
餘人官軍繼至顯達不能抗退走至西州後烏榜村騎官趙潭注稍刺落馬斬
之籬側血涌湔籬似淳于伯之被刑時年七十三顯達在江州遇疾不療之而
差意甚不悅是時連冬大雪梟首朱雀而雪不集諸子皆伏誅
張敬兒南陽冠軍人也父醜爲郡將軍官至節府參軍敬兒年少便弓馬有膽
氣好射猛獸發無不中南陽新野風俗出騎射而敬兒尤多膂力稍官至寧蠻
行參軍隨郡人劉胡伐襄陽諸山蠻深入險阻所向皆破又擊胡陽蠻官軍引
退敬兒單馬在後賊不能抗山陽王休祐鎮壽陽求善騎射士敬兒及襄陽俞

湛應選敬兒善事人遂見寵爲長兼行參軍泰始初隨府轉驃騎參軍署中兵領軍討義嘉賊與劉胡相拒於鵲尾洲啓明帝乞本郡事平除南陽太守敬兒之爲襄陽府將也家貧每休假輒傭賃自給嘗爲城東吳泰家擔水通泰所愛婢事發將被泰殺逃賣棺材中以蓋加上乃免及在鵲尾洲啓明帝云泰以絲助雍州刺史袁顗爲弩弦黨同逆若事平之日乞其家財帝許之至是收籍吳氏唯家人保身得出僮役財貨直數千萬敬兒皆有之先所通婢卽以爲妾後爲越騎校尉桂陽王事起隸齊高帝頓新亭賊矢石既交休範白服乘輿勞樓下敬兒與黃回白高帝求詐降以取之高帝曰卿若辦事當以本州相賞敬兒相與出城南放仗走大呼稱降休範喜召至輿側回陽致高帝密意休範信之回目敬兒敬兒奪取休範防身刀斬之其左右百人皆散敬兒持首歸新亭除驍騎將軍加輔國將軍高帝置酒謂敬兒曰非卿之功無今日安帝以敬兒人位既輕不欲使便爲襄陽重鎮敬兒求之不已乃微動高帝曰沈攸之在荆州公知其欲何所作不出敬兒以防之恐非公之利也帝笑而無言乃除雍州刺

史加都督封襄縣侯部泊沔口敬兒乘舴艋過江詣晉熙王燮中江遇風船覆
左右丁壯者各泅水走餘二小史沒船下求敬兒救敬兒兩掖挾之隨船仰得
在水上如此翻覆行數十里方得迎接失所持節更給之至鎮厚結攸之得其
事迹密白高帝終無二心又與攸之司馬劉攘兵情款及蒼梧廢敬兒疑攸之
當因此起兵密問攘兵所言寄敬兒馬鐙一隻敬兒乃爲備昇明元年冬攸之
乃遣使報敬兒勞接周至爲設食訖列仗於聽事前斬之集部曲頓攸之下當
襲江陵敬兒告變使至高帝大喜進號鎮軍將軍改督攸之至郢城敗走其子
元琰與兼長史江乂別駕傅宣等還江陵敬兒軍至白水元琰聞城外鶴唳謂
是叫聲恐懼欲走其夜乂宣開門出奔城潰元琰奔寵洲見殺敬兒至江陵誅
攸之親黨沒入其財物數千萬善者悉以入私送臺者百不一焉攸之於湯渚
村自經死居人送首荆州敬兒使楯擎之蓋以青繖狥諸市郭乃送建鄴進爵
爲公敬兒在雍州貪殘人間一物堪用莫不奪取於襄陽城西起宅聚物貨宅
大小殆侔襄陽又欲移羊叔子墮淚碑於其處置臺綱紀諫曰此羊太傅遺德

不宜遷動敬兒曰太傅是誰我不識及齊受禪轉侍中中軍將軍遷散騎常侍車騎將軍置佐史高帝崩遺詔加開府儀同三司於家竊泣曰官家大老天子可惜太子年少向我所不及也及拜王敬則戲之呼爲褚彥回敬兒曰我馬上所得終不能作華林閣勳也敬則甚恨焉初敬兒微時有妻毛氏生子道門而鄉里尙氏女有色貌敬兒悅之遂棄毛氏而納尙氏爲室及居三司尙氏猶居襄陽宅慮不復外出乃迎家口悉下至都啓武帝不蒙勞問敬兒心自疑及垣崇祖死愈恐懼性好卜術信夢尤甚初征荊州每見諸將帥不遑有餘計唯敘夢云未貴時夢居村中社樹欻高數十丈及在雍州又夢社樹直上至天以此誘說部曲自云貴不可言由是不自測量無知又使於鄉里爲謠言使小兒輩歌曰天子在何處宅在赤谷口天子是阿誰非猪如是狗敬兒家在冠軍宅前有地名赤谷既得開府又望班劍語人曰我車邊猶少班蘭物敬兒長自荒遠少習武事既從容都下又四方寧靖益不得志其妻尙氏亦曰吾昔夢一手熱如火而君得南陽郡元徽中夢一髀熱如火君得本州建元中夢半體熱尋得

開府今復舉體熱矣以告所親言其妻初夢次夢又言今舉體熱矣閹人聞其言說之事達武帝敬兒又遣使與蠻中交關武帝疑有異志永明元年敕朝臣華林八關齋於坐收敬兒初左右雷仲顯常以盈滿誡敬兒不能從至是知有變抱敬兒泣敬兒脫冠貂投地曰用此物誤我及子道門道暢道休並伏誅少子道慶見宥後數年上與豫章王嶷三日曲水內宴舴艋船流至御坐前覆沒上由是言及敬兒悔殺之敬兒始不識書及爲方伯乃習學讀孝經論語初徵爲護軍乃潛於密室中屏人學揖讓答對空中俯仰妾侍竊窺笑焉將拜三司謂其妻嫂曰我拜後府開黃閤因口自爲鼓聲初得鼓吹羞便奏之又於新林姥廟爲妾祈子祝神口自稱三公其鄙俚如此始其母於田中臥夢犬子有角舐之已而有娠而生敬兒故初名狗兒又生一子因狗兒之名復名猪兒宋明帝嫌狗兒名鄙改爲敬兒故猪兒亦改爲恭兒位正員郎謝病歸本縣常居上保村不肯出仕與居人不異與敬兒愛友甚篤及聞敬兒敗走入蠻後首出原其罪

崔慧景字君山清河東武城人也祖構奉朝請父系之州別駕慧景少有志業仕宋爲長水校尉齊高帝在淮陰慧景與宗人祖思同時自結及高帝受禪封樂安縣子爲都督梁南秦二州刺史永明四年爲司州刺史母喪詔起復本任慧景每罷州輒傾資獻奉動數百萬武帝以此嘉之十年爲都督豫州刺史鬱林即位慧景以少主新立密與魏通朝廷疑之明帝輔政遣梁武帝至壽春安慰之慧景密啓送誠勸進建武四年爲度支尚書領太子左率東昏即位爲護軍時輔國將軍徐世標專權號令慧景備員而已帝既誅戮將相舊臣皆盡慧景自以年宿位重轉不自安及裴叔業以壽陽降魏即授慧景平西將軍假節侍中護軍如故率軍水路征壽陽軍頓白下將發帝長圍屏除出琅邪城送之帝戎服坐樓上召慧景騎進圍內無一人自隨裁交數言拜辭而去慧景出至白下甚喜曰頸非復小豎等所折也子覺爲直閤將軍慧景密與之期時江夏王寶玄鎭京口聞慧景北行遣左右余文興說之曰朝廷任用羣小猜害忠賢江劉徐沈君之所見身雖魯衛亦不知滅亡何時君今段之舉有功亦死無功

亦死欲何求所免機不可失今擁彊兵北取廣陵收吳楚勁卒身舉州以相應取大功如反掌耳慧景常不自安聞言響應於時廬陵王長史蕭寅司馬崔恭祖守廣陵城慧景以寶玄事告恭祖恭祖先無宿契口雖相和心實不同還以事告寅共爲閉城計寅心謂恭祖與慧景同謂曰廢昏立明人情所樂寧可違拒恭祖猶執不同俄而慧景至恭祖閉門不敢出慧景知其異己泣數行而去中兵參軍張慶延明嚴鄉等勸慧景襲取廣陵及密遣軍主劉靈運間行突入慧景俄係至遂據其城子覺至仍使領兵襲京口寶玄本謂大軍併來及見人少極失所望拒覺擊走之恭祖及覺精兵八千濟江恭祖心本不同及至蒜山欲斬覺以軍降京口事既不果而止覺等軍器精嚴柳燈沈佚等謂寶玄曰崔護軍威名既重乃誠可見既已脣齒忽中道立異彼以樂歸之衆亂江而濟誰能拒之於是登北固樓並千蠟燭爲烽火舉以應覺帝聞變以右衛將軍左興盛假節督都下水陸衆軍慧景停二日便率大衆一時俱濟江趣京口寶玄仍以覺爲前鋒恭祖次之慧景領大都督爲衆軍節度東府石頭白下新亭諸城

皆潰左興盛走不得入宮逃淮渚荻船中慧景擒殺之慧景稱宣德皇后令廢
帝爲吳王時柳燈別推寶玄恭祖爲寶玄羽翼不復承奉慧景慊之巴陵王昭
胄先逃人間出投慧景意更向之故猶豫未知所立此聲頗泄燈恭祖始貳於
慧景又恭祖勸慧景射火箭燒北掖樓慧景以大事垂定後若更造費用功多
不從其計性好談義兼解佛理頓法輪寺對客高談恭祖深懷怨望先是衞尉
蕭懿爲豫州刺史自歷陽步道征壽陽帝遣密使告之懿率軍主胡松李居士
等自采石濟岸頓越城舉火臺城中鼓叫稱慶恭祖先勸慧景遣二千人斷西
岸軍令不得度慧景以城旦夕降外救自然應散不許恭祖請擊義師又不許
乃遣子覺將精甲數千人度南岸義師昧旦進戰覺大敗慧景人情離沮恭祖
頓軍與皇寺於東宮掠得女妓覺來逼奪由是忿恨其夜崔恭祖與驍騎劉靈
運詣城降慧景乃將腹心數人潛去欲北度江城北諸軍不知猶爲拒戰城內
出盪殺數百人慧景餘衆皆奔慧景圍城凡十二日軍旅散在都下不爲營壘
及走衆於道稍散單馬至蟹浦投漁人太叔榮之榮之故爲慧景門人時爲蟹

浦戍謂之曰吾以樂賜汝汝爲吾覓酒旣而爲榮之所斬以頭內鰌籃中擔送
都恭祖者慧景宗人驍果便馬矟氣力絶人頻經軍陣討王敬則與左興盛軍
容袁文曠爭敬則首訴明帝曰恭祖秃馬絳衫手刺倒敬則故文曠得斬其首
以死易勳而見枉奪若失此勳要當刺殺左興盛帝以其勇健謂興盛曰何容
令恭祖與文曠爭功慧景平後恭祖繫尚方少時殺之覺亡命爲道人見執伏
法覺弟偃年十八便身長八尺博涉書記善蟲篆爲始安內史藏竄得免和帝
西臺立以爲寧朔將軍中興元年詣公車尚書申寃言多指斥尋下獄死先是
東陽女子婁逞變服詐爲丈夫粗知圍棋解文義徧游公卿仕至揚州議曹從
事事發明帝驅令還東逞始作婦人服而去歎曰如此伎還之爲老嫗豈不惜
哉此人妖也陰而欲爲陽事不果故洩敬則遙光顯達慧景之應也舊史裴叔
業有傳事終於魏今略之云

論曰光武功臣所以能終身名者豈唯不任職事亦以繼奉章明心存正嫡王
陳拔迹奮飛則建元永明之運身極鼎將則建武永元之朝勳非往時位踰昔

等禮授雖重情分不交加以主猜政亂危亡慮及舉手扞頭人思自免干戈既用誠淪犯上之跡敵國起於同舟況又踈於此也敬兒挾震主之勇當鳥盡之運內惑邪夢跡涉覬覦其至殲亡亦其理也慧景以亂濟亂能無及乎

南史卷四十五

南史卷四十五考證

王敬則傳敬則問我昔種楊柳樹今若大小長曜曰虜中以爲甘棠○甘監本誤明今從閣本

陳顯達傳麈尾蠅拂是王謝家物汝不須捉此自隨○物閣本作許隨一作遂一作逐今從監本

以爲江州刺史鎭彭城○彭一本作盆

張敬兒傳敬則甚恨焉○恨監本訛敬今從閣本

南史卷四十五考證

南史卷四十六

唐　李延壽　撰

列傳第三十六

李安人蘭陵承人也祖嶷衞軍將軍父欽之薛令安人少有大志常拊髀歎曰大丈夫處世富貴不可希取三將五校何難之有隨父在縣宋元嘉中縣被魏剋安人尋率部曲自拔南歸明帝時稍遷武衞將軍領水軍討晉安王子勛所向剋捷事平明帝大會新亭樓勞諸軍主樗蒱官賭安人五擲皆盧帝大驚目安人曰卿面方如田封侯相也安人少時貧有一人從門過相之曰君後當大富貴與天子交手共戲至是安人尋此人不知所在後爲廣陵太守行南兗州事齊高帝在淮陰安人遙相結事元徽初除司州刺史領義陽太守及桂陽王

休範起事安人遣軍援都建平王景素起兵安人破其軍於葛橋景素誅留安
人行南徐州事城局參軍王回素爲安人所親盜絹二匹安人流涕謂曰我與
卿契闊備嘗今日犯王法乃卿負我也於軍門斬之後爲斂祭軍府皆震服轉
東中郎司馬行會稽郡事時蒼梧縱虐齊高帝憂迫無計安人白高帝欲於東
奉江夏王躋起兵高帝不許乃止高帝卽位爲中領軍封康樂侯自宋泰始以
來內外頻有賊寇將帥以下各募部曲屯聚都下安人上表以爲自非淮北常
備其外餘軍悉皆輸遣若親近宜立隨身者聽限人數上納之故詔斷衆募時
王敬則以勳誠見親至於家國密事上唯與安人論議謂曰署事有卿名我便
不復細覽也尋爲領軍將軍魏攻壽春至馬頭詔安人禦之魏軍退安人沿淮
進壽春先是宋時亡命王元初聚黨六合山僭大號自云垂手過膝州郡討不
能擒積十餘年安人生擒之斬建康市高帝崩遺詔加侍中武帝卽位爲丹陽
尹遷尚書左僕射安人時屢啓密謀見賞又害結尙書令王儉故世傳儉啓有
此授尋上表以年疾求退爲吳興太守於家載米往郡時服其清吳興有項羽

神護郡聽事太守到郡必須祀以軛下牛安人奉佛法不與神牛著屐上聽事又於聽上八關齋俄而牛死葬廟側今呼為李公牛冢安人尋卒世以神為祟諡肅侯子元履幼有操業甚閑政體為司徒竟陵王子良法曹參軍與王融游狎及王融誅鬱林敕元履隨右衞將軍王廣之北征密令於北殺之廣之先為安人所厚又知元履無過甚擁護之會鬱林敗死元履拜謝廣之曰二十二載父母之年自此以外丈人之賜也仕梁為吳郡太守度支尚書衡廣青冀四州刺史

戴僧靜會稽永興人也少有膽力便弓馬事刺史沈文秀俱被魏虜後將家屬叛還淮陰齊高帝撫畜常在左右後於都私賫錦出事發繫南兗州獄高帝遣薛深餉僧靜酒食以刀子置魚腹中僧靜與獄吏飲酒及醉以刀刻械手自折鎖發屋而出歸高帝帝匿之齋內以其家貧年給穀千斛會魏軍至僧靜應募出戰單刀直前魏軍奔退又追斬三級時天寒甚乃脫衣口銜三頭拍浮而還沈攸之事起高帝入朝堂遣僧靜將腹心先至石頭經略袁粲時蘇烈據倉城

門僧靜射書與烈夜縋入城粲登城西南門列燭火坐臺軍至射之火乃滅回
登東門其黨孫曇瓘驍勇善戰每盪一合輒大殺傷官軍死者百餘人軍主王
天生殊死拒戰故得相持自亥至丑有流星赤色照地墜城中僧靜率力攻倉
門手斬粲於東門外軍燒門入以功除前軍將軍寧朔將軍高帝即位封建昌
縣侯位太子左衞率武帝踐阼出爲北徐州刺史買牛給貧人令耕種甚得荒
情後除南中郎司馬淮南太守永明八年巴東王子響殺僚佐武帝召僧靜使
領軍向江陵僧靜面啓上曰巴東王年少長史司馬捉之太急忿不思難故耳
天子兒過誤殺人有何大罪今急遣軍西上人情惶懼無所不至臣不敢奉敕
上不荅而心善之徙廬陵王中軍司馬高平太守卒謚壯侯
桓康北蘭陵承人也勇果驍悍宋大明中隨齊高帝爲軍容從武帝在贛縣泰
始初武帝起義爲郡所縶衆皆散康裝擔一頭貯穆后一頭貯文惠太子及竟
陵王子良自負置山中與門客蕭欣祖等四十餘人相結破郡獄出武帝郡追
兵急康等死戰破之隨武帝起兵摧堅陷陣旅力絶人所經村邑恣行暴害江

南人畏之以其名怖小兒畫其形於寺中病瘧者寫形帖著牀壁無不立愈後
除褒貢令貴陽王休範事起康棄縣還都就高帝會事已平除員外郎元徽五
年七月六日夜少帝微行至領軍府帝左右人曰一府皆眠何不緣牆入帝曰
我今夕欲一處作適待明日夜康與高帝所養健兒盧荒向黑於門閒聽得其
語明旦王敬則將帝首至扣府門康謂是變與荒黑拔白刃欲出仍隨高帝入
宮高帝鎭東府除武陵王中兵寧朔將軍帶蘭陵太守常衞左右高帝誅黃回
回時爲南兗州部曲數千欲收恐爲亂召入東府停外齋使康數回罪然後殺
之時人爲之語曰欲侜張問桓康除後軍將軍直閤將軍南濮陽太守建元元
年封吳平縣侯高帝謂康曰卿隨我日久未得方伯亦當未解我意正欲與卿
先共滅虜耳三年魏軍動康大破魏軍於淮陽武帝卽位卒於驍騎將軍
焦度字文績南安氏也祖文珪避難居仇池宋元嘉中裴方明平楊難當度父
明與千餘家隨居襄陽乃立天水郡略縣陽以居之度少有氣幹便弓馬孝武
初青州刺史顏師伯出鎭滑臺度領幢主送之與魏豹皮公遇交槊鬬豹皮公

墮地禽其具裝馬手殺數十人師伯啓孝武稱度氣力弓馬並絶人帝召還充
左右見度形狀謂師伯曰此真健人也補晉安王子勛夾轂隊主隨鎮江州子
勛起兵以度爲龍驤將軍爲前鋒所向無不勝事敗逃宮亭湖爲賊朝廷聞其
勇甚患之使江州刺史王景文誘降之景文以爲己鎮南參軍領中軍直兵厚
待之隨景文還都常在府州内景文被害夕度大怒勸景文拒命景文不從明
帝不知也以度武勇補晉熙王燮防閤隨鎮夏口武陵王贊代燮爲郢州度仍
留鎮爲贊前軍參軍沈攸之事起轉度中直兵齊高帝又使假度輔國將軍屯
騎校尉轉右將軍度容貌壯醜皮膚若漆質直木訥口不能出言晉熙王使轂
主周彥與度俱在郢州彥有左右人與度父同名彥常呼其名使役之度積忿
呵責彥曰汝知我諱明而恆呼明何也及在郢城尤爲沈攸之所忿攸之大衆
至夏口將直下都留偏兵守郢而已度於城樓上肆言罵辱攸之至自發露形
體穢辱之故攸之怒改計攻城度親力戰攸之衆蒙楯將登度令投以穢器賊
衆不能冒後呼此樓爲焦度樓事寧度功居多封東昌縣子東宮直閤將軍還

都爲貴戚追敘郢城時褰露襪褻之事其戇如此爲人朴澀欲就高帝求州比及見竟不涉一語帝以其不閑政事竟不用後求竟陵郡不知所以置辭親人授之辭百餘言度習誦數日皆得上口會高帝履行石頭城度於大衆中欲自陳臨時卒忘所教乃大言曰度啓公度啓公度無食帝笑曰卿何憂無食卽賜米百斛建元四年乃除淮陽太守性好酒醉輒暴怒上常使人節之度雖老而氣力如故除游擊將軍卒

曹武字士威下邳人也本名虎頭齊高帝鎭東府使武與戴僧靜各領白直三百人後爲屯騎校尉帶南城令石頭平封羅江縣男及高帝受禪改封監利縣武帝卽位累遷驍騎將軍帝以虎頭名鄙敕改之鬱林卽位進號前將軍隆昌元年爲雍州刺史建武二年進爵爲侯東昏卽位爲前將軍鎭軍司馬永元元年始安王遙光反武領軍屯靑溪太橋事寧轉散騎常侍右衞將軍武形幹甚毅善於誘納晚節在雍州致見錢七千萬悉厚輪大郭他物稱是馬八百匹僕妾蔬食膳無膏腴嘗爲梅蟲兒茹法珍設女妓金翠曜眼器服精華蟲兒等因

是欲誣而奪之人傳武每好風景輒開庫招拍張武戲帝疑武舊將領兼利其財新除未及拜遇誅及收兵至歎曰諸人知我無異意所以殺我政欲取吾財貨伎女耳恨令衆輩見之諸子長成者皆見誅唯子世宗兄弟三人未冠繫尚方梁武帝兵至得免武雖武士頗有知人鑒梁武及崔慧景之在襄陽于時崔方貴盛武性儉嗇無所餉遺獨饋梁武謂曰卿必大貴我當不及見今以弱子相託每密送錢物并好馬時帝在戎多乏就武換借未嘗不得遂至十七萬及帝即位忘其惠天監二年帝忽夢如田塍下行兩邊水深無底夢中甚懼忽見武來負武帝得過曰卿今爲天下主乃爾忘我顧託之言邪我兒飢寒無衣昔所換十七萬可還其市宅帝覺即使主書送錢還之使用市宅子世澄世宗並蒙抽擢三二年間迭爲大郡世宗性嚴明頗識兵勢末遂封侯富顯歷位太子左衛率卒贈左散騎常侍左衛將軍諡曰壯侯

呂安國廣陵人也宋大明末以將領見任隱重有幹局爲劉勔所稱泰始二年爲勔軍副征殷琰以功封鍾武縣男累遷兗州刺史及沈攸之事起齊高帝以

安國爲湘州刺史建元元年進爵爲侯轉右衞將軍加給事中後改封湘鄉侯
武帝卽位累遷光祿大夫加散騎常侍安國欣有文授謂其子曰汝後勿袴褶
驅使單衣猶恨不稱當爲朱衣官也歷都官尙書太子左率領軍將軍安國累
居將率在朝以宿舊見遇尋遷散騎常侍金紫光祿大夫給扶永明八年卒諡
肅侯
周山圖字季寂義興義鄉人也家世寒賤年十五六氣力絕衆食噉恆兼數人
鄉里獵戲集聚常爲主帥指麾處分皆見從不事產業恆願爲將雖勇健而不
閑弓馬於書題甚拙謹直少言不嘗說人短長與人周旋皆白首不異宋元嘉
二十七年魏軍至瓜步臺符取健兒山圖應募領白衣隊主軍功除員外郞加
振武將軍及鎭軍將軍張永侵魏山圖領二千人迎運至武原爲魏軍所追合
戰多傷殺魏軍稱其勇呼爲武原將及永軍大敗山圖收散卒守下邳城還除
給事中宂從僕射直閤將軍山圖好酒多失明帝數加怒誚後遂自改累還淮
南太守時盜發桓温冢大獲寶物客竊取以遺山圖山圖不受簿以還官遷左

中郎將齊高帝輔政山圖密啓沈攸之久有異圖宜爲之備帝笑而納之攸之事起武帝爲西討都督啓山圖爲軍副攸之攻郢城武帝令山圖量其形勢山圖曰攸之爲人性度險刻無以結固士心如頓兵堅城之下適所以爲離散之漸耳及攸之敗高帝謂曰周公前言可謂明於見事矣建元元年封晉興縣男武帝踐阼遷竟陵王鎮北司馬帶南平昌太守以盆城之舊出入殿省甚見親信義鄉縣長風廟神姓鄧先經爲縣令死遂發靈山圖啓乞加神位輔國將軍上答曰足狗肉便了事何用階級爲轉黃門郎領羽林監四廂直衞山圖於新林立墅舍晨夜往還上謂曰卿罷萬人都督而輕行郊外自今往墅可以仗身自隨以備不虞及疾上手敕問疾尋卒年六十四

周盤龍北蘭陵人也膽氣過人尤便弓馬宋泰始中以軍功封晉安子元徽二年桂陽搆難盤龍始爲冗從僕射隨齊高帝頓新亭稍至驍騎將軍改封沌陽侯高帝卽位進號右將軍建元元年魏攻壽春以盤龍爲軍主假節助豫州刺史垣崇祖拒魏大破之上聞之喜下詔稱美送金釵以二十枚與其愛妾杜氏

手敕曰餉周公阿杜明年魏攻淮陽圍角城先是上遣軍主成買戍角城辭於
王儉曰今段之行必以死報衡門蓬戶不朱斯白小人弱息當得一子儉問其
故答曰若不殺賊便爲賊殺弱息不爲世子便爲孝子孝子則門加素垩世子
則門施丹赭至是買被圍上遣領軍將軍李安人救之敕盤龍率馬步下淮陽
就李安人買與魏拒戰手所傷殺無數晨起手中忽有數升血其日遂戰死首
見斬猶屍據鞍奔還軍然後僵盤龍子奉叔單馬率二百餘人陷陣魏軍萬餘
騎張左右翼圍之一騎走還報奉叔已沒盤龍方食棄筯馳馬奮矟直奔魏陣
自稱周公來魏人素畏盤龍驍名莫不披靡時奉叔已大殺魏軍得出在外盤
龍不知乃東西觸擊魏軍莫敢當奉叔見其父久不出復躍馬入陣父子兩騎
縈攪數萬人魏軍大敗盤龍父子由是名播北國形甚羸而臨軍勇果諸將莫
逮永明五年爲大司馬加征虜將軍濟陽太守武帝數講武嘗令盤龍領馬軍
校騎騁矟後以疾爲光祿大夫尋出爲兗州刺史進爵爲侯角城戍將張蒲與
魏潛通因大霧乘船入清中採樵載魏人直向城東門坐爲有司所奏詔白衣

領職八坐尋奏復位加領東平太守盤龍表年老才弱不可鎮邊求解職見許
還爲散騎常侍光祿大夫武帝戲之曰卿著貂蟬何如兜鍪盤龍曰此貂蟬從
兜鍪中生耳尋病卒年七十九子奉叔勇力絕人少隨盤龍征討所在暴掠爲
東宮直閤將軍鬱林在西州奉叔密得自進及卽位與直閤將軍曹道剛爲心
膂奉叔善騎馬帝從其學騎尤見親寵得入內無所忌憚陵轢朝士就司空王
敬則換米二百斛敬則以百斛與之不受敬則大懼乃更餉二百斛并金鉿等
物敬則有一內妓帝令奉叔求奉叔不通逕前從者執單刀皆半拔敬則跣走
入內既而自計不免乃出遙呼奉叔曰弟那忽能顧奉叔宣旨求妓意乃得釋
與綦毋珍曹道剛朱隆之共相脣齒煽弄威權奉叔常翼單刀二十口出入禁
闥既無別詔門衞莫敢訶每語人云周郎刀不識君求武帝御角及輿并求御
仗以給左右事無不從又求黃門郎明帝作輔固執不能得乃令蕭諶蕭坦之
說帝出奉叔爲外鎮樹腹心又說奉叔以方伯之重奉叔納其言隆昌元年出
爲青冀二州刺史奉叔就帝求千戶侯帝許之明帝以爲不可忽謂蕭諶曰若

不能見與千戶侯不復應減五百戶不爾周郎當就刀頭取辦耳旣而封曲江縣男奉叔大怒於衆中攘刀厲目切齒明帝說諭乃受及將之鎮明帝慮其不可復制因其早入引往後堂執送廷尉盡之

王廣之字士林一字林之沛郡相人也少好弓馬便捷有勇力初爲馬隊主隨劉勔征殷琰兵旣盛而合肥戍又阻兵爲寇勔宣令軍中求征合肥者以大郡賞之廣之曰若得將軍所乘馬判能制之勔幢主皇甫肅謂勔曰廣之敢奪節下馬可斬勔曰觀其意必能立功卽推鞍下馬與之及行合肥果拔勔大賞之卽擢爲軍主廣之於勔前謂肅曰節下若從卿言非唯斬壯士亦自無以平賊卿不賞才乃至此邪廣之由此知名初封蒲圻子肅有學術善舉止廣之亦雅相推慕勔亡後肅更依廣之廣之盛相賞接啓武帝以爲東海太守不念舊惡如此廣之後以征伐功位給事中冠軍將軍改封寧都縣子齊高帝廢蒼梧出廣之爲徐州刺史鍾離太守沈攸之事起廣之留都下豫平石頭仍從高帝頓新亭高帝誅黃回回弟駟及從弟馬兄子奴亡逸高帝與廣之書曰黃回雖有

微勳而罪過轉不可容近遂啓請御大小二輿爲刺史服飾吾乃不惜爲其啓聞政恐得輿復求畫輪車此外罪不可勝數第自悉之今啓依法令廣之於江西搜捕駟等建元元年進爵爲侯武帝卽位累遷右衞將軍散騎常侍前軍將軍延興元年爲豫州刺史豫廢鬱林後拜鎭南將軍江州刺史進應城縣公建武中位侍中鎭軍將軍給扶後卒贈車騎將軍諡壯公子珍國字德重仕齊爲南譙太守有能名時郡境苦饑乃發米散財以賑窮乏高帝手敕云卿愛人治國甚副吾意永明初遷桂陽內史討捕賊盜境內肅清罷任還都路經江州刺史柳世隆臨渚餞別見珍國還裝輕素歎曰此真良二千石也還爲大司馬中兵參軍武帝雅相知賞謂其父廣之曰珍國應堪大用卿可謂老蚌也廣之曰臣不敢辭帝大笑帝每歎曰晚代將家子弟如珍國者少矣累遷游擊將軍父憂去職建武末魏軍圍司州明帝使徐州刺史裴叔業攻拔渦陽以爲聲援起珍國爲輔國將軍助焉魏將楊大眼大衆奄至叔業懼棄軍走珍國率其衆殿故不至大敗及會稽太守王敬則反珍國又率衆拒之永元中爲北徐州刺史

將軍如故梁武起兵東昏召珍國以衆還都使出屯朱雀門爲王茂所敗乃入
城密遣郗纂奉明鏡獻誠於梁武帝帝斷金以報之時侍中衞尉張稷都督衆
軍珍國潛結稷腹心張齊要稷稷許之十二月丙寅旦珍國引稷於衞尉府勒
兵入自雲龍門殺東昏於內殿與稷會尚書僕射王亮等於西鍾下使國子博
士范雲等奉東昏首歸梁武後因侍宴帝曰卿明鏡尚存昔金何在珍國曰黃
金謹在臣肘不敢失墜歷位左衞將軍加散騎常侍封灄陽侯遷都官尚書初
珍國自以廢殺東昏意望台鼎先是出爲梁秦二州刺史心常鬱快酒後於坐
啓云臣近入梁山便哭帝大驚曰卿若哭東昏則已晚若哭我我復未死珍國
起拜謝竟不答坐卽散因此踈退久方有此進天監五年魏任城王澄攻鍾離
帝遣珍國爲援因問討賊方略對曰臣常患魏衆少不苦其多武帝壯其言乃
假節與衆軍同赴魏軍退班師又出爲南秦梁二州刺史會梁州長史夏侯道
遷以州降魏珍國步道出魏興將襲之不果遂留鎮焉改封宜陽縣侯累遷丹
陽尹卒贈車騎將軍謚曰威子僧度嗣

張齊字子嚮馮翊郡人少有膽氣初事荆州司馬垣歷生歷生酗酒遇下嚴酷不禮之及吳郡張稷爲荆府司馬齊復從之甚見重以爲腹心齊盡心事稷稷爲南兗州擢爲府中兵參軍梁武帝起兵東昏徵稷歸都督宮城諸軍事齊夜引珍國就稷齊手自執燭定謀明旦與稷珍國即東昏於殿內齊手殺焉武帝受禪封齊安昌侯位歷陽太守齊手不知書目不識字在郡清整吏事甚脩天監四年魏將王足攻蜀圍巴西帝以齊爲輔國將軍救蜀未至足退齊進戍南安遷巴郡太守初南鄭沒於魏乃於益州西置南梁州州鎮草創皆仰益州取足齊上夷獠義租得米二十萬斛十一年進假節督益州外水諸軍齊在益部累年討擊蠻獠身無寧歲其居軍中能身親勞辱與士卒同勤苦自頓舍城壘皆委曲得其便調給衣糧資用人無困乏既爲物情所歸蠻獠亦不敢犯是以威名行於庸蜀巴西郡居益州之半又當東道衝要刺史經過軍府遠涉多窮匱齊緣路聚糧食種蔬菜行者皆取給焉歷南梁州刺史遷信武將軍征西鄱陽王司馬新興永寧二郡太守未發卒謚曰壯

論曰宋氏將季亂離日兆家懷逐鹿人有異圖高帝觀釁深視將符興運李安人戴僧靜桓康焦度曹武呂安國周山圖周盤龍王廣之等或早見誠款或備盡心力或受委方面或功成麾下其所以自致榮寵夫豈徒然蓋亦驗人心之有歸樂推之非妄也語云勇而無禮則亂觀夫奉叔取進之道不亦幾於亂乎其致屠戮亦其宜矣珍國明鏡雖在而斷金莫驗報罵之義理則宜然台輔之冀其何爽也張齊人位本下志望易充績宣所莅其殆優也

南史卷四十六

南史卷四十六考證

李安人傳吳興有項羽神護郡聽事○又一項羽神事顧炎武日知錄所謂一事而互異者也

曹武傳後爲屯騎校尉帶南城令○帶監本誤帝今改正

呂安國傳諡肅侯○侯監本訛侯今改正

史臣論報罵之義理則宜然台輔之冀其何爽也○報罵二字不可解本傳意望台鼎心常鬱快及酒後啓帝因致疎退一段梁書不載所謂報罵者或指此然必有訛字

南史卷四十六考證

南史卷四十七

唐　李　延　壽　撰

列傳第三十七

荀伯玉　崔祖思叔父景真　景真子元祖　祖思宗人文仲　蘇侃

虞悰　胡諧之范柏年　虞玩之　劉休

江祏劉暄

荀伯玉字弄璋，廣陵人也。祖永，南譙太守。父闐之，給事中。伯玉仕宋為晉安王子勛鎮軍行參軍。泰始初，隨子勛舉事，及事敗還都，賣卜自業。齊高帝鎮淮陰，伯玉為高帝冠軍刑獄參軍。高帝為宋明帝所疑，被徵為黃門郎，深懷憂慮。見平澤有羣鶴，乃命筆詠之曰：「八風儛遙翮，九野弄清音，一摧雲間志，為君苑中禽。」以示伯玉。深指伯玉勸高帝遣數十騎入魏界，安置標榜。魏果遣游騎數百履行界上，高帝以聞，猶懼不得留，令伯玉占。伯玉言不成行，而帝卒復本任。由是見親待。高帝有故吏東莞竺景秀，嘗以過繫作部，高帝謂伯玉：「卿比看景秀

不答曰數往候之備加責誚云若許某自新必吞刀刮腸飲灰洗胃帝善其答
即釋之卒爲忠信士後隨高帝還都除奉朝請高帝使主家事武帝罷廣興還
立別宅遣人於大宅掘樹數株伯玉不與馳以聞高帝善之高帝爲南兗州伯
玉從轉鎮軍中兵參軍帶廣陵令初高帝在淮陰伯玉假還廣陵夢上廣陵城
南樓上有二青衣小兒語伯玉云草中肅九五相追逐伯玉視城下人頭皆有
草泰始七年又夢高帝乘船在廣陵北渚兩腋下有翅不舒伯玉問何當舒帝
曰却後三年伯玉夢中自謂是呪師凡六唾呪之有六龍出兩腋下翅皆舒還
復斂元徽二年而高帝破桂陽威名大震五年而廢蒼梧謂伯玉曰卿夢今且
効矣昇平初仍爲高帝驃騎中兵參軍帶濟陽太守霸業既建伯玉忠勤盡心
常衞左右加前將軍大見委信齊建元元年封南豐縣子爲豫章王司空諮議
太守如故時武帝在東宮自以年長與高帝同創大業朝事大小悉皆專斷多
違制度左右張景真偏見任遇又多僭侈武帝拜陵還景真白服乘畫舴艋坐
胡牀觀者咸疑是太子內外祗畏莫敢有言者驍騎將軍陳胤叔先已陳景真

及太子前後得失伯玉因武帝拜陵之後密啓之上大怒豫章王嶷素有寵政以武帝長嫡又南郡王兄弟並列故武帝爲太子至是有改易之意武帝東還遣文惠太子聞喜公子良宣敕詰責幷示以景真罪狀使以太子令收景真殺之胤叔因白武帝皆言伯玉以聞武帝憂懼稱疾月餘日上怒不解晝臥太陽殿王敬則直入叩頭啓請往東宮以慰太子高帝無言敬則因大聲宣旨往東宮命裝束又敕太官設饌密遣人報武帝令奉迎因呼左右索輿高帝了無動意敬則索衣以衣高帝仍牽上輿遂幸東宮召諸王宴飲因遊玄圃園長沙王晃捉華蓋臨川王映執雉尾扇聞喜公子良持酒鎗南郡王行酒武帝與豫章王嶷及敬則自持肴饌高帝大飲賜武帝以下酒並大醉盡歡日暮乃去是日徼敬則則東宮殆廢高帝重伯玉盡心愈見信使掌軍國密事權動朝右每暫休外軒蓋填門嘗遭母憂成服日左率蕭景先侍中王晏共載弔之五更使巾車未到伯玉宅二里許王侯朝士已盈巷至下鼓尚未得前司徒褚彥回衞軍王儉俱進繼後方得前又倚聽事久之中詔遣中書舍人徐希秀斷哭止客久

方得弔比出二人飢乏氣息惙然切齒形于聲貌明日入宮言便云臣等所見
二宮門及齋閤方荀伯玉宅政可設雀羅續復言外論云千敕萬令不如荀公
一命武帝深怨伯玉高帝臨崩指伯玉以屬武帝卽位伯玉憂懼上聞之以其
與垣崇祖善崇祖田業在江西慮相扇爲亂加意撫之伯玉乃安永明元年與
崇祖並見誣伏誅而胤叔爲太子左率呂文顯歎曰伯玉能謀太祖而不能自
謀豈非天哉初伯玉微時有善相墓者謂其父曰君墓當出暴貴者但不得久
耳又出失行女子伯玉聞之曰朝聞道夕死可矣頃之伯玉姊當嫁明日應行
今夕逃隨人去家尋求不能得後遂出家爲尼伯玉卒敗亡

崔祖思字敬元清河東武城人魏中尉琰七世孫也祖諲宋冀州刺史父僧護
州秀才祖思少有志氣好讀書年十八爲都昌令隨青州刺史垣護之入堯廟
廟有蘇侯神偶坐護之曰唐堯聖人而與蘇侯神共坐今欲正之何如祖思曰
使君若清蕩此坐則是唐堯重去四凶由是諸雜神並除齊高帝在淮陰祖思
聞風自結爲上輔國主簿甚見親待參豫謀議宋朝初議封高帝爲梁公祖思

啓高帝曰讖云金刀利刃齊刈之今宜稱齊實應天命從之自相國從事中郎
遷齊國內史高帝既爲齊王置酒爲樂羹膾既至祖思曰此味故爲南北所推
侍中沈文季曰羹膾吳食非祖思所解祖思曰炰鼈膾鯉似非句吳之詩文季
曰千里蓴羹豈關魯衞帝甚悅曰蓴羹故應還沈帝之輔政衆議將加九錫內
外皆贊成之祖思獨曰公以仁恕匡社稷執股肱之義君子愛人以德不宜如
此帝聞而非之曰祖思遠同荀令豈孤所望也由此不復處任職之官而禮見
甚重垣崇祖受密旨參訪朝臣光祿大夫垣閎曰身受宋氏厚恩復蒙明公眷
接進不敢同退不敢異祖思又曰公退讓誠節故宜受之以禮次問冠軍將軍
崔文仲文仲問崇祖曰卿意云何對曰聖人云知幾其神又云見幾而作文仲
撫髀曰政與吾意同崇祖具說之及帝受禪閎存故爵文仲崇祖皆封侯祖思
加官而已除給事中黃門侍郎武帝卽位祖思啓陳政事以爲自古開物成務
必以教學爲先宜太廟之南弘脩文序司農以北廣開武校又曰劉備取帳構
銅鑄錢以充國用魏武遣女皁帳婢十人東阿婦以繡衣賜死王景興以折米

見誚宋武節儉過人張妃房唯碧綃蚊幬三齊葙席五盞盤桃花米飯殷仲文勸令畜伎答云我不解聲仲文曰但畜自解又曰畏解故不畜歷觀帝王未嘗不以約素興侈麗亡也伏惟陛下體唐成儉踵虞爲樸寢殿則素木卑構膳器則陶瓢充御瓊簪玉笏碎以爲塵珍裘繡服焚之如草宜察朝士有柴車蓬館高以殊等馳禽荒色長違清編則調風變俗不俟終日又曰憲律之重由來尚矣實宜清置廷尉茂簡三官漢來習律有家子孫並傳其業今廷尉律生乃令史門戶刑之不厝抑此之由又曰案前漢編戶千萬太樂伶官方八百二十九人孔光等奏罷不合經法者四百四十一人正樂定員唯置三百八十八人今戶口不能百萬而大樂雅鄭元徽時校試千有餘人後堂雜伎不在其數糜費力役傷敗風俗今欲撥邪歸道莫若罷雜伎王庭唯置鍾虡羽戚登歌而已上詔報答後爲青冀二州刺史在政清勤而謙卑下士言議未嘗及時事上更以敬重之未幾卒上深加歎惜祖思叔父景真位平昌太守有惠政常懸一蒲鞭而未嘗用去任之日士人思之爲立祠子元祖有學行好屬文仕至射聲校尉

武帝取為延昌主帥從駕至何美人墓上為悼亡詩特詔元祖使和稱以為善永明九年魏使李道固及蔣少游至元祖言臣甥少游有班倕之功今來必令模寫宮掖未可令反上不從少游果圖畫而歸元祖歷位驍騎將軍出為東海太守上每思之時節恆賜手敕賞賜有加時青州刺史張沖啓淮北頻歲不熟今秋始稔此境鄰接戎寇彌須沃實乞權斷穀過淮南而徐兗豫司諸州又各私斷穀米不聽出境自是江北荒儉有流亡之弊元祖乃上書謂宜豐儉均之書奏見從祖思宗人文仲位徐州刺史封建陽縣子在政為百姓所懼除黃門侍郎領越騎校尉徙封隨縣嘗獻高帝纏鬚繩一枚上納受後卒於汝陰太守贈徐州刺史謚襄子

蘇侃字休烈武邑人也祖護本郡太守父端州中從事侃涉獵書傳薛安都反引侃為其府參軍使掌書記侃自拔南歸齊高帝在淮上便自委結高帝鎮淮陰取為冠軍錄事參軍時高帝在兵久見疑乃作塞客吟以喻志曰寶緯紊宗神經淡序德晦河晉歷宣江楚雲雷兆壯天山繇武直髮指秦關凝精越漢渚

秋風起塞草衰雕鴻思邊馬悲平原千里顧但見轉蓬飛星嚴海淨月澈河明清暉映幕素液凝庭金笳夜厲羽轊晨征幹精潭而悵泗栧松洲而悼情蘭含風而寫艷菊籠泉而散英曲繞首燕之歎吹軫絕越之聲欷園琴之孤弄想庭藿之餘馨青關望斷白日西斜恬源靚霧壟首暉霞戒旋鷁躍遠波情緜緜而方遠思裊裊而遂多粤擊秦中之筑因爲塞上之歌歌曰朝發兮江泉日夕兮陵山驚飈兮瀄汨淮流兮潺湲胡埃兮雲聚楚旆兮星懸愁墉兮思宇惻愴兮何言定寰中之逸鑒審雕陵之迷泉悟樊籠之或累悵遐心以栖玄侃達高帝此旨更自勤厲遂見委付事深被知待桂陽之難帝以侃爲平南錄事領軍主從頓新亭使分金銀賦賜將士後爲帝太尉諮議侃事高帝旣久備悉起居乃與丘巨源撰蕭太尉記載帝征伐之功封新建縣侯齊臺建爲黃門郎領射聲校尉任以心膂帝卽位侃撰聖皇瑞命記一卷奏之建元元年卒上惜之甚至謚質侯

虞悰字景豫會稽餘姚人也祖嘯父晉左戶尚書父秀之黃門郎悰少以孝聞

父病不欲見人雖子弟亦不得前時悰年十二三晝夜伏戶外問內豎消息問
未知轉嗚咽流涕如此者百餘日及亡終喪日唯食麥餅二枚仕宋位黃門郎
宋明帝誅山陽王休祐至葬日寒雪厚三尺故人無至者唯悰一人來赴初齊
武帝始從宦家尚貧薄悰數相分遺每行必呼帝同載帝甚德之齊建元初爲
太子中庶子累遷豫章內史悰家富於財而善爲滋味豫章王嶷盛饌享賓謂
悰曰肴羞有所遺不悰曰何曾食疏有黃頷臛恨無之累遷太子右率永明八
年大水百官戎服救太廟悰朱衣乘車鹵簿於宣陽門外入行馬內驅逐人被
奏見原上以悰布衣之舊從容謂悰曰我當令卿復祖業轉侍中朝廷咸驚其
美遷祠部尚書武帝幸芳林園就悰求味悰獻糯及雜肴數十輿大官鼎味不
及也上就悰求諸飲食方悰祕不出上醉後體不快悰乃獻醒酒鯖鮓一方而
已鬱林王立兼大匠卿起休安陵於陵所受局下牛酒坐免官隆昌元年以白
衣領職鬱林廢悰竊歎曰王徐遂縛袴廢天子天下豈有此理邪延興元年領
右軍明帝立悰稱疾不陪位帝使尚書令王晏齎廢立事示悰以悰舊人引參

佐命悰謂晏曰主上聖明公卿戮力寧假休老以匡贊惟新乎不敢聞命因慟不自勝朝議欲糾之僕射徐孝嗣曰此亦古之遺直衆議乃止悰稱疾篤還東詔賜假百日轉給事中光祿大夫尋加正員常侍卒悰性敦實與人知識必相存訪親疎皆有終始世以此稱之

胡諧之豫章南昌人也祖廉之書侍御史父翼之州辟不就諧之仕宋爲邵陵王左軍諮議齊武帝爲江州以諧之爲别駕委以事任建元二年爲給事中驍騎將軍上方欲獎以貴族盛姻以諧之家人語傒音不正乃遣宮內四五人往諧之家教子女語二年後帝問曰卿家人語音已正未諧之答曰宮人少臣家人多非唯不能得正音遂使宮人頓成傒語帝大笑徧向朝臣說之永明五年爲左衞將軍加給事中諧之風采瓌潤善自居處兼以舊恩見遇朝士多與交游六年遷都官尚書上欲遷諧之嘗從容謂曰江州有幾侍中邪答曰近世唯程道惠一人而已上曰當令有二後以語尚書令王儉儉意更異乃以爲太子中庶子領左衞率諧之有識具每朝廷官缺及應遷代密量上所用人皆如其

言虞悰以此稱服之既居權要多所徵求就梁州刺史范柏年求佳馬柏年患之謂使曰馬非狗子那可得爲應無極之求接使人薄使人致恨歸謂諧之曰柏年云胡諧是何傒狗無厭之求諧之切齒致忿時王玄邈代柏年柏年稱疾推遷不時還諧之言於帝曰柏年恃其山川險固聚衆欲擅一州及柏年下帝欲不問諧之又言見獸格得而放上山於是賜死十年諧之轉度支尚書領衞尉明年卒諡肅侯柏年本梓潼人土斷屬梁州華陽郡初爲州將劉亮使出都諮事見宋明帝帝言次及廣州貪泉因問柏年卿州復有此水不答曰梁州唯有文川武鄉廉泉讓水又問卿宅在何處曰臣所居廉讓之間帝嗟其善答因見知歷位內外終於梁州刺史

虞玩之字茂瑤會稽餘姚人也祖宗晉尚書庫部郎父玫通直常侍玩之少閑刀筆汎涉書史仕宋爲烏程令路太后外親朱仁彌犯罪玩之依法案之太后怨訴孝武坐免官元徽中爲尚書右丞齊高帝參政與玩之書曰張華爲度支尚書事不徒然今漕藏有闕吾賢居右丞已覺金粟可積也玩之上表陳府庫

錢帛器械役力州縣轉多與用漸廣慮不支月朝議優報之高帝鎮東府朝廷致敬玩之爲少府猶躡屐造席高帝取屐親視之訛黑斜銳莖斷以芒接之問曰卿此屐已幾載玩之曰初釋褐拜征北行佐買之著已三十年貧士竟不辦易高帝咨嗟因賜以新屐玩之不受帝問其故答曰今日之賜恩華俱重但著簪弊席復不可遺所以不敢當帝善之拜驍騎諮議參軍霸府初開賓客輻湊高帝留意簡接玩之與樂安任遐俱以應對有席上之美齊名見遇玩之遷黃門郎先時宋世人籍欺巧及高帝即位敕玩之與驃騎將軍傳堅意檢定之建元二年詔朝臣曰黃籍人之大綱國之政端自頃甿俗巧僞乃至竊注爵位盜易年月增損三狀貿襲萬端或戶存而文書已絕或人在而反託死叛停私而云隸役身強而稱六疾此皆政之巨蠹教之深疵若約之以刑則人僞已遠若綏之以德則勝殘未易諸賢並深明政體各獻嘉謀玩之表言便宜多見采納於是朝廷乃別置校籍官置令史限人一日得數巧以防懈怠既連年不已貨賄潛通百姓怨望富陽人唐寓之僑居桐廬父祖相傳圖墓爲業寓之自云其

家墓有王氣山中得金印轉相誑惑永明二年冬寓之聚黨遂陷富陽至錢唐
僭號置太子賊遂據郡又遣僞會稽太守孫泓取山陰時會稽太守王敬則朝
正故寓之謂可乘虛而襲泓至浦陽江而郡丞張思祖遣浹口戍主楊休武拒
戰大破之朝廷遣禁兵東討至錢唐一戰便散擒斬寓之進兵平諸郡縣臺軍
乘勝百姓頗被強奪軍還上聞之收軍主前軍將軍陳天福棄市天福善馬矟
爲諸將法上寵將也既伏誅內外莫不震肅玩之以久宦衰疾上表告退許之
玩之於人物好臧否宋末王儉舉員外郎孔逷使魏玩之言論不相饒逷儉並
恨之至是玩之東歸儉不出送朝廷無祖餞者中丞劉休與親知書曰虞公散
髮海隅同古人之美而東都之送殊不藹藹玩之歸家數年卒其後員外郎孔
瑄就儉求會稽五官儉方盥投皁莢於地曰卿鄉俗惡虞玩之至死煩人
劉休字弘明沛郡相人也初爲駙馬都尉宋明帝居藩休爲湘東國常侍不爲
帝所知襲祖南鄉侯友人陳郡謝儼同丞相義宣反休坐匿之被繫尚方孝武
崩乃得出泰始初諸州反休素能筮知明帝當勝靜處不預異謀休之繫尚方

也尙方令吳喜愛其才後投吳喜爲喜輔師府錄事參軍喜進之明帝得在左右板桂陽王征北參軍帝頗有好尙尤嗜飲食休多藝能爰至鼎味莫不閑解遂見親賞長直殿內後宮孕者帝使筮其男女無不如占帝憎婦人妬尙書右丞榮彥遠以善棋見親婦妬傷其面帝曰我爲卿斷之何如彥遠爾爾從旨其夕遂賜藥殺其妻休妻王氏亦妬帝聞之賜休妾敕與王氏二十杖令休於宅後開小店使王氏親賣皁莢掃帚以此辱之其見親如此尋除員外郎領輔國司馬中書通事舍人帶南城令後爲都水使者南康相善談政體而在郡無異績齊建元初爲御史中丞頃之啓言宋世載記六十歷斯任者五十有三校其年月不過盈歲於臣叨濫宜請骸骨四年出爲豫章內史卒宋末造指南車高帝以休有思理使與王僧虔對共監試又元嘉中羊欣重王子敬正隸書世共宗之右軍之體微輕不復見貴及休始好右軍法因此大行云

江祏字弘業濟陽考城人也祖遵寧朔參軍父德驎司徒右長史祏姑爲齊高帝兄始安貞王道生妃追謚景皇后生齊明帝祏少爲明帝所親恩如兄弟明

帝爲吳興以祏爲郡丞後除通直郎補南徐州別駕明帝輔政委以腹心引爲驃騎諮議參軍領南平昌太守時新立海陵人情未服祏每說明帝以君臣大節明帝轉顧而不言明帝胛上有赤誌常祕不傳既而祏勸帝出以示人晉壽太守王洪範罷任還上袒示之曰人皆謂此是日月相卿幸無泄之洪範曰公日月在軀如何可隱轉當言之公卿上大悅會直後張伯尹瓚等屢謀竊發祏憂虞無計每夕輒託事外出及明帝入纂議定加祏寧朔將軍明帝爲宣城王太史密奏圖緯云一號當得十四年祏入帝喜以示祏曰得此復何所望及即位遷守衞尉安陸縣侯祏祖遵以后父贈金紫光祿大夫父德驎以帝舅亦贈光祿建武二年遷左衞將軍掌甲仗廉察四年轉太子詹事祏以外戚親要權冠當時魏軍南伐明帝欲以劉暄爲雍州暄時方希內職不願遠役投於祏祏謂明帝曰昔人相暄得一州便躓今爲雍州儻相中乎上默然俄召梁武帝謂曰今使卿爲雍州閫外一以相委祏既見任遂遠致餉遺或取諸王名書好物然家行甚睦待子姪有恩永泰元年明帝寢疾轉祏侍中中書令出入殿省及

崩遺詔轉尚書左僕射祏弟衞尉祀爲侍中皇后弟劉暄爲衞尉與始安王遙
光徐孝嗣蕭坦之等輔政誡東昏曰五年中汝勿厝意過此自覽勿復委人及
即位祏參掌選事明帝雖顧命羣臣而意寄多在祏兄弟至是更直殿內動止
關諮永元元年領太子詹事劉暄遷散騎常侍右衞將軍帝稍欲行意徐孝嗣
不能奪蕭坦之雖時有異同而祏堅意執制帝深忌之孝嗣謂祏曰主上稍有
異同詎可爲相乖反祏曰但以見付必無所憂左右小人會稽茹法珍吳興梅
蟲兒東海祝靈勇東冶軍人俞靈韻右衞軍人豐勇之等並爲帝所委任祏常
裁折之羣小切齒帝失德既彰祏議欲立江夏王寶玄劉暄初爲寶玄郢州行
事執事過刻有人獻馬寶玄欲看之暄曰馬何用看妃索煑肫帳下諮暄暄曰
旦已煑鵝不煩復此寶玄恚曰舅殊無渭陽之情暄聞之亦不悅至是不同祏
議欲立建安王寶寅密謀於遙光遙光自以年長屬當鼎命微旨動祏祏弟祀
以少主難保勸祏立遙光暄以遙光若立己失元舅之望不肯同故祏遲疑久
不決遙光大怒遣左右黃曇慶於青溪橋道中刺殺暄曇慶見暄部伍人多不

敢發事覺暄告祏謀帝處分收祏兄弟祀時在殿內疑有異遣信報祏曰劉暄似有謀今作何計祏曰政當靜以鎮之俄而召祏入見停中書省先是直齋袁文曠以王敬則勳當封祏執不與帝使文曠取祏以刀環築其心曰復能奪我封不祏祀同日見殺祏任寄雖重而不忘財利論者以此少之祏等既誅帝恣意遊走單騎奔馳謂左右曰祏常禁吾騎馬小子若在吾豈能得此因問祏親親餘誰答曰江祥今猶在也乃於馬上作敕賜祥死祀字景昌位晉安王鎮北長史南東海太守行府州事祀弟禧早卒有子廞字偉卿年十二聞收至謂家人曰伯既如此無心獨存赴井死劉暄字士穆彭城人及聞祏等戮眠中大驚投出戶外問左右收至未良久意定還坐大悲曰不念江行自痛也遙光事起以討暄爲名事平暄還領軍將軍封平都縣侯其年茹法珍梅蟲兒徐世標譖暄有異志帝曰領軍是我舅豈應有此世標曰明帝是武帝同堂恩遇如此尙滅害都盡舅復焉可信乃誅之暄爲人性軟弱當軸居政每事讓江祏羣弟不得進官死之日皆怨之和帝中興元年贈祏衞將軍暄散騎常侍撫軍將軍並

開府儀同三司祀散騎常侍太常卿

論曰君老不事太子義烈之遺訓也欲夫專心所奉在節無二伯玉始遵其事旋及誅夷有以驗行之惟艱且知齊武之非弘量矣高帝作牧淮兗將與霸業崔蘇睹微知著自同奔走虞悰筲餌之恩諧之心腹之寄並得攀光日月亦各時運之所躋乎玩之臧否之尤著在懸車之日是知嗣宗所誡蓋亦遠有致乎江祏立辟非時竟蹈龍逢之血人之多僻蓋詩人所深懼也

南史卷四十七

南史卷四十八

唐 李延壽 撰

列傳第三十八

陸澄 陸慧曉子倕 兄子閑 閑子絳 絳弟厥 厥弟襄 襄兄子雲公 雲公子瓊 瓊子從典 瓊從父弟琰 琰弟瑜 瑜從父兄玠 瑜從父弟琛 陸杲子罩

陸澄字彥深吳郡吳人也祖邵臨海太守父瑗州從事澄少好學博覽無所不知行坐眠食手不釋卷宋泰始初爲尚書殿中郎議皇后諱班下應依舊稱姓左丞徐爰案司馬孚議皇后春秋逆王后于齊並不言姓澄以意立議坐免官白衣領職郎官舊坐杖有名無實澄在官積前後罰凡至千數後兼左丞泰始六年詔皇太子朝服袞冕九章澄與儀曹郎丘仲起議服冕以朝實著經文秦除六冕漢明還備魏晉以來不欲令臣下服袞冕故位公者加侍官今皇太子禮絕羣后宜遵聖王盛典革近代之制累遷御史中丞齊建元元年驃騎諮議沈憲等家奴客爲劫子弟被劾憲等晏然左丞任遐奏澄不糾請免澄官上表

自理言舊例無左丞糾中丞之義詔外詳議尚書令褚彥回檢宋以來左丞糾正而中丞不糾免官者甚衆奏澄謏聞膚見貽撓後昆上掩皇明下籠朝議請以見事免澄所居官詔澄以白衣領職永明元年累遷度支尚書尋領國子博士尚書令王儉謂之曰昔曹志繆悅爲此官以君係之始無慚德儉嘗問澄曰崇禮門有鼓而未嘗鳴其義安在答曰江左草創崇禮闥皆是茅茨故設鼓有火則扣以集衆相傳至今又與儉書陳王弼注易玄學之所宗今若弘儒鄭注不可廢弃言左氏杜學之長穀梁舊有麋信近益以范寧不足兩立世有一孝經題爲鄭玄注觀其用辭不與注書相類案玄自序所注衆書亦無孝經且爲小學之類不宜列在帝典儉答曰易體微遠實貫羣籍豈可專據小王便爲該備依舊存鄭高同來說元凱注傳超邁前儒穀梁小書無俟兩注存麋略范率由舊式凡此諸議並同雅論疑孝經非鄭所注僕以此書明百行之首實人倫所先七略藝文並陳之六藝不與蒼頡凡將之流也鄭注虛實前代不嫌意謂可安仍舊立置儉自以博聞多識讀書過澄澄謂曰僕少來無事唯以讀書爲

業且年位已高今君少便鞅掌王務雖復一覽便諳然見卷軸未必多僕儉集
學士何憲等䆒自商略澄待儉語畢然後談所遺漏數百千條皆儉所未覩儉
乃歎服儉在尙書省出巾箱几案雜服飾令學士隸事事多者與之人人各得
一兩物澄後來更出諸人所不知事復各數條幷舊物奪將去轉散騎常侍祕
書監吳郡中正光祿大夫加給事中尋領國子祭酒竟陵王子良得古器小口
方腹而底平可容七八升以問澄澄曰此名服匿單于以與蘇武子良詳視器
底有字彷彿可識如澄所言隆昌元年以老疾轉光祿大夫加散騎常侍未拜
卒諡靜子澄當世稱爲碩學讀易三年不解文義欲撰宋書竟不成王儉戲之
曰陸公書廚也家多墳籍人所罕見撰地理書及雜傳死後乃出澄弟鮮得罪
宋世當死澄於路見舍人王道隆叩頭流血以此見原揚州主簿顧測以兩奴
就鮮質錢鮮死子暉誣爲買券澄爲中丞測遂爲澄所抑世以此少之
陸慧曉字叔明吳郡吳人晉太尉玩之玄孫也自玩至慧曉祖萬載世爲侍中
皆有名行慧曉伯父仲元又爲侍中時人方之金張二族父子真仕宋爲海陵

太守時中書舍人秋當見幸家在海陵假還葬父子真不與相聞當請發人修
橋又以妨農不許彭城王義康聞而賞之王僧達貴公子孫以才傲物爲吳郡
太守入昌門曰彼有人焉顧琛一公兩掾英英門戶陸子真五世內侍我之流
亞子真自臨海太守眼疾歸爲中散大夫卒慧曉清介正立不雜交游會稽內
史同郡張緒稱之曰江東裴樂也初應州郡辟舉秀才歷諸府行參軍以母老
還家侍養十餘年不仕齊高帝輔政除爲尚書殿中郎鄰族來相賀慧曉舉酒
曰陸慧曉年踰三十婦父領選始作尚書郎卿輩乃復以爲慶邪高帝表禁奢
侈慧曉撰答詔草爲帝所賞引爲太傅東閣祭酒齊建元初遷太子洗馬廬江
何點常稱慧曉心如照鏡遇形觸物無不朗然王思遠恆如懷冰暑月亦有霜
氣當時以爲實錄慧曉與張融並宅其間有池池上有二株楊柳點歎曰此池
便是醴泉此木便是交讓及武陵王曄守會稽上爲精選僚吏以慧曉爲征虜
功曹與府參軍沛國劉璡同從述職璡清介士也行至吳謂人曰吾聞張融與
慧曉並宅其間有水此必有異味故命駕往酌而飲之曰飲此水則鄙吝之萌

盡矣何點薦慧曉於豫章王嶷補司空掾加以恩禮累遷安西諮議領冠軍錄事參軍武帝第三子廬陵王子卿爲南豫州刺史帝稱其小名謂司徒竟陵王子良曰烏熊癡如熊不得天下第一人爲行事無以壓一州既而曰吾思得人矣乃使慧曉爲長史行事別帝問曰卿何以輔持廬陵答曰靜以修身儉以養性靜則人不擾儉則人不煩王大悅後爲司徒右長史時陳郡謝朏爲左長史府公竟陵王子良謂王融曰我府前世誰比融曰明公二上佐天下英奇古來少見其比子良西邸抄書令慧曉參知其事尋還西陽王征虜巴陵王後軍臨汝公輔國三府長史行府州事復爲西陽王左軍長史領會稽郡丞行郡事隆昌元年徙爲晉熙王冠軍長史江夏內史行郢州事慧曉歷輔五政立身清肅僚佐以下造詣必起送之或謂慧曉曰長史貴重不宜妄自謙屈答曰我性惡人無禮不容不以禮處人未嘗卿士大夫或問其故慧曉曰貴人不可卿而賤者乃可卿人生何容立輕重於懷抱終身常呼人位建武初除西中郎長史行事內史如故俄徵黃門郎未拜遷吏部郎尚書令王晏選門生補內外要局慧

曉爲用數人而止晏恨之送女妓一人欲與申好慧曉不納吏曹郎令史歷政來諮執選事慧曉任己獨行未嘗與語帝遣主書單景儁謂曰都令史諳悉舊貫可共參懷慧曉謂景儁曰六十之年不復能諮都令史爲吏部郎也上若謂身不堪便當拂衣而退帝甚憚之後欲用爲侍中以形短小乃止出爲晉安王鎭北司馬征北長史東海太守行府州事入爲五兵尚書行揚州事崔慧景事平領右軍將軍出監南徐州朝議又欲以爲侍中王亮曰濟河須人今且就朝廷借之以鎭南兗州王瑩王志皆曰侍中彌須英華方鎭猶應有選者亮曰角其二者則貂璫緩拒寇切當今朝廷甚弱宜從切者乃以爲輔國將軍南兗州刺史加督至鎭俄爾以疾歸卒贈太常三子僚任倕並有美名時人謂之三陸初授慧曉兗州三子依次第各作一讓表辭並雅麗時人歎服僚學涉子史長於微言美姿容鬚眉如畫位西昌侯長史蜀郡太守

倕字佐公少勤學善屬文於宅內起兩茅屋杜絕往來晝夜讀書如此者數歲所讀一徧必誦於口嘗借人漢書失五行志四卷乃暗寫還之略無遺脫幼爲

外祖張岱所異岱嘗謂諸子曰此兒汝家陽元也十七舉本州秀才刺史竟陵王子良開西邸延英俊倕預焉梁天監初爲右軍安成王主簿與樂安任昉友爲感知己賦以贈昉昉因此名以報之及昉爲中丞簪裾輻湊預其讌者殷芸到溉劉苞劉孺劉顯劉孝綽及倕而已號曰龍門之游雖貴公子孫不得預也遷臨川王東曹掾梁武帝雅愛倕才乃敕撰新漏刻銘其文甚美遷太子中舍人又詔爲石闕銘敕褒美之賜絹三十匹累遷太常卿卒子纘早慧七歲通經爲童子郎卒次緬有似於倕一看殆不能別

纘字士儒倕兄子也父任御史中丞幼有志尚以雅正知名梁承聖中爲中書侍郎掌東宮管記魏平江陵纘微服遁還建鄴紹泰元年除司徒右長史御史中丞以父任所終固辭陳武帝作輔爲司徒司馬及受命位侍中出爲新安太守文帝嗣位徵爲中庶子領步兵校尉掌東宮管記纘儀表端麗進退閑雅趣步躡履文帝使太子諸王咸取則焉後復拜御史中丞猶以父所終固辭不許乃權換廨宇徙以居之太建中歷度支尚書侍中太子詹事尚書右僕射尋還

左僕射參掌選事別敕與徐陵等七人參議政事卒贈特進謚曰安子以繕東宮舊臣特賜祖奠繕子辯慧年數歲詔引入殿內進止有父風宣帝因賜名辯慧字敬仁繕兄子見賢亦方雅位少府卿卒

閑字遐業慧曉兄子也有風概與人交不苟合少為同郡張緒所知仕至揚州別駕齊明帝崩閑謂所親人曰宮車晏駕百司將聽冢宰主上地重才弱必不能振難將至矣乃感心疾不復預州事永元末刺史始安王遙光據東府作亂或勸去之閑曰吾為人吏何可逃死臺軍攻陷城閑以綱佐被收至杜姥宅尚書令徐孝嗣啟閑不預逆謀未及報徐世標命殺之閑四子厥絳完襄也絳字魏卿時隨閑抱頸求代死不獲遂以身蔽刀刃行刑者俱害之

厥字韓卿少有風概好屬文齊永明九年詔百官舉士同郡司徒左西曹掾顧暠之表薦厥州舉秀才時盛為文章吳興沈約陳郡謝朓琅邪王融以氣類相推轂汝南周顒善識聲韻約等文皆用宮商將平上去入四聲以此制韻有平頭上尾蠭腰鶴膝五字之中音韻悉異兩句之內角徵不同不可增減世呼為

永明體沈約宋書謝靈運傳後又論其事厥與約書曰范詹事自序性別宮商
識清濁特能適輕重濟艱難古今文人多不全了斯處縱有會此者不必從根
本中來尙書亦云自靈均以來此祕未覩或暗與理合匪由思至張蔡曹王曾
無先覺潘陸顏謝去之彌遠大旨欲宮商相變低昂舛節若前有浮聲則後須
切響一簡之內音韻盡殊兩句之中輕重悉異辭既美矣理又善焉但觀歷代
衆賢似不都闇此處而云此祕未覩近於誣乎案范云不從根本中來尙書云
匪由思至斯則揣情謬於玄黃擿句著其音律也范又云時有會此者尙書云
或闇與理合則美韻淸謳有辭章調韻者雖有差謬亦有會合推此以往可得
而言夫思有合離前哲同所不免文有開塞卽事不得無之子建所以好人譏
彈士衡所以遺恨終篇既曰遺恨非盡美之作理可訨訶君子執其訨訶便謂
合理爲闇豈如指其合理而寄訨訶爲遺恨邪自魏文屬論深以淸濁爲言劉
楨奏書大明體勢之致齟齬妥帖之談操末續顚之說與玄黃於律呂比五色
之相宣苟此祕未覩茲論爲何所指邪愚謂前英已早識宮徵但未屈曲指的

若今論所申至於掩瑕藏疾合少謬多則臨淄所云人之著述不能無病者也非知之而不改謂不改則不知斯曹陸又稱竭情多悔不可力強者也今許以有病有悔爲言則必自知無悔無病之地引其不了不合爲闇何獨誣其一合一了之地乎意者亦質文時異今古好殊將急在情物而緩於章句情物文之所急美惡猶且相半章句意之所緩故合少語謬多義兼於斯必非不知明矣長門上林殆非一家之賦洛神池鴈便成二體之作孟堅精正詠史無虧於東主平子恢富羽獵不累於憑虛王粲初征他文未能稱是楊修敏捷暑賦彌日不獻率意寡尤則事促乎一日翳翳愈伏而理賒於七步一人之思遲速天懸一家之文工拙壤隔何獨宮商律呂必責其如一邪論者乃可言未窮其致不得言曾無先覺也約答曰宮商之聲有五文字之別累萬以累萬之繁配五聲之約高下低昂非思力所學又非止若斯而已十字之文顛倒相配字不過十巧曆已不能盡何況復過於此者乎靈均以來未經用之於懷抱固無從得其髣髴矣若斯之妙而聖人不尚何邪此蓋曲折聲韻之巧無當於訓義非聖哲

玄言之所急也是以子雲譬之雕蟲篆刻云壯夫不爲自古辭人豈不知宮羽之殊商徵之別雖知五音之異而其中參差變動所昧實多故鄙意所謂此祕未覩者也以此而推則知前世文士便未悟此處若以文章之音韻同弦管之聲曲美惡妍蚩不得頓相乖反譬猶子野操曲安得忽有闡緩失調之聲以洛神比陳思他賦有似異手之作故知天機啓則律呂自調六情滯則音律頓舛也士衡雖云煥若縟錦寧有濯色江波其中復有一片是衞文之服此則陸生之言卽復不盡者矣韻與不韻復有精麤輪扁不能言之老夫亦不辯盡此約論四聲妙有銓辯而諸賦亦往往與聲韻乖時有王斌者不知何許人著四聲論行於時斌初爲道人博涉經籍雅有才辯善屬文能昌導而修容儀嘗弊衣於瓦官寺聽雲法師講成實論無復坐處唯僧正慧超尙空席斌直坐其側慧超不能平乃駡曰那得此道人祿蔌似隊父唐突人因命驅之斌笑曰旣有敍勳僧正何爲無隊父道人不爲動而撫機問難辭理清舉四坐皆屬目後還俗以詩樂自樂人莫能名之永元元年始安王遙光反厥父閑被誅厥坐繫尙方

尋有赦厥感慟而卒年二十八文集行於世時有會稽虞炎以文學與沈約俱爲文惠太子所遇意眄殊常官至驍騎將軍

褭字師卿厥第四弟也本名衰字趙卿有奏事者誤字爲褭梁武帝乃改爲褭字師卿天監三年都官尚書范岫表薦褭起家著作佐郎後昭明太子統聞褭業行啓武帝引與遊處自廬陵王記室除太子洗馬遷中舍人並掌管記出爲揚州中從事以父終此官固辭武帝不許聽與府司馬換廨居之昭明太子敬耆老褭母年將八十與蕭琛傅昭陸杲每月常遣存問加賜珍羞衣服褭母常卒患心痛醫方須三升粟漿時冬月日又逼暮求索無所忽有老人詣門貨漿量如方劑始欲酬直無何失之時以褭孝感所致後爲太子家令復掌管記母憂去職褭年已五十毀頓過禮太子憂之日遣使誡喻大通七年爲鄱陽內史先是郡人鮮于琮服食修道法常入山採藥拾得五色幡毦又於地中得石璽竊怪之琮先與妻別室望琮所處常有異氣益以爲神大同元年遂結門徒殺廣晉令王筠號上願元年署置官屬其黨轉相誑惑有衆萬餘人將出攻郡褭

先己率人吏修城隍爲備及賊至破之生獲琮時鄰郡豫章安成等守宰案其黨與因求貨賄皆不得其實或有善人盡室罹禍唯襄郡枉直無濫人作歌曰鮮于抄後善惡分人無橫死賴陸君又有彭李二家先因忿爭遂相誣告襄引入內室不加責誚但和言解喻之二人感恩深自悔咎乃爲設酒食令其盡歡酒罷同載而還因相親厚人又歌曰陸君政無怨家鬬既罷讎共車在政六年郡中大寧郡人李睍等四百二十人詣闕拜表陳襄德化求於郡立碑降敕許之又表乞留襄因乞還太清元年爲度支尚書侯景圍臺城以襄直侍中省城陷襄逃還吳景將宋子仙進攻錢唐會海鹽人陸黯舉義襲郡殺僞太守蘇單于推襄行郡事時淮南太守文成侯蕭寧逃賊入吳襄遣迎寧爲盟主遣黯及兄子映公帥衆躡子仙與戰黯敗走吳下軍聞之亦散襄匿于墓下一夜憂憤卒襄弱冠遭家禍釋服猶若居憂終身蔬食布衣不聽音樂口不言殺害五十年侯景平元帝贈侍中追封餘干縣侯

雲公字子龍襄兄完子也完位寧遠長史琅邪彭城二郡丞雲公五歲誦論語

毛詩九歲讀漢書略能記憶從祖倕與沛國劉顯質問十事雲公對無所失顯歎異之及長好學有才思爲平西湘東王繹行參軍雲公先製太伯廟碑吳興太守張纘罷郡經途讀其文歎曰今之蔡伯喈也纘至都掌選言之武帝召爲尚書儀曹郎入直壽光省以本官知著作郎事累遷中書黃門郎兼掌著作雲公善弈棊嘗夜侍武帝冠觸燭火帝笑謂曰燭燒卿貂帝將用爲侍中故以此戲之時天泉池新製鯿魚舟形狹而短帝暇日常泛此舟朝中唯引太常劉之遴國子祭酒到溉右衞朱异雲公時年位尚輕亦預焉太清元年卒張纘時爲湘州與雲公叔褒兄晏子書曰都信至承賢兄子賢弟黃門殞逝非唯貴門喪寶實有識同悲其爲士流稱重如此雲公從父兄才子亦有才名位太子中庶子廷尉與雲公並有文集行於世

雲公子瓊字伯玉幼聰慧有思理六歲爲五言詩頗有詞采大同末雲公受梁武帝詔校定棊品到溉朱异以下並集瓊時年八歲於客前覆局由是都下號曰神童异言之武帝召見瓊風神警亮進退詳審帝甚異之十一丁父憂毀瘠

有至性從祖襄歎曰此兒必荷門基所謂一不爲少及侯景作逆攜母避地于縣之西鄉勤苦讀書晝夜無怠遂博學善屬文陳天嘉中以文學累遷尚書殿中郎瓊素有令名深爲陳文帝所賞及討周迪陳寶應等都官符及諸大手筆並中敕付瓊遷新安王文學掌東宮管記及宣帝爲司徒妙簡僚佐吏部尚書徐陵薦瓊於宣帝言瓊識具優敏文史足用進居郎署歲已過淹左西掾缺允膺茲選雖階次小踰其屈滯已積乃除司徒左西掾尋兼通直散騎常侍聘齊太建中爲給事黃門侍郎轉中庶子領大著作撰國史後主即位直中書省掌詔誥至德元年除度支尚書參選事掌詔誥幷判廷尉建康二獄事初瓊父雲公奉梁武敕撰嘉瑞記瓊述其旨而續焉自永定訖于至德勒成一家之言遷吏部尚書著作如故瓊詳練譜牒雅有識鑑先是吏部尚書宗元饒卒尚書左僕射袁憲舉瓊宣帝末之用至是居之號爲稱職瓊性謙儉不自封植雖位望日隆而執志逾下園池室宇無所改作車馬衣服不尚鮮華四時祿俸皆散之宗族家無餘財暮年深懷止足思避權要恆謝疾不視事俄丁母憂初瓊之侍

東宮毋隨在官舍及喪還鄉詔加贈後主自制誌銘朝野榮之瓊哀慕過毀以
至德四年卒有集二十卷行於世子從典字由儀幼聰敏年八歲讀沈約集見
回文硏銘援筆擬之便有佳致十二作柳賦其詞甚美從父瑜特所賞愛及瑜
將終命家中墳籍皆付之從典乃集瑜文爲十卷仍製集序其文甚工從典篤
好學業博涉羣書位太子洗馬司徒左西掾陳亡入隋位著作佐郎尚書右僕
射楊素奏從典續司馬遷史記迄于隋其書未就坐弟受漢王諒職免後卒於
南陽縣主簿
琰字温玉瓊之從父弟也父令公梁中軍宣城王記室參軍琰幼孤好學有志
操州舉秀才累遷宣惠始興王外兵參軍直嘉德殿學士陳文帝聽覽餘暇頗
留心史籍以琰博學善占誦引置左右嘗使製刀銘琰援筆卽成無所點竄帝
嗟賞久之賜衣一襲俄兼通直散騎常侍副琅邪王厚聘齊至鄴而厚卒琰爲
使主時年二十餘風氣韶亮占對閑敏齊士大夫甚傾心焉太建初爲武陵王
明威府功曹史兼東宮管記丁毋憂去官卒至德二年追贈司農卿琰寡慾鮮

矜競遊心經籍晏如也所製文筆多不存本後主求其遺文撰成二卷
弟瑜字幹玉少篤學美詞藻州舉秀才再遷軍師晉安王外兵參軍東宮學士
兄琰時爲管記並以才學娛侍左右時人比之二應太建中累遷太子洗馬中
舍人瑜聰敏強記常受莊老於汝南周弘正學成實論於僧滔法師並通大旨
時皇太子好學欲博覽羣書以子集繁多命瑜抄撰未就而卒太子爲之流涕
親製祭文仍與詹事江總論述其美詞甚傷切至德二年追贈光祿卿有集十
卷瑜有從父兄玠從父弟琛
玠字潤玉梁大匠卿晏子之子也弘雅有識度好學能屬文後主在東宮徵爲
管記仍兼中舍人尋以疾失明將還鄉里太子解衣贈之爲之流涕太建八年
卒至德二年追贈少府卿有集十卷
琛字潔玉宣毅臨川王長史丘公之子也少警俊事後母以孝聞後主嗣位爲
給事黃門侍郎中書舍人參掌機密琛性頗疎坐漏泄禁中語詔賜死
陸杲字明霞吳郡吳人也祖徽字休猷宋補建康令清平無私爲文帝所善元

嘉十五年除平越中郎將廣州刺史加督清名亞王鎮之爲士庶所愛詠二十三年爲益州刺史亦加督郵隱有方威惠兼著寇盜靜息人物殷阜蜀土安之卒於官身亡之日家無餘財文帝甚痛惜之諡曰簡子父叡揚州中從事杲少好學工書畫舅張融有高名杲風韻舉止頗類時稱曰無對日下唯舅與甥爲尚書殿中曹郎拜日入坐丞郎並到上省交禮而杲至晚不及時刻坐免官後爲司徒從事中郎梁臺建爲相國西曹掾天監五年位御史中丞性婞直無所顧望時山陰令虞肩在任贓汙數百萬杲奏收劾之中書舍人黃睦之以肩事託杲杲不答梁武聞之以問杲杲答曰有之帝曰識睦之不答曰臣不識其人時睦之在御側上指示曰此人是也杲謂曰君小人何敢以罪人屬南司睦之失色領軍將軍張稷是杲從舅杲嘗以公事彈稷稷因侍宴訴帝曰陸杲是臣親通小事彈臣不貸帝曰杲職司其事卿何得爲嫌杲在臺號不畏強禦爲義興太守在郡寬惠爲下所稱歷左戶尚書太常卿出爲臨川內史將發辭武帝於坐通啓求募部曲帝問何不付所由呈聞杲答所由不爲受帝頗怪之以其

臨路不咎閒後入爲金紫光祿大夫特進卒謚質子杲素信佛法持戒甚精著
沙門傳三十卷弟煦學涉有思理位太子家令撰晉書未就又著陸史十五卷
陸氏驪泉志一卷並行於時子罩字洞元少篤學多所該覽善屬文簡文居蕃
爲記室參軍撰帝集序稍遷太子中庶子掌管記禮遇甚厚大同七年以母老
求去公卿以下祖道於征虜亭皇太子賜黃金五十斤時人方之疏廣母終後
位終光祿卿初簡文在雍州撰法寶聯璧罩與羣賢並抄掇區分者數歲中大
通六年而書成命湘東王爲序其作者有侍中國子祭酒南蘭陵蕭子顯等三
十人以比王象劉邵之皇覽焉

論曰陸澄學稱博古而用不合今夫干將見重於時貴其所以立斷於事未能
周務書廚得所譏矣叔明持身有檢殆爲人望雅道相傳可謂載德者也杲諒
直見稱罩文以取達亦足美乎舊陸徽著傳事迹蓋寡今以附孫杲上云

南史卷四十八

南史卷四十八考證

陸慧曉傳父子真仕宋爲海陵太守〇海陵梁書作東陽

陸襄傳出爲揚州中從事以父終此官固辭〇中從事梁書作治中本卷襄父閑傳仕至揚州别駕

是先郡人鮮于琮服食修道法〇琮梁書作琛

鮮于抄後害惡分人無横死賴陸君〇抄梁書作平又賴字下衍有字

陸雲公傳時天泉池新製編魚舟形狹而短〇狹梁書作闊

南史卷四十八考證

南史卷四十九

唐　李延壽　撰

列傳第三十九

庾杲之 叔父蓽　王諶 從叔摛　何憲 孔逷　孔珪

劉懷珍 子靈哲 杳 歊　從父弟峻　懷珍從孫訏　劉沼　從子懷慰　懷珍族弟善明　懷慰子霽

庾杲之字景行新野人也祖深之位義興太守以善政聞父粲爲宋南郡王義宣丞相城局參軍王舉兵見殺杲之幼有孝行宋司空劉勔見而奇之謂曰見卿足使江漢崇望杞梓發聲解褐奉朝請稍遷尚書駕部郎清貧自業食唯有韮葅瀹韮生韮雜菜任昉嘗戲之曰誰謂庾郎貧食鮭嘗有二十七種累遷尚書左丞王儉謂人曰昔袁公作衛軍欲用我爲長史雖不獲就要是意向如此今亦應須如我輩人也乃用杲之爲衛將軍長史安陸侯蕭緬與儉書曰盛府元僚實難其選庾景行汎淥水依芙蓉何其麗也時人以入儉府爲蓮花池故緬書美之歷位黃門吏部郎御史中丞參大選美容質善言笑嘗兼侍中夾侍

柳世隆在御坐謂齊武帝曰庾杲之爲蟬冕所映彌有華采陛下故當與其卽真上甚悅王儉仍曰國家以杲之清美所以許其假職若以其卽真當在胡諧之後武帝嘗與朝臣商略酒後謂羣臣曰我後當得何謚羣臣莫有答者王儉因目杲之從容曰陛下壽等南山方與日月齊明千載之後豈是臣子輕所仰量時人雅歎其辯答杲之嘗兼主客郎對魏使使問杲之曰百姓那得家家題門帖賣宅答曰朝廷旣欲掃蕩京洛剋復神州所以家家賣宅耳魏使縮鼻而不答時諸王年少不得妄稱接人敕杲之及濟陽江淹五日一詣諸王使申遊好再遷尙書吏部郎參大選事太子右衞率加通直常侍九年卒上甚惜之謚曰貞子

華字休野杲之叔父也仕齊爲驃騎功曹史博涉羣書有口辯永明中與魏和親以華兼散騎常侍報使還拜散騎侍郎知東宮管記事後爲荊州別駕前後紀綱皆致富饒華再爲之清身率下杜絕請託布被蔬食妻子不免飢寒齊明帝聞而嘉焉手敕襃美州里榮之初梁州人益州刺史鄧元起功勳甚著名地

卑瑣頗名挂士流時始興忠武王憺爲州將元起位已高而解巾不先州官則
不爲鄉里所悉元起乞上籍出身州從事憺命華用之華不從憺大怒召華責
之曰元起已經我府卿何爲苟惜從事華曰府是尊府州是華州宜須品藻憺
不能折遂止累遷會稽郡丞行郡府事時承彫弊之後百姓凶荒米斗至數千
人多流散華撫循甚有理唯守公祿清節愈厲至有經日不舉火太守永陽王
聞而饋之華謝不受天監元年卒停屍無以斂柩不能歸梁武帝聞之詔賜絹
百疋穀五百斛初華爲西楚望族兄子杲之又有寵於齊武帝華早歷顯官鄉
人樂藹有幹用素與華不平互相陵競藹事齊豫章王嶷嶷薨藹仕不得志自
步兵校尉求助戍歸荆州時華爲州別駕益忽藹及梁武帝踐阼藹以西朝勳
爲御史中丞華始得會稽行事既恥之矣會職事微有譴帝以藹其鄉人也使
宣旨誨之華大憤故發病卒子喬復仕爲荆州別駕時元帝爲荆州刺史而州
人范興話以寒賤仕叨九流選爲州主簿又皇太子令及之故元帝勒喬聽與
話到職及屬元日府州朝賀喬不肯就列曰庚喬忝爲端右不能與小人范與

話爲鴈行元帝聞乃進喬而停與話與話羞慚還家憤卒世以喬爲不墜家風
喬子夐少聰慧家富於財好賓客食必列鼎又狀貌豐美頤頰開張人皆謂夐
必爲方伯無餧乏之慮及魏剋江陵卒致餓死時又有水軍都督褚蘿面甚尖
危有從理入口竟保衣食而終
王諶字仲和東海郯人晉少傅雅玄孫也祖慶員外常侍父元閔護軍司馬宋
大明中沈曇慶爲徐州辟諶爲迎主簿又爲州迎從事湘東王彧國常侍鎮北
行參軍及彧卽帝位是爲明帝除司徒參軍帶薛令兼中書舍人諶有學義見
親遇常在左右帝所行慘僻諶屢諫不從請退坐此繫尚方後拜中書侍郎明
帝好圍棋置圍棋州邑以建安王休仁爲圍棋州都大中正諶與太子右率沈
勃尚書水部郎庾珪之彭城丞王抗四人爲小中正朝請褚思莊傅楚之爲清
定訪問後爲尚書左丞領東觀祭酒卽明帝所置總明觀也還黃門郎齊永明
初累遷豫章王太尉司馬武帝與諶相遇於宋明之世甚委任之歷黃門郎領
驍騎將軍太子中庶子諶貞正和謹朝廷稱爲善人多與之厚八年轉冠軍將

軍長沙王車騎長史徙廬江王中軍長史又徙西陽王子明征虜長史行南兗
府州事諶少貧常自紡績及通貴後每爲人說之世稱其達九年卒
諶從叔摛以博學見知尚書令王儉嘗集才學之士總校虛實類物隸之謂之
隸事自此始也儉嘗使賓客隸事多者賞之事皆窮唯廬江何憲爲勝乃賞以
五花簟白團扇坐簟執扇容氣甚自得摛後至儉以所隸示之曰卿能奪之乎
摛操筆便成文章既奧辭亦華美舉坐擊賞摛乃命左右抽憲簟手自掣取扇
登車而去儉笑曰所謂大力者負之而趨竟陵王子良校試諸學士唯摛問無
不對爲秣陵令清直請謁不行羽林隊主潘敞有寵二宮勢傾人主婦弟犯法
敞爲之請摛投書於地更鞭四十敞怒譖之明日而見代永明八年天忽黃
色照地衆莫能解司徒法曹王融上金天頌摛曰是非金天所謂榮光武帝大
悅用爲永陽郡後卒於尚書左丞
何憲字子思廬江灊人博涉該通羣籍畢覽天閣寶祕人間散逸無遺漏焉任
昉劉渢共執祕閣四部書試問其所知自甲至丁書說一事并敘述作之體連

曰累夜莫見所遺宗人何遁退讓士也見而美之願與爲友憲位本州别駕國子博士永明十年使于魏時又有孔逷字世遠會稽山陰人也好典故學與王儉至交昇明中爲齊臺尚書儀曹郎屢箴闕禮多見信納上謂王儉曰逷真所謂儀曹不忝厥職也儉爲宰相逷常謀議幄帳每及選用頗失鄉曲情儉從容啓上曰臣有孔逷猶陛下之有臣永明中爲太子家令卒時人呼孔逷何憲爲王儉三公及卒儉惜之爲撰祭文

孔珪字德璋會稽山陰人也祖道隆位侍中父靈產泰始中晉安太守有隱遁之志於禹井山立館事道精篤吉日於靜屋四向朝拜涕泣滂沲東出過錢唐北郭輒於舟中遥拜杜子恭墓自此至都東向坐不敢背側元徽中爲中散大夫頗解星文好術數齊高帝輔政沈攸之起兵靈產白高帝曰攸之兵衆雖強以天時冥數而觀無能爲也高帝驗其言擢遷光祿大夫以簏盛靈產上靈臺令其占候餉靈產白羽扇素隱几曰君有古人之風故贈君古人之服當世榮之珪少學涉有美譽太守王僧虔見而重之引爲主簿舉秀才再遷殿中郎高

帝爲驃騎取爲記室參軍與江淹對掌辭筆爲尚書左丞父憂去官與兄仲智還居父山舍仲智妾李氏驕妬無禮珪白太守王敬則殺之永明中歷位黃門郎太子中庶子廷尉江左承用晉時張杜律二十卷武帝留心法令數訊囚徒詔獄官詳正舊注先是尚書刪定郎王植撰定律奏之削其煩害錄其允衷取張斐注七百三十一條杜預注七百九十一條或二家兩釋於義乃備者又取一百七條其注相同者取一百三條集爲一書凡一千五百三十二條爲二十卷請付外詳校摘其違謬詔從之於是公卿八座參議考正舊注有輕重處竟陵王子良下意多使從輕其中朝議不能斷者則制旨平決至九年珪表上律文二十卷錄序一卷又立律學助教依五經例詔報從之事竟不行轉御史中丞建武初爲平西長史南郡太守珪以魏連歲南伐百姓死傷乃上表陳通和之策帝不從徵侍中不行留本任珪風韻清疎好文詠飲酒七八斗與外兄張融情趣相得又與琅邪王思遠廬江何點點弟胤並款交不樂世務居宅盛營山水憑几獨酌傍無雜事門庭之內草萊不翦中有蛙鳴或問之曰欲爲陳蕃

乎珪笑答曰我以此當兩部鼓吹何必效蕃王晏嘗鳴鼓吹候之聞羣蛙鳴曰此殊聒人耳珪曰我聽鼓吹殆不及此晏甚有慚色永元元年爲都官尚書遷太子詹事加散騎常侍三年珪疾東昏屏除以床舁之走因此疾甚遂卒贈金紫光祿大夫

劉懷珍字道玉平原人漢膠東康王寄之後也其先劉植爲平原太守因家焉祖昶從慕容德南度河因家于北海都昌宋武帝平齊以爲青州中從事位至員外常侍伯父奉伯宋世位至陳南頓二郡太守懷珍幼隨奉伯至壽陽豫州刺史趙伯符出獵百姓聚觀懷珍獨避不視奉伯異之曰此兒方與吾家本州辟主簿元嘉二十八年亡命司馬順則聚黨東陽州遣懷珍將數千人討平之宋文帝問破賊事懷珍讓功不肯當親人怪問焉懷珍曰昔國子尼恥陳河間之級吾豈能論邦域之捷哉時人稱之江夏王義恭出鎮盱台道遇懷珍以應對見重取爲驃騎長史兼墨曹行參軍孝建初爲義恭大司馬參軍直閤將軍隨府轉太宰參軍大明二年以軍功拜樂陵河間二郡太守賜爵廣晉縣侯司

空竟陵王誕反郡人王弼門族甚盛勸懷珍起兵助誕懷珍殺之帝嘉其誠除豫章王子尙車騎參軍母憂去職服闋見江夏王義恭義恭曰別子多年那得不老對曰公恩未報何敢便老義恭善其對累遷黃門郎領虎賁中郎將桂陽王休範反加懷珍前將軍守石頭出爲豫州刺史加督建平王景素反懷珍遣子靈哲領兵赴建鄴沈攸之在荆楚遣使人許天保說結懷珍斬之送首於齊高帝封中宿縣侯進平南將軍增督二州初宋孝武世齊高帝爲舍人懷珍爲直閤相遇早舊懷珍假還青州高帝有白驄馬齧人不可騎送與懷珍別懷珍報上百匹絹或謂懷珍曰蕭公此馬不中騎是以與君耳君報百匹不亦多乎懷珍曰蕭君局量堂堂寧應負人此絹吾方欲以身名託之豈計錢物多少高帝輔政以懷珍內資未多徵爲都官尙書領前將軍以第四子晃代爲豫州刺史或疑懷珍不受代高帝曰我布衣時懷珍便推懷投款況在今日寧當有異晃發經日疑論不止上乃遣軍主房靈人領百騎進送晃謂靈人曰論者謂懷珍必有異同我期之有素必不應爾卿是其鄉里故遣卿行非唯衞新亦以迎

故懷珍還乃授相國右司馬及齊臺建朝士人人爭爲臣吏以懷珍爲宋臺右衛懷珍謂帝曰人皆迎新臣獨送故豈以臣篤於本乎齊建元元年轉左衛將軍加給事中改封霄城侯懷珍年老以禁旅辛勤求爲閑職轉光祿大夫卒遺言薄葬贈雍州刺史謚敬侯

子靈哲字文明位齊郡太守前軍將軍靈哲所生母嘗病靈哲躬自祈禱夢見黃衣老公與藥曰可取此食之疾立可愈靈哲驚覺於枕間得之如言而疾愈藥似竹根於齋前種葉似蘘荷嫡母崔氏及兄子景煥泰始中爲魏所獲靈哲爲布衣不聽樂及懷珍卒當襲爵靈哲固辭以兄子在魏存亡未測無容越當茅土朝廷義之靈哲傾產贖嫡母及景煥累年不能得武帝哀之令北使者請之魏人送以還南襲懷珍封爵靈哲位兗州刺史隆昌元年卒

峻字孝標本名法武懷珍從父弟也父琁之仕宋爲始興內史峻生期月而琁之卒其母許氏攜峻及其兄法鳳還鄉里宋泰始初魏剋青州峻時年八歲爲人所略爲奴至中山中山富人劉寶愍峻以束帛贖之教以書學魏人聞其江

南有戚屬更徙之代都居貧不自立與母並出家爲尼僧既而還俗峻好學寄人廡下自課讀書常燎麻炬從夕達旦時或昏睡爇其鬚髮及覺復讀其精力如此時魏孝文選盡物望江南人士才學之徒咸見申擢峻兄弟不蒙選拔齊永明中俱奔江南更改名峻字孝標自以少時未開悟晚更厲精明慧過人若所見不博聞有異書必往祈借清河崔慰祖謂之書淫於是博極羣書文藻秀出故其自序云釁中濟濟皆升堂亦有愚者解衣裳言其少年魯鈍也時竟陵王子良招學士峻因人求爲子良國職吏部尚書徐孝嗣抑而不許用爲南海王侍郎不就至齊明帝時蕭遙欣爲豫州引爲府刑獄禮遇甚厚遙欣尋卒久不調梁天監初召入西省與學士賀蹤典校祕閣峻兄孝慶時爲青州刺史峻請假省之坐私載禁物爲有司所奏免官安成王秀雅重峻及安成王還荆州引爲戶曹參軍給其書籍使撰類苑未及成復以疾去因遊東陽紫巖山築室居焉爲山栖志其文甚美初梁武帝招文學之士有高才者多被引進擢以不次峻率性而動不能隨衆沉浮武帝每集文士策經史事時范雲沈約之徒皆

引短推長帝乃悅加其賞賚曾策錦被事咸言已罄帝試呼問峻峻時貧悴冗散忽請紙筆疏十餘事坐客皆驚帝不覺失色自是惡之不復引見及峻類苑成凡一百二十卷帝卽命諸學士撰華林徧略以高之竟不見用乃著辯命論以寄其懷論成中山劉沼致書以難之凡再反峻並爲申析以答之會沼卒不見峻後報者峻乃爲書以序其事其文論並多不載峻又嘗爲自序其略云余自比馮敬通而有同之者三異之者四何則敬通雄才冠世志剛金石余雖不及之而節亮慷慨此一同也敬通逢中興明君而終不試用余逢命世英主亦擯斥當年此二同也敬通有忌妻至於身操井臼余有悍室亦令家道轗軻此三同也敬通當更始世手握兵符躍馬肉食余自少迄長戚戚無懽此一異也敬通有子仲文官成名立余禍同伯道永無血胤此二異也敬通旅力剛強老而益壯余有犬馬之疾溘死無時此三異也敬通雖芝殘蕙焚終塡溝壑而爲名賢所慕其風流郁烈芬芳久而彌處余聲塵寂寞世不吾知魂魄一去將同秋草此四異也所以力自爲序遺之好事云峻本將門兄法鳳自北歸改名孝

慶字仲昌早有幹略齊末爲兗州刺史舉兵應梁武封餘干男歷官顯重峻獨篤志好學居東陽吳會人士多從其學普通三年卒年六十門人謚曰玄靖先生

劉沼字明信中山魏昌人六世祖輿晉驃騎將軍沼幼善屬文及長博學位終秣陵令

懷慰字彥泰懷珍從子也祖奉伯宋元嘉中爲冠軍長史父乘人冀州刺史死於義嘉事懷慰持喪不食醯醬冬日不用絮衣養孤弟妹事寡叔母皆有恩義仕宋爲尚書駕部郎懷慰宗從善明等爲齊高帝心腹懷慰亦預焉齊國建上欲置齊郡於都下議者以江右土沃流人所歸乃置於瓜步以懷慰爲輔國將軍齊郡太守上謂懷慰曰齊邦是王業所基吾方欲以爲顯任經理之事一以委卿有手敕曰有文事必有武備今賜卿玉環刀一口懷慰至郡修城郭安集居人墾廢田二百頃決沉湖灌溉不受禮謁人有餉其新米一斛者懷慰出所食麥飯示之曰食有餘幸不煩此因著廉吏論以達其意高帝聞之手敕褒賞

進督秦沛二郡妻子在都賜米三百石兗州刺史柳世隆與懷慰書曰膠東流化潁川致美以今方古曾何足云懷慰本名聞慰武帝即位以與舅氏名同勑改之後兼安陸王北中郎司馬卒明帝即位謂僕射徐孝嗣曰劉懷慰若在朝廷不憂無清吏也子霽杳歊

霽字士湮九歲能誦左氏傳十四居父憂有至性每哭輒嘔血家貧與弟杳歊勵志勤學及長博涉多通梁天監中歷位西昌相尚書主客侍郎海鹽令霽前後宰二邑並以和理稱後除建康令不拜母胡氏寢疾霽年已五十衣不解帶者七旬誦觀世音經數萬遍夜中感夢見一僧謂曰夫人算盡君精誠篤志當相爲申延後六十日餘乃亡霽廬于墓哀慟過禮常有雙白鶴循翔廬側處士阮孝緒致書抑譬焉霽思慕不已未終喪而卒著釋俗語八卷文集十卷

杳字士深年數歲徵士明僧紹見之撫而言曰此兒實千里之駒十三丁父憂每哭哀感行路梁天監中爲宣惠豫章王行參軍杳博綜羣書沈約任昉以下每有遺忘皆訪問焉嘗於約坐語及宗廟犧樽約云鄭玄荅張逸謂爲畫鳳皇

尾婆娑然今無復此器則不依古杳曰此言未必可安古者罇彝皆刻木爲鳥
獸鑿頂及背以出內酒魏時魯郡地中得齊大夫子尾送女器有犧罇作犧牛
形晉永嘉中賊曹嶷於青州發齊景公冢又得二罇形亦爲牛象二處皆古之
遺器知非虛也約大以爲然約又云何承天纂文奇博其書載張仲師及長頸
王事此何所出杳曰仲師長尺二寸唯出論衡長頸是毗騫王朱建安扶南以
南記云古來至今不死約卽取二書尋檢一如杳言約郊居宅時新搆閣齋杳
爲贊二首幷以所撰文章呈約約卽命工書人題其贊於壁仍報杳書共相歎
美又在任昉坐有人餉昉榕酒而作榐字昉問杳此字是不杳曰葛洪字苑作
木旁咎昉又曰酒有千日醉當是虛言杳曰桂陽程鄉有千里酒飲之至家而
醉亦其例昉大驚曰吾自當遺忘實不憶此杳云出楊元鳳所撰置郡事元鳳
是魏代人此書仍載其賦三重五品商溪摖里昉卽檢楊記言皆不差王僧孺
被使撰譜訪杳血脈所因杳云桓譚新論云太史三代世表旁行邪上並効周
譜以此而推當起周代僧孺歎曰可謂得所未聞周捨又問杳尚書着紫荷橐

相傳云挈囊竟何所出杳曰張安世傳云持橐簪筆事孝武皇帝數十年韋昭張晏注並曰橐囊也簪筆以待顧問范岫撰字書音訓又訪杳焉尋佐周捨撰國史出爲臨津令有善績秩滿縣三百餘人詣闕請留敕許焉後詹事徐勉舉杳及顧協等五人入華林撰徧略書成以晉安王府參軍兼廷尉正以足疾解因著林庭賦王僧孺見而歎曰郊居以後無復此作累遷尚書儀曹郎僕射徐勉以臺閣文議專委杳焉出爲餘姚令在縣清絜湘東王繹發教褒美之大通元年爲步兵校尉兼東宮通事舍人昭明太子謂曰酒非卿所好而爲酒廚之職政爲卿不愧古人耳太子有瓠食器因以賜焉曰卿有古人之風故遺卿古人之器俄有敕代裴子野知著作郎事昭明太子薨新宮建舊人例無停者敕特留杳焉僕射何敬容奏轉杳王府諮議武帝曰劉杳須先經中書仍除中書侍郎尋爲平西湘東諮議參軍兼舍人著作如故遷尚書左丞卒杳清儉無所嗜好自居母憂便長斷腥羶持齋蔬食臨終遺命斂以法服載以露車還葬舊墓隨得一地容棺而已不得設靈筵及祭醊其子遵行之撰要雅五卷楚辭草

木疏一卷高士傳二卷東宮新舊記三十卷古今四部書目五卷文集十五卷
並行於世
歊字士光生夕有香氣氛氳滿室幼有識慧四歲喪父與羣兒同處獨不戲弄
六歲誦論語毛詩意所不解便能問難十二讀莊子逍遙篇曰此可解耳客問
之隨問而答皆有情理家人每異之謂爲神童及長博學有文才不娶不仕與
族弟訏並隱居求志遨遊林澤以山水書籍相娛而已奉母兄以孝悌稱寢食
不離左右母意有所須口未及言歊已先知手自營辦狼狽供奉母每疾病夢
歊進藥及翌日轉有間效其誠感如此性重與樂尤愛山水登危履嶮必盡幽
遐人莫能及皆歎其有濟勝之具常欲避人世以母老不忍違每隨兄霽杳從
宦少時好施務周人之急人或遺之亦不拒也久而歎曰受人者必報不則有
愧於人吾固無以報人豈可常有愧乎天監十七年忽著革終論以爲形者無
知之質神者有知之性有知不獨存依無知以自立故形之於神逆旅之館耳
及其死也神去此館速朽得理是以子羽沉川漢伯方壙文楚黃壤士安麻索

此四子者得理也若從四子而遊則平生之志得矣然積習生常難卒改革一朝肆志儻不見從今欲剪截煩厚務存儉易進不裸尸退畢常俗不傷存者之念有合至人之道且張奐止用幅巾王肅唯盥手足范冉斂畢便葬爰珍無設筵几文度故舟爲棺子廉牛車載柩叔起誡絶墳隴康成使無卜吉此數公者尚或如之況爲吾人而尚華泰今欲髣髴景行以爲軌則氣絶不須復魂盥漱而斂以一千錢市成棺單故裘衫衣巾枕履此外送往之具棺中常物一不得有所施世多信李彭之言可謂惑矣余以孔釋爲師差無此惑斂訖載以露車歸於舊山隨得一地地足爲坎坎足容棺不須塼甓不勞封樹勿設祭饗勿置几筵其蒸嘗繼嗣言象所絶事止余身無傷世教初訏之疾歎盡心救療及卒哀傷爲之誄又著悲友賦以序哀情忽有老人無因而至謂曰君心力堅猛必破死生但運會所至不得久留一方耳彈指而去歎心知其異試遣尋之莫知其所於是信心彌篤既而寢疾恐貽母憂乃自言笑勉進湯藥謂兄霽杳曰兩兄祿仕足伸供養歎之歸泉復何所憾願深割無益之悲十八年年三十二卒

始沙門釋寶誌遇歊於興皇寺驚起曰隱居學道清淨登仙如此三說歊未死之春有人爲其庭中栽柿歊謂兄子弇曰吾不見此實爾其勿言至秋而亡人以爲知命親故誄其行迹諡曰貞節處士先是有太中大夫琅邪王敬胤以天監八年卒遺命不得設復魄旌旐一蘆蓆藉下一枚覆上吾氣絕便沐浴籃輿載尸還忠侯大夫塋中若不行此則戮吾尸於九泉敬胤外甥許慧詔因阮研以聞詔曰敬胤令其息崇素氣絕便沐浴藉以二蘆蓆鑿地周身歸葬忠侯此達生之格言賢夫玉匣石槨遠矣然子於父命亦有所從有所不從今崇素若信遺意土周淺薄屬辟不施一朝見侵狐鼠戮屍已甚父可以訓子子亦不可行之外內易棺此自奉親之情藉土而葬亦通人之意宜兩捨兩取以達父子之志棺周於身土周於槨去其牲奠斂以時服一可以申情二可以稱家禮教無違生死無辱此故當爲安也

訏字彥度懷珍從孫也祖承宗宋太宰參軍父靈真齊鎮西諮議武昌太守訏幼稱純孝數歲父母繼卒訏居喪哭泣孺慕幾至滅性赴弔者莫不傷焉後爲

伯父所養事伯母及昆姊孝友篤至爲宗族所稱自傷早孤人有誤觸其諱者
未嘗不感結流涕長兄絜爲聘妻尅日成婚訏聞而逃匿事息乃還本州刺史
張稷辟爲主簿主者檄召訏乃掛檄於樹而逃陳留阮孝緒博學隱居不交當
世恆居一鹿牀環植竹木寢處其中時人造之未嘗見也訏經一造孝緒卽顧
以神交訏族兄歊又履高操三人日夕招攜故都下謂之三隱訏善玄言尤精
意釋典曾與歊聽講鍾山諸寺因共卜築宋熙寺東澗有終焉之志尚書郎何
烱嘗遇之於路曰此人風神穎俊蓋荀奉倩衛叔寶之流也命駕造門拒而不
見族祖孝標與書稱之曰訏超超越俗如半天朱霞歊矯矯出塵如雲中白鶴
皆儉歲之粱稷寒年之纖纊訏嘗著穀皮巾披納衣每遊山澤輒留連忘返神
理閑正姿貌甚華在林谷之閒意氣彌遠或有遇之者皆謂神人家甚貧苦併
日而食隆冬之月或無氈絮訏處之晏然人不覺其飢寒也自少至長無喜愠
之色每於可競之地輒以不競勝之或有加陵之者莫不退而愧服由是衆論
咸歸重焉天監七年卒於歊舍臨終執歊手曰氣絶便斂斂畢卽埋靈筵一不

須立勿設饗祀無求繼嗣歆從而行之宗人至友相與刊石立銘謚曰玄貞處
士
善明懷珍族弟也父懷人仕宋爲齊北海二郡太守元嘉末青州饑荒人相食
善明家有積粟躬食饘粥開倉以救鄉里多獲全濟百姓呼其家田爲續命田
善明少而靜處讀書刺史杜驥聞名候之辭不相見年四十刺史劉道隆辟爲
中從事懷人謂善明曰我已知汝立身復欲見汝立官也善明應辟仍舉秀才
宋孝武見其策強直甚異之泰始初徐州刺史薛安都反青州刺史沈文秀應
之時州居東陽城善明家在郭內不能自拔伯父彌之詭說文秀求自効文秀
使領軍主張靈慶等五千人援安都彌之出門密謂部曲曰始免禍坑矣行至
下邳乃背文秀善明從伯懷恭爲北海太守據郡相應善明密契收集門宗部
曲得三千人夜斬關奔北海族兄乘人又聚渤海以應朝廷而彌之尋爲薛安
都所殺明帝贈青州刺史以乘人爲冀州刺史善明爲北海太守除尚書金部
郎乘人病卒仍以善明爲冀州刺史文秀既降除善明海陵太守郡境邊海無

樹木善明課人種榆檟雜果遂獲其利還爲直閤將軍五年魏剋青州善明母
在焉移置代郡善明布衣蔬食哀戚如持喪明帝每見爲之歎息轉巴西梓潼
二郡太守善明以母在魏不願西行泣涕固請見許朝廷多哀善明心事元徽
初遣北使朝議令善明舉人善明舉州鄉北平田惠紹使魏贖母還時宋後廢
帝新立羣臣執政善明獨事齊高帝委身歸誠出爲西海太守行青冀二州刺
史善明從弟僧副與善明俱知名於鄉里泰始初魏攻淮北僧副將部曲二千
人東依海島齊高帝在淮陰壯其所爲召與相見引爲安成王撫軍參軍後廢
帝肆暴高帝憂恐常令僧副微行伺察聲論使密告善明及東海太守垣崇祖
使動魏兵善明勸靜以待之高帝納焉廢帝見殺善明爲高帝驃騎諮議南東
海太守行南徐州事沈攸之反高帝深以爲憂善明獻計曰沈攸之控引八州
縱情蓄斂苞藏賊志於焉十年性既險躁才非持重起逆累旬遲回不進豈應
有所待也一則闇於兵機二則人情離怨三則有掣肘之患四則天奪其魄本
疑其輕速掩襲未備今六師齊奮諸侯同舉此已籠之鳥耳事平高帝召善明

還都謂曰卿策沈攸之雖張良陳平適如此耳仍還太尉右司馬齊臺建爲右
衞將軍辭疾不拜司空褚彥回謂善明曰高尚之事乃卿從來素意今朝廷方
相委待詎得便學松喬邪善明答曰我本無宦情既逢知己所以戮力驅馳天
地廓清朝廷濟濟鄙吝既申不敢昧於富貴矣高帝踐阼以善明勳誠欲與之
祿召謂曰淮南近畿國之形勝非親賢不居卿與我臥理之乃代明帝爲淮南
宣城二郡太守遣使拜授封新塗伯善明至都上表陳事凡一十一條其一以
爲天地開創宜存問遠方廣宣慈澤其二以爲京都遠近所歸宜遣醫藥問其
疾苦年九十以上及六疾不能自存者隨宜量賜其三以爲宋氏赦令蒙原者
寡愚謂今下赦書宜令事實相副其四以爲劉昶猶存容能送死境上諸城宜
應嚴備其五以爲宜除宋氏大明以來苛政細制以崇簡易其六以爲凡諸土
木之費且可權停其七以爲帝子王女宜崇儉約其八以爲宜詔百官及府州
郡縣各貢讜言以弘廣唐虞之美其九以爲忠貞孝悌宜擢以殊階清儉苦節
應授以政務其十以爲革命惟始宜擇才北使其十一以爲交州險敻要荒之

表宋末政苛遂至怨叛今宜懷以恩德未應遠勞將士搖動邊甿又撰賢聖雜語奏之託以諷諫上優詔答之又諫起宣陽門表陳宜明守宰賞罰立學校制齊禮開賓館以接鄰國上答曰夫賞罰以懲守宰飾館以待遐荒皆古之善政吾所宜勉更撰新禮或非易制國學之美已敕公卿宣陽門今敕停寡德多闕思復有聞善明身長七尺九寸質素不好聲色所居茅齋斧木而已牀榻几案不加剗削少立節行常云在家當孝爲吏當清子孫楷栻足矣及累爲州郡頗黷財賄崔祖思怪而問之答曰管子云夷吾知我因流涕曰方寸亂矣豈暇爲廉所得金錢皆以贖母及母至清節方峻所歷之職廉簡不煩俸祿散之親友與崔祖思友善祖思出爲青冀二州善明遺書敘舊因相勗以忠概及聞祖思死慟哭仍得病建元二年卒豫命薄殯贈左將軍豫州刺史謚烈伯子滌嗣善明家無遺儲唯有書八千卷高帝聞其清貧賜滌家葛塘屯穀五百斛曰葛屯亦吾之垣下令後世知其見異善明從弟僧副字士雲位前將軍封豐陽男卒於巴西梓潼二郡太守上圖功臣像讚僧副亦在焉兄法護字士伯有學業位

濟陰太守
論曰詩稱抑抑威儀惟人之則又云其儀不忒正是四國觀夫杲之風流所得
休野行己之度蓋其有焉仲和性履所遵德璋業尙所守殆人望也懷珍宗族
文質斌斌自宋至梁時移三代或以隱節取高或以文雅見重古人云立言立
德斯門其有之乎
南史卷四十九

南史卷四十九考證

庾杲之傳父粲爲宋南郡王義宣丞相城局參軍○監本缺宋南二字今增正

孔珪傳王晏嘗鳴鼓吹候之○候監本訛侯今改正

劉霽傳字士湮○湮梁書作烜

常有雙白鶴循翔廬側○循梁書作馴

劉杳傳鄭玄荅張逸謂爲畫鳳皇尾婆娑然○婆娑梁書作娑娑

杳曰此言未必可安○安一本作按

有人餉昉格酒而作榐字○榐監本訛搌今改從梁書

卿有古人之風故遺卿古人之器○此與本卷孔珪傳齊高帝餉珪父靈產白羽扇素隱几曰君有古人之風故贈君古人之服二語相同

文集十五卷○一本無此五字

劉歊傳忽有一老人無因而至○梁書歊幼時嘗獨坐空室有一老公至門與此小異

南史卷四十九考證

南史卷五十

唐　李延壽　撰

列傳第四十

劉瓛 弟璡 族子顯 顯從弟瑴　明僧紹 子山賓　庾易 子黔婁 於陵 肩吾

劉虬 子之遴 之亨 虬從弟坦

劉瓛字子珪沛郡相人晉丹陽尹惔六世孫也祖弘之給事中父惠臨賀太守瓛篤志好學博通訓義年五歲聞舅孔熙先讀管寧傳欣然欲讀舅更爲說之精意聽受曰此可及也宋大明四年舉秀才兄璲亦有名先應州舉至是別駕東海王元曾與瓛父惠書曰此歲賢子充秀州閭可謂得人除奉朝請不就兄弟三人共處蓬室一間爲風所倒無以葺之怡然自樂習業不廢聚徒教授常有數十丹陽尹袁粲於後堂夜集聞而請之指聽事前古柳樹謂瓛曰人謂此是劉尹時樹每想高風今復見卿清德可謂不衰矣薦爲祕書郎不見用後拜安成王撫軍行參軍公事免瓛素無宦情自此不復仕袁粲誅瓛微服往哭幷

致賻助齊高帝踐阼召瓛入華林園談語問以政道答曰政在孝經宋氏所以亡陛下所以得之是也帝咨嗟曰儒者之言可寶萬世又謂瓛曰吾應天革命物議以爲何如瓛曰陛下戒前軌之失加之以寬厚雖危可安若循其覆轍雖安必危及出帝謂司徒褚彥回曰方直乃耳學士故自過人敕瓛使數入而瓛自非詔見未嘗到宮門上欲用瓛爲中書郎使吏部尙書何戢喻旨戢謂瓛曰上意欲以鳳池相處恨君資輕可且就前除少日當轉國子博士便卽所授瓛笑曰平生無榮進意今聞得中書郎而拜記室豈本心哉後以母老闕養拜彭城郡丞司徒褚彥回宣旨喻之答曰自省無廊廟才所願唯保彭城丞耳上又以瓛兼總明觀祭酒除豫章王驃騎記室參軍丞如故瓛終不就武陵王曄爲會稽太守上欲令瓛爲曄講除會稽郡丞學徒從之者轉衆永明初竟陵王子良請爲征北司徒記室瓛與張融王思遠書曰奉教使恭召會當停公事但念生平素抱有乖恩顧吾性拙人間不習仕進昔嘗爲行佐便以不能及公事免黜此眷者所共知也量己審分不敢期榮夙嬰貧困加以疎懶衣裳容髮有足

駭者中以親老供養褰裳徒步脫爾逮今二代一紀先朝使其更自修正勉勵於階級之次見其繿縷或復賜以衣裳袁褚諸公咸加勸勵終於不能自反也一不復爲安可重爲哉昔人有以冠一免不重加於首每謂此得進止之儀又上下年尊益不願居官次廢晨昏也先朝爲此曲申從許故得連年不拜既習此歲久又齒長疾侵豈宜攝齋河間之聽廁迹東平之僚本無絕俗之操亦非能偃蹇爲高此又聽覽所當深察者也近初奉教便自希得託迹客游之末而固辭榮級其故何邪以古之王侯大人或以此延四方之士有追申白而入楚羨鄒枚而游梁吾非敢叨夫曩賢庶欲從九九之遺迹既於聞道集泮不殊而幸無職司拘礙可得奉溫凊展私計志在此耳除步兵校尉不拜瓛姿狀纖小儒業冠於當時都下士子貴游莫不下席受業當世推其大儒以比古之曹鄭性謙率不以高名自居之詣於人唯一門生持胡牀隨後主人未通便坐門待答住在檀橋瓦屋數間上皆穿漏學徒敬慕不敢指斥呼爲清溪焉竟陵王子良親往修謁七年表武帝爲瓛立館以楊烈橋故主第給之生徒皆賀瓛曰室

矣豈爲人哉此華宇豈吾宅邪幸可詔作講堂猶恐見害也未及徙居遇疾子良遺從瓛學者彭城劉繪順陽范縝將厨於瓛宅營齋及卒門人受學者並弔服臨送瓛有至性祖母病疽經年手持膏藥漬指爲爛母孔氏甚嚴明謂親戚曰阿稱便是今世曾子稱瓛小名也年四十餘未有婚對建元中高帝與司徒褚彥回爲瓛娶王氏女王氏穿壁挂履上落孔氏牀上孔氏不悅瓛即出其妻及居母憂住墓下不出廬足爲之屈杖不能起此山常有鵂鶹鳥瓛在山三年不敢來服釋還家此鳥乃至梁武帝少時嘗經伏膺及天監元年下詔爲瓛立碑謚曰貞簡先生所著文集行於世初瓛講月令畢謂學生嚴植之曰江左以來陰陽律數之學廢矣吾今講此曾不得其彷彿學者美其退讓時濟陽蔡仲熊禮學博聞謂人曰五音本在中土故氣韻調平今既東南土氣偏詖故不能感動木石瓛亦以爲然仲熊執經議論往往與時宰不合亦終不改操求同故坎壈不進歷年方至尚書左丞當時恨其不遇又東陽婁幼瑜字季玉著禮捂拾三十卷

瓛弟璡字子瓛方軌正直儒雅不及瓛而文采過之宋泰豫中爲明帝挽郎齊
建元初爲武陵王曄冠軍征虜參軍曄與僚佐飲自割鵝炙璡曰應刃落俎是
膳夫之事殿下親執鸞刀下官未敢安席因起請退與友人會稽孔逷同舟入
東於塘上遇一女子逷目送曰美而豔璡曰斯豈君子所宜言乎非吾友也於
是解裳自隔或曰與友孔徹同舟入東徹留目觀岸上女子璡舉席自隔不復
同坐兄瓛夜隔壁呼璡璡不答方下牀著衣立然後應瓛怪其久璡曰向束帶
未竟其立操如此文惠太子召璡入侍東宮每上事輒削草尋署射聲校尉卒
於官時濟陽江重欣亦清介雖處闇室如對嚴賓而不及璡也重欣位至射聲
校尉
顯字嗣芳瓛族子也父鞚字仲翔博識強正名行自居幼爲外祖臧質所鞠養
質既富盛恆有音樂質亡後母沒十許年鞚每聞絲竹之聲未嘗不歔欷流涕
梁天監初終於晉安内史顯幼而聰敏六歲能誦呂相絕秦賈誼過秦琅邪王
思遠吳國張融見而稱之號曰神童族伯瓛儒學有重名卒無嗣齊武帝詔顯

爲後時年八歲本名頵齊武帝以字難識改名顯天監初舉秀才解褐中軍臨
川王行參軍俄署法曹顯博涉多通任昉嘗得一篇缺簡文字零落示諸人莫
能識者顯見云是古文尚書所刪逸篇昉檢周書果如其說昉因大相賞異丁
母憂服闋尚書令沈約時領太子少傅引爲少傅五官約爲丹陽尹命駕造焉
於坐策顯經史十事顯對其九約曰老夫昏忘不可受策雖然聊試數事不可
至十顯問其五約對其二陸倕聞之擊席喜曰劉郎子可謂差人雖吾家平原
詣張壯武王粲謁伯喈必無此對其爲名流推賞如此五兵尚書傅昭掌著作
撰國史顯自兼廷尉正被引爲佐及革選尚書五都顯以法曹兼吏部郎後爲
尚書儀曹郎嘗爲上朝詩沈約見而美之命工書人題之於郊居宅壁後兼中
書通事舍人再遷驃騎鄱陽王記室兼中書舍人後爲中書郎舍人如故顯與
河東裴子野南陽劉之遴吳郡顧協連職禁中遞相師友人莫不慕之顯博聞
強記過於裴顧時波斯獻生師子帝問曰師子有何色顯曰黃師子超不及白
師子超魏人送古器有隱起字無識者顯案文讀之無滯考校年月一字不差

武帝甚嘉焉還尚書左丞除國子博士時有沙門訟田帝大署曰貞有司未辯
徧問莫知顯曰貞字文爲與上人帝因忌其能出之後爲雲麾邵陵王長史尋
陽太守魏使李諧至聞之恨不相識歎曰梁德衰矣善人國之紀也而出之無
乃不可乎王遷鎭郢州除平西府諮議參軍久在府不得志大同九年終于夏
口時年六十三凡佐兩府並事驕王人爲之憂而反見禮重友人劉之遴啓皇
太子爲之銘誌葬於秣陵縣劉眞長舊塋子荐悉臻臻早有名載北史
顯從弟轂字仲寶形貌短小儒雅博洽善辭翰隨湘東王在蕃十餘年寵寄甚
深當時文檄皆其所爲位吏部尚書國子祭酒魏剋江陵入長安
明僧紹字休烈平原鬲人一字承烈其先吳太伯之裔百里奚子孟明以名爲
姓其後也祖玩州中從事父略給事中僧紹明經有儒術宋元嘉中再舉秀才
永光中鎭北府辟功曹並不就隱長廣郡嶗山聚徒立學魏剋淮南乃度江昇
明中齊高帝爲太傅教辟僧紹及顧歡臧榮緒以旌幣之禮徵爲記室參軍不
至僧紹弟慶符爲青州僧紹乏糧食隨慶符之鬱洲住弇榆山栖雲精舍欣玩

水石竟不一入州城泰始季年岷益有山崩淮水竭齊郡僧紹竊謂其弟曰夫
天地之氣不失其序若夫陽伏而不泄陰迫而不蒸於是乎有山崩川竭之變
故伊洛竭而夏亡河竭而殷亡三川竭岐山崩而周亡五山崩而漢亡夫有國
必依山川而爲固山川作變不亡何待今宋德如四代之季爾誌吾言而勿泄
也竟如其言齊建元元年冬徵爲正員郎稱疾不就其後帝與崔思祖書令僧
紹與慶符俱歸僧紹又曰不食周粟而食周薇古猶發議在今寧得息談邪聊
以爲笑慶符罷任僧紹隨歸住江乘攝山僧紹聞沙門釋僧遠夙德往候定林
寺高帝欲出寺見之僧遠問僧紹曰天子若來居士若爲相對僧紹曰山藪之
人政當鑿坯以遁若辭不獲命便當依戴公故事既而遁還攝山建栖霞寺而
居之高帝甚以爲恨昔戴顒高臥牖下以山人之服加其身僧紹故云高帝後
謂慶符曰卿兄高尚其事亦堯之外臣朕夢想幽人固已勤矣所謂逕路絕風
雲通仍賜竹根如意筍籜冠隱者以爲榮焉勅海封延伯者高行士也聞之歎
曰明居士身彌後而名彌先亦宋齊之儒仲也永明中徵國子博士不就卒僧

紹長兄僧胤能言玄仕宋爲江夏王義恭參軍王別爲立榻比之徐孺子位冀州刺史子慧照元徽中爲齊高帝平南主簿從拒桂陽累至驃騎中兵參軍與伯玉對領直建元元年爲巴州刺史綏懷蠻蜒上許爲益州刺史未還卒僧胤次弟僧暠亦好學宋大明中再使魏于時新誅司空劉誕孝武謂曰若問廣陵之事何以答之對曰周之管蔡漢之淮南帝大悅及至魏魏問曰卿銜此命當緣上國無相踰者邪答曰聰明特達舉袂成帷比屋之甿又無下僕晏子所謂看國善惡故再辱此庭位至青州刺史僧紹子元琳仲璋山賓並傳家業山賓最知名

山賓字孝若七歲能言玄理十三博通經傳居喪盡禮起家奉朝請兄仲璋痼疾家道屢空山賓乃行干祿後爲廣陽令頃之去官會詔使公卿舉士左衞將軍江祏上書薦山賓才堪理劇齊明帝不重學謂祏曰聞山賓談書不輟何堪官邪遂不用梁臺建累遷右軍記室參軍掌吉禮時初置五經博士山賓首應其選歷中書侍郎國子博士太子率更令中庶子天監十五年出爲持節都督

緣淮諸軍事北兗州刺史普通二年徵爲太子右衞率加給事中遷御史中丞以公事左遷黃門侍郎四年爲散騎常侍東宮新置學士又以山賓居之俄以本官兼國子祭酒初山賓在州所部平陸縣不稔啓出倉米以賑百姓後刺史檢州曹失簿以山賓爲耗損有司追責籍其宅入官山賓不自理更市地造宅昭明太子聞築室不就有令曰明祭酒雖出撫大蕃擁旌推轂珥金拖紫而恆事屢空聞構宇未成令送薄助幷詒詩曰平仲古稱奇夷齊昔擅美令則挺伊賢東秦固多士築室非道傍置宅歸仁里庚桑方有係原生今易擬必來三徑人將招五經士山賓性篤實家中嘗乏困貨所乘牛既售受錢乃謂買主曰此牛經患漏蹄療差已久恐後脫發無容不相語買主遽追取錢處士阮孝緒聞之歎曰此言足使還淳反朴激薄停澆矣五年又假節攝北兗州事後卒官贈侍中諡曰質子山賓累居學官甚有訓導之益然性頗疎通接於諸生多狎比人皆愛之所著吉禮儀注二百二十四卷禮儀二十卷孝經喪服義十五卷子震字興道亦傳父業位太子舍人尚書祠部郎餘姚令山賓弟少遐字處默亦

知名位都官尚書僴文謂人曰我不喜明得尚書更喜朝廷得人後拜青州刺
史太清之亂奔魏仕北齊卒于太子中庶子子罕司空記室明氏南度雖晚並
有名位自宋至梁爲刺史者六人
庾易字幼簡新野人也徙居江陵祖玫巴郡太守父道驥安西參軍易志性恬
靜不交外物齊臨川王映臨州表薦之餉麥百斛易謂使人曰走樵採麋鹿之
伍終其解之毛衣馳騁日月之車得保自耕之祿於大王之恩亦已深矣辭不
受以文義自樂安西長史袁彖欽其風贈以鹿角書格蚌盤蚌研白象牙筆并
贈詩曰白日清明青雲遼亮昔聞巢許今覩臺尚易以連理几竹翹書格報之
建武三年詔徵爲司空主簿不就卒子黔婁嗣
黔婁字子貞一字貞正少好學多所講誦性至孝不曾失色於人南陽高士劉
虬宗測並歎異之仕齊爲編令政有異績先是縣境多猛獸暴黔婁至猛獸皆
度往臨沮界時以爲仁化所感徙孱陵令到縣未旬易在家遘疾黔婁忽心驚
舉身流汗即日棄官歸家家人悉驚其忽至時易疾始二日醫云欲知差劇但

嘗糞甜苦易泄利黔婁輒取嘗之味轉甜滑心愈憂苦至夕每稽顙北辰求以
身代俄聞空中有聲曰徵君壽命盡不復可延汝誠禱既至政得至月末晦而
易亡黔婁居喪過禮廬于冢側梁臺建黔婁自西臺尚書儀曹郎爲益州刺史
鄧元起表爲府長史巴西梓潼二郡太守及成都平城中珍寶山積元起悉分
與僚佐唯黔婁一無所取元起惡其異衆厲聲曰長史何獨爲高黔婁示不違
之請書數篋尋除蜀郡太守在職清素百姓便之元起死于蜀郡部曲皆散黔
婁身營殯斂攜持喪柩歸鄉里東宮建以中軍記室參軍侍皇太子讀甚見知
重詔與太子中庶子殷鈞中書舍人到洽國子博士明山賓遞日爲太子講五
經義遷散騎侍郎卒弟於陵
於陵字子介七歲能言玄理及長清警博學有才思齊隨王子隆爲荊州召爲
主簿使與謝朓宗夬抄撰羣書子隆代還又以爲送故主簿子隆爲明帝所害
僚吏畏避莫至唯於陵與夬獨留經理喪事永元末除東陽遂安令爲人吏所
稱梁天監初爲建康獄平遷尚書功論郎待詔文德殿後兼中書通事舍人拜

太子洗馬舊東宮官屬通爲清選洗馬掌文翰尤其清者近代用人皆取甲族有才望者時於陵與周捨並擢充此職武帝曰官以人清豈限甲族時論以爲美累遷中書黃門侍郎舍人如故後終於鴻臚卿弟肩吾

肩吾字愼之八歲能賦詩爲兄於陵所友愛初爲晉安王國常侍王每徙鎭肩吾常隨府在雍州被命與劉孝威江伯搖孔敬通申子悅徐防徐摛王囿孔鑠鮑至等十人抄撰衆籍豐其果饌號高齋學士王爲皇太子兼東宮通事舍人後爲安西湘東王中錄事諮議參軍太子率更令中庶子簡文開文德省置學士肩吾子信徐摛子陵吳郡張長公北地傅弘東海鮑至等充其選齊永明中王融謝朓沈約文章始用四聲以爲新變至是轉拘聲韻彌爲麗靡復踰往時簡文與湘東王書論之曰比見京師文體懦鈍殊常競學浮疎爭事闡緩既殊比與正背風騷若夫六典三禮所施則有地吉凶嘉賓用之則有所未聞吟詠情性反擬內則之篇操筆寫志更模酒誥之作遲遲春日翻學歸藏湛湛江水遂同大傳吾既拙於爲文不敢輕有掎摭但以當世之作歷萬古之才人遠則

楊馬曹王近則潘陸顏謝觀其遣辭用心了不相似若以今文爲是則昔賢爲非若以昔賢可稱則今體宜棄俱爲盍各則未之敢許又時有効謝康樂裴鴻臚文者亦頗有惑焉何者謝客吐言天拔出於自然時有不拘是其糟粕裴氏乃是良史之才了無篇什之美是爲學謝則不屆其精華但得其冗長師裴則蔑絕其所長唯得其所短謝故巧不可階裴亦質不宜慕故胸馳臆斷之侶好名忘實之類決羽謝生豈三千之可及伏膺裴氏懼兩唐之不傳故玉徽金銑反爲拙目所嗤巴人下俚更合郢中之聽陽春高而不和妙聲絕而不尋竟不精討錙銖覆量文質有異巧心終愧妍耳是以握瑜懷玉之士瞻鄭邦而知退章甫翠履之人望閩鄉而歎息詩既若此筆又如之徒以煙墨不言受其驅染紙札無情任其搖襞甚矣哉文章橫流一至於此至如近世謝朓沈約之詩任昉陸倕之筆斯文章之冠冕述作之楷模張士簡之賦周升逸之辯亦成佳手難可復遇文章未墜必有英絕領袖之者非弟而誰每欲論之無可與語思言子建一共商搉辯茲清濁使如涇渭論茲月旦類彼汝南朱白既定雌黃有別

使夫懷鼠知慚濫竽自恥相思不見我勞如何及簡文卽位以肩吾爲度支尚書時上流蕃鎭並據州拒侯景景矯詔遣肩吾使江州喻當陽公大心大心乃降賊肩吾因逃入東後賊宋子仙破會稽購得肩吾欲殺之先謂曰吾聞汝能作詩今可卽作若能將貸汝命肩吾操筆便成辭采甚美子仙乃釋以爲建昌令仍間道奔江陵歷江州刺史領義陽太守封武康縣侯卒贈散騎常侍中書令子信

劉虬字靈預一字德明南陽涅陽人晉豫州刺史喬七世孫也徙居江陵虬少而抗節好學須得祿便隱宋泰始中仕至晉平王驃騎記室當陽令罷官歸家靜處常服鹿皮袷斷穀餌朮及胡麻齊建元初豫章王嶷爲荊州教辟虬爲別駕與同郡宗測新野庾易並遣書禮請之虬等各修牋答而不應命永明三年刺史廬陵王子卿表虬及同郡宗測宗尚之庾易劉昭五人請加蒲車束帛之命詔徵爲通直郎不就竟陵王致書通意虬答曰虬四節臥疾病三時營灌植暢餘陰於山澤託暮情於魚鳥寧非唐虞重恩周邵宏施虬精信釋氏衣麤布

禮佛長齋注法華經自講佛義以江陵西沙洲去人遠乃徙居之建武二年詔徵國子博士不就其冬虬病正晝有白雲徘徊簷戶之內又有香氣及磬聲其日卒年五十八虬子之遴

之遴字思貞八歲能屬文虬曰此兒必以文興吾宗常謂諸子曰若比之顏氏之遴得吾之文由是州里稱之時有沙門僧惠有異識每詣虬必呼之遴小字曰僧伽福德兒握手而進之年十五舉茂才明經對策沈約任昉見而異之吏部尚書王瞻嘗候任昉遇之遴在坐昉謂瞻曰此南陽劉之遴學優未仕水鏡所宜甄擢即調爲太學博士昉曰爲之美談不如面試時張稷新除尚書僕射託昉爲讓表昉令之遴代作操筆立成昉曰荊南秀氣果有異才後位必當過僕御史中丞樂藹即之遴之舅憲臺奏彈皆令之遴草焉後爲荊州中從事梁簡文臨荊州仍遷宣惠記室之遴篤學明審博覽羣籍時劉顯韋稜並稱強記之遴每與討論或不過也累遷中書侍郎後除南郡太守武帝謂曰卿母年德並高故令卿衣錦還鄉盡榮養之理轉西中郎湘東王繹長史太守如故初之

遴在荊府常寄居南郡忽夢前太守袁彖謂曰卿後當爲折臂太守卽居此中之遴後牛奔墮車折臂右手偏直不復得屈伸書則以手就筆歎曰豈黥而王乎周捨嘗戲之曰雖復並坐可橫政恐陋巷無枕後連相兩王再爲此郡歷祕書監出爲郢州行事之遴意不願出固辭曰去歲命絕離巽不敢東下今年所忌又在西方武帝手敕曰朕聞妻子具孝衰於親爵祿具忠衰於君卿既內足理忘奉公之節遂爲有司奏免後爲都官尚書太常卿之遴好古愛奇在荊州聚古器數十百種有一器似甌可容一斛上有金錯字時人無能知者又獻古器四種於東宮其第一種鏤銅鴟夷榼二枚兩耳有銀鏤銘云建平二年造其第二種金銀錯鏤古罇二枚有篆銘云秦容成侯適楚之歲造其第三種外國澡灌一口有銘云元封二年龜茲國獻其第四種古製澡盤一枚銘云初平二年造時鄱陽嗣王範得班固所撰漢書真本獻東宮皇太子令之遴與張纘到漑陸襄等參校異同之遴錄其異狀數十事其大略云案古本漢書稱永平十六年五月二十一日己酉郎班固上而今本無上書年月日子又案古本敍傳

號爲中篇今本稱爲敘傳又今本敘傳載班彪事行而古本云彪自有傳又今
本紀及表志列傳不相合爲次而古本相合爲次總成三十八卷又今本外戚
在西域後古本外戚次帝紀下又今本高五子文三王景十三王孝武六子宣
元六王雜在諸傳表中古本諸王悉次外戚下在陳項傳上又今本韓彭英盧
吳述云信惟餓隸布實黥徒越亦狗盜芮尹江湖雲起龍驤化爲侯王古本述
云淮陰毅毅伏劍周章邦之傑子實惟彭英化爲侯王雲起龍驤又古本第三
十七卷解音釋義以助雅詁而今本無此卷也之遴好屬文多學古體與河東
裴子野沛國劉顯恆共討論古籍因爲交好時周易尚書禮記毛詩並有武帝
義疏唯左氏傳尚闕之遴乃著春秋大意十科左氏十科三傳同異十科合三
十事上之帝大悅詔答曰省所撰春秋義比事論書辭微旨遠編年之教言闡
義繁丘明傳洙泗之風公羊宗西河之學鐸椒之解不追瑕丘之說無取繼踵
胡母仲舒云盛因循穀梁千秋最篤張蒼之傳左氏賈誼之襲荀卿源本分鑣
指歸殊致詳略紛然其來舊矣昔在弱年久經研味一從遺置迄將五紀兼晚

秋晷促機事罕暇夜分求衣未遑披括須待夏景試欲推尋若温故可求別酬
所問也始武帝於齊代爲荆府諮議時之遴父虯隱在百里洲早相知聞帝偶
匱乏遣就虯換穀百斛之遴時在父側曰蕭諮議躓士云何能得舂願與其米
虯從之及帝即位常懷之侯景初以蕭正德爲帝之遴時落景所將使授璽紱
之遴預知仍剃髮披法服乃免先是平昌伏挺出家之遴爲詩嘲之曰傳聞伏
不䦧化爲支道林及之遴遇亂遂披染服時人笑之尋避難還鄉湘東王繹嘗
嫉其才學聞其西上至夏口乃密送藥殺之不欲使人知乃自製誌銘厚其賻
贈前後文集五十卷子三達字三善數歲能清言及屬文州將湘東王繹聞之
盛集賓客召而試之說義屬詩皆有理致年十二聽江陵令賀革講禮還仍覆
述不遺一句年十八卒之遴深懷悼恨乃題墓曰梁妙士以旌之之遴弟之亨
之亨字嘉會年四歲出後叔父蒿及長好學美風姿善占對武帝之臨荆州唯
與虯談虯見之遴之亨帝曰之遴必以文章顯之亨當以功名著後州舉秀才
除太學博士仍代兄之遴爲中書通事舍人累遷步兵校尉湘東王繹諮議參

軍敕賜金策幷賜詩焉大通六年出師南鄭詔湘東王節度諸軍之亨以司農
卿爲行臺承制途出本州北界總督衆軍杖節而西樓船戈甲甚盛老小緣岸
觀曰是前舉秀才者鄉部偉之是行也大致剋復軍士有功皆錄唯之亨爲蘭
欽所訟執政因而陷之故封賞不行但復本位而已久之帝讀陳湯傳恨其立
功絕域而爲文吏所抵宦者張僧胤曰外聞論者竊謂劉之亨似之帝感悟乃
封爲臨江子固辭不拜之亨美績嘉聲在朱异之右既不協懼爲所害故美出
之以代之遴爲安西湘東王繹長史南郡太守上問朱异曰之亨代兄喜不兄
弟因循豈直大馮小馮而已又謂尚書令何敬容曰荊州長史南郡太守皆是
僕射出入今者之亨便是九轉在郡有異績吏人稱之卒荊土懷之不復稱名
號爲大南郡小南郡子廣德亦好學負才任氣承聖中位湘東太守魏平荊州
依于王琳琳平陳太建中歷河東太守卒官之亨弟之遲位荊州中從事史子
仲威少有志氣頗涉文史梁承聖中爲中書侍郎蕭莊稱尊號以爲御史中丞
隨莊終鄴中

坦字德度虬從弟也仕齊歷廨陵令南中郎錄事參軍所居以幹濟稱梁武帝起兵時輔國將軍楊公則爲湘州刺史帥師赴夏口西朝議行州事者坦求行乃除輔國長史長沙太守行湘州刺史坦嘗在湘州多舊恩道迎者甚衆齊東昏遣安成太守劉希祖破西臺所選太守范僧簡於平都希祖移檄湘部於是始興內史王僧粲應之湘部諸郡悉皆蜂起州人咸欲汎舟逃走坦悉聚船焚之前湘州鎮軍鍾玄紹潛應僧粲坦聞其謀僞爲不知因理訟至夜城門遂不閉以疑之玄紹未及發明旦詣坦問其故久留與語密遣親兵收其家玄紹在坐未起而收兵已報具得其文書本末玄紹即首伏於坐斬之焚其文書餘黨悉無所問梁天監初論功封荔浦子三年遷西中郎長史蜀郡太守行益州事未至蜀道卒

論曰劉瓛弟兄僧紹父子並業盛專門飾以儒行持身之節異夫苟得患失者焉庾易劉虬取高一代其所以行己事兼隱德諸子學業之美各著家聲顯及之遴見嫉時主或以非罪而斥或以非疾而亡異夫自古哲王居己下賢之道

有以知武皇之不弘元后之多忌梁祚之不永也不亦宜哉

南史卷五十

南史卷五十考證

劉瓛弟璡傳與友孔徹同舟入東○與監本訛與今改正

劉顯傳陸倕聞之擊席喜曰劉郎子可謂差人○梁書聞之下無擊席二字郎字下無子字又喜作歎今各本俱同從之

明僧紹傳隱長廣郡嶗山○嶗一本作勞顧炎武日知錄本草天麻生太山嶗山諸山則字本作嶗若魏書地形志唐書姜撫傳宋史甄棲真傳作勞並傳寫之訛乃齊乘以爲登之者勞又云一作牢邱長春又改爲鰲皆鄙淺可笑今從監本

勃海封延伯者高行士也○延監本誤追今從閣本

明山賓傳平仲古稱奇夷齊昔擅美○齊梁書作吾誤

庾易傳易謂使人曰走樵採麋鹿之伍終其解之毛衣○終其解之毛衣一本作終歲鮮毛之衣

庾於陵傳遷尚書功論郎○功論梁書作工部

庾肩吾傳朱白既定雌黄有别○白梁書作丹

劉之遴傳必呼之遴小字曰僧伽福德兒○監本脫伽字今增正

劉之亨傳故美出之以代之遴爲安西湘東王繹長史○上文云之亨美績嘉聲在朱异之右既不協懼爲所害則美字尙係异字之譌也今各本俱同姑仍之

南史卷五十考證

南史卷五十一

唐　李延壽撰

列傳第四十一

梁宗室上

吳平侯景 子勵 勸 勱 勃 弟昌 昂 昱 猷弟朗 明 長沙宣武王懿 子業 孫孝儼 業弟 藻 猷 猷子韶 駿

永陽昭王敷 衡陽宣王暢 桂陽簡王融 子象 象子慥

臨川靜惠王宏 子正仁 正義 正義弟正德 正德子見理 正德弟正則 正則弟正立 正立子賁 正立弟正表 正表弟正信

吳平侯景字子照梁武帝從父弟也祖道賜以禮讓稱居鄉有爭訟專賴平之又周其疾急鄉里號曰墟王皆竊言曰其後必大仕宋終于書侍御史齊末追贈左光祿大夫三子長曰尚之次曰文帝次曰崇之尚之敦厚有器業爲司徒建安王中兵參軍一府稱爲長者遷步兵校尉卒官梁天監初追謚曰文宣侯

子靈鈞仕齊爲廣德令武帝起兵行會稽郡事頃之卒追封東昌縣侯子謇嗣
崇之仕齊官至東陽太守以幹能顯政尚嚴厲永明中錢唐唐瑀之反別衆破
東陽崇之遇害天監初追謚忠簡侯景崇之子也八歲隨父在郡居喪以毀聞
及長好學才辯有識斷仕齊爲永寧令政爲百城最永嘉太守范述曾居郡號
稱廉平雅服景爲政乃牓郡門曰諸縣有疑滯者可就永寧令決以疾去官永
嘉人胡仲宣等千人詣闕表請景爲郡不許永元二年以長沙宣武王懿勳除
步兵校尉是冬懿遇害景亦逃難武帝起兵以景行南兗州事時天下未定江
北傖楚各據塢壁景示以威信渠帥相率面縛請罪旬日境內皆平武帝踐阼
封吳平縣侯南兗州刺史加都督詔景母毛氏爲國太夫人禮如王國太妃假
金章紫綬景居州清恪有威裁明解吏職文案無擁下不敢欺吏人畏敬如神
會年荒計口振恤又爲饘粥於路以賦之死者給棺具人甚賴焉天監七年爲
左驍騎將軍兼領軍將軍領軍管天下兵要宋孝建以來制局用事與領軍分
權典事以上皆得呈奏領軍垂拱而已及景在職峻切官曹肅然制局監皆近

倖頗不堪命以是不得久留中尋出爲寧蠻校尉雍州刺史加都督八年魏荆
州刺史元志攻潺溝驅迫羣蠻羣蠻悉度漢水來降議者以爲蠻累爲邊患可
因此除之景曰窮來歸我誅之不祥且魏人來侵每爲矛楯若悉誅蠻則魏軍
無礙非長策也乃開樊城受降因命司馬朱思遠寧蠻長史曹義宗中兵參軍
孟惠儁擊志於潺溝大破之景初到州省除參迎羽儀器服不得煩擾吏人修
葺城壘申警邊備理辭訟勸農桑郡縣皆改節自勵州內清靜抄盜絕迹十三
年復爲領軍將軍直殿省知十州損益事月加祿五萬景爲人雅有風力長於
辭令其在朝廷爲衆所瞻仰於武帝雖屬爲從弟而禮寄甚隆軍國大事皆與
議決十五年加侍中及太尉揚州刺史臨川王宏坐法免詔景以爲安右將軍
監揚州置佐史卽宅爲府景越親居揚州固讓至於涕泣帝弗許在州尤稱明
斷符教嚴整有田舍老姥訴得符還至縣縣吏未卽發姥語曰蕭監州符如火
汝手何敢留之其爲人所畏敬如此遷都督郢州刺史將發帝幸建興苑餞別
爲之流涕在州復有能名齊安竟陵郡接魏界多盜賊景移書告示魏卽禁塢

戍保境不復侵略卒于州贈開府儀同三司謚曰忠子勵
勵字文約弱不好弄喜慍不形於色仕太子洗馬母憂去職殆不勝喪每一思
至必徒步之墓或遇風雨仆臥中路坐地號慟起而復前家人不能禁景特所
鍾愛曰吾百年後其無此子乎使左右節哭服闋除太子中舍人景薨于郢鎮
或以路遠祕其凶問以疾漸爲辭勵乃奔波屆于江夏不進水漿者七日廬于
墓所親友隔絶會叔父曇下詔獄勵乃率昆弟羣從同詣大理雖門生故吏莫
能識之後襲封吳平侯對揚王人悲慟嗚咽傍人亦爲隕涕除淮南太守以善
政稱遷宣城內史郡多猛獸常爲人患及勵在任獸暴爲息又遷豫章內史道
不拾遺男女異路徙廣州刺史去郡之日吏人悲泣數百里中舟乘塡塞各齎
糧食以送勵勵人爲納受隨以錢帛與之至新淦縣岴山村有一老姥以槃擎
鱠魚自送舟側奉上之童兒數十人入水扳舟或歌或泣廣州邊海舊饒外國
舶至多爲刺史所侵每年舶至不過三數及勵至纖毫不犯歲十餘至俚人不
賓多爲海暴勵征討所獲生口寶物軍資之外悉送還臺前後刺史皆營私蓄

方物之貢少登天府自勵在州歲中數獻軍國所須相繼不絕武帝歎曰朝廷便是更有廣州有詔以本號還朝而江西俚帥陳文徹出寇高要又詔勵重申蕃任未幾文徹降附勵以南江危險宜立重鎮乃表臺於高涼郡立州敕仍以爲高州以西江督護孫固爲刺史徵爲太子左衞率勵性率儉而器度寬裕左右嘗將羹至胸前翻之顏色不異徐呼更衣聚書至三萬卷披翫不倦尤好東觀漢記略皆誦憶劉顯執卷策勵酬應如流乃至卷次行數亦不差失少交結唯與河東裴子野范陽張纘善卒於道贈侍中諡曰光侯勵弟勸勸字文肅少以清靜自立封西鄉侯位南康內史太舟卿大寶元年與南康王會理謀誅侯景事發遇害勸弟勔勔字文祗封東鄉侯位太子洗馬及勸同見害勔弟勃位定州刺史封曲江鄉侯大寶初廣州刺史元景仲將謀應侯景西江督護陳霸先攻景仲迎勃爲刺史時湘東王繹在荆州雖承制授職力不能制遂從之勃乃鎮嶺南爲廣州刺史後江表定以王琳代爲廣州以勃爲晉州刺史魏剋江陵勃復據廣州敬帝承制加司徒紹泰中爲太尉尋進爲太保及陳武禪代之

際舉兵不從尋敗遇害

昌字子建景弟也位衡州刺史性好酒在州每醉徑出人家或獨詣草野刑戮頗無期度醉時所殺醒或求焉亦無悔也累遷兼宗正卿屢爲有司所劾久留都忽忽不樂遂縱酒虛悸在石頭東齋引刀自刺而卒弟昂

昂字子明位輕車將軍監南兗州初元景再爲兗州德惠在人及昂來代時人方之馮氏徵爲琅邪彭城二郡太守時有女子年二十許散髮黃衣在武窟山石室中無所修行唯不甚食或出人間時飲少酒鵝卵一兩枚人呼爲聖姑就求子往往有効造者充滿山谷昂呼問無所對以爲祅惑鞭之二十創卽差失所在中大通元年爲領軍將軍久之封湘陰侯出爲江州刺史卒諡曰恭侯

昂弟昱字子真少而狂狷不拘禮度異服危冠交遊冗雜尤善屠牛業以爲常於宅內酤酒好騎射歷位中書侍郎每求試邊州武帝以其輕脫無威望抑而不許遷給事黃門侍郎上表請自解帝手詔責之坐免官因此杜門絕朝覲普通五年坐於宅內鑄錢爲有司所奏下廷尉得免官徙臨海郡行至上虞有敕

追還令受菩薩戒既至恂恂盡禮改意蹈道持戒又精潔帝甚嘉之爲晉陵太守下車勵名迹除煩苛明法憲嚴於奸吏旬日之間郡中大安俄而暴卒百姓行號巷哭市里爲之諠沸設祭奠於郡庭者四百餘人田舍有婦女夏氏年百餘歲扶曾孫出郡悲泣不自勝其惠化所感如此百姓相率爲立廟建碑以紀其德又詣都表求贈謚詔贈湘州刺史謚曰恭子

文帝十男張皇后生長沙宣武王懿永陽昭王敷武帝衡陽宣王暢李太妃生桂陽簡王融融爲東昏所害敷暢齊建武中卒武帝踐阼並追封郡王陳太妃生臨川靜惠王宏南平元襄王偉吳太妃生安成康王秀始興忠武王憺費太后生鄱陽忠烈王恢

長沙宣武王懿字元達文帝長子也少有令譽解褐齊安南邵陵王行參軍襲爵臨湘縣侯歷位晉陵太守以善政稱永明末爲梁南秦二州刺史加督是歲魏軍入漢中遂圍南鄭懿隨機拒擊乃解圍遁去又遣氐帥楊元秀攻取魏歷城等六戍魏人震懼邊境遂寧永元二年裴叔業據豫州反懿以豫州刺史領

歷陽南譙二郡太守討之叔業懼遂降魏武帝時在雍州遣典籤趙景悅說懿
與晉陽之甲誅君側之罪懿不答既而平西將軍崔慧景入寇奉江夏王寶玄
圍臺城齊室大亂馳信召懿懿時方食投箸而起率銳卒三千人入援武帝馳
遣虞安福下都說懿曰誅賊之後則有不賞之功當明君賢主尙或難立況於
亂朝何以自免若賊滅之後仍勒兵入宮行伊霍故事此萬世一時若不欲爾
便放表還歷陽託以外拒爲事則威振內外誰敢不從一朝放兵受其厚爵高
而無人必生後悔長史徐曜甫亦苦勸並不從慧景遣其子覺來拒懿擊大破
之乘勝而進慧景衆潰追斬之授中書令都督征討水陸諸軍事時東昏肆虐
茹法珍王咺之等執政宿臣舊將並見誅夷懿既勳高獨居朝右深爲法珍等
所憚乃說東昏將加酷害徐曜甫知之密具舟江渚勸令西奔懿不從曰古皆
有死豈有叛走中書令邪尋見留省賜藥與弟融俱殞謂使者曰家弟在雍深
爲朝廷憂之中興元年贈司徒宣德太后臨朝改贈太傅天監元年追崇丞相
封長沙郡王謚曰宣武給九旒鸞輅黃屋左纛葬禮依晉安平王故事懿名望

功業素重武帝本所崇敬帝以天監元年四月丙寅卽位是日卽見褒崇戊辰乃崇贈第二兄敷第四弟暢第五弟融至五月有司方奏追皇考皇妣尊號還神主于太廟帝不親奉命臨川王宏侍從七月帝臨軒遣兼太尉散騎常侍王份奉策上太祖文皇帝獻皇后及德皇后尊號既先卑後尊又臨軒命策識者頗致譏議焉

懿子業字靜曠幼而明敏仕齊爲太子舍人宣武之難與二弟藻象俱逃匿於王嚴秀家東昏知之收嚴秀付建康獄考掠備極乃以鉗拔手爪至死不言竟以免禍天監二年襲封長沙王歷位祕書監侍中都督南兗州刺史運私邸米餓人作饘以砌城武帝善之徙湘州尤著善政零陵舊有二猛獸爲暴無故相枕而死郡人唐睿見猛獸傍一人曰刺史德感神明所以兩猛獸自斃言訖不見衆並異之業性敦篤所在留意普通四年爲侍中金紫光祿大夫薨謚曰元王文集行於世子孝儼嗣

孝儼字希莊射策甲科除祕書郎太子舍人從幸華林園於坐獻相風烏華光

殿景陽山等頌其文甚美帝深賞異之薨謚曰章子昚嗣業弟藻
藻字靖藝仕齊位著作佐郎天監元年封西昌縣侯爲益州刺史時鄧元起在
蜀自以有剋劉季連功恃宿將輕少藻藻怒乃殺之旣天下草創邊徼未安州
人焦僧護聚衆數萬據郫繁作亂藻年未弱冠集僚佐議欲自擊之或陳不可
藻大怒斬之階側乃乘平肩輿巡行賊壘賊聚弓亂射矢下如雨從者舉楯禦
箭又命除之由此人心大安賊乃夜遁藻命騎追擊平之元年徵爲太子中庶
子初鄧元起之在蜀也崇於聚斂財貨山積金玉珍帛爲一室名曰內藏綺縠
錦罽爲一室號曰外府藻以外府賜將帥內藏歸王府不有私焉及是還朝輕
裝就路再遷侍中藻性謙退不求聞達善屬文尤好古體自非公宴未嘗妄有
所爲縱有小文成輒棄本歷雍兗二州刺史頻涖州鎮人吏咸稱之推善下人
常如弗及普通六年爲軍師將軍與西豐侯正德北侵渦陽輒班師爲有司奏
免官削爵土八年復封爵中大通三年爲中軍將軍太子詹事出爲丹陽尹帝
每稱其小字歎曰子弟並如迦葉吾復何憂入爲尚書左僕射加侍中固辭不

許大同五年還中衛將軍開府儀同三司中書令侍中如故藻性恬靜獨處一
室牀有膝痕宗室衣冠莫不楷則常以爵祿大過每思屏退門庭閑寂賓客罕
通篤文尤敬愛之自遭家禍恆布衣蒲席不食鮮禽非公庭不聽音樂武帝每
以此稱之出爲南徐州刺史侯景亂藻遣世子彧率兵入援及城開加散騎常
侍侯景遣其儀同蕭邕代之據京口藻因感氣疾或勸奔江北藻曰吾國之台
鉉任寄特隆既不能誅翦逆賊正當同死朝廷耳因不食而薨
藻弟猷封臨汝侯爲吳興郡守性倜儻與楚王廟神交飲至一斛每酹祀盡歡
極醉神影亦有酒色所禱必從後爲益州刺史侍中中護軍時江陽人齊苟兒
反衆十萬攻州城猷兵糧俱盡人有異心乃遙禱請救是日有田老逢一騎浴
鐵從東方來問去城幾里曰百四十時日已晡騎舉䄷曰後人來可令之疾馬
欲及日破賊俄有數百騎如風一騎過請飲田老問爲誰曰吳興楚王來救臨
汝侯當此時廟中請祈無驗十餘日乃見侍衛土偶皆泥濕如汗者是月猷大
破苟兒猷在州頗僭濫客筵內遂有香橙不置連榻武帝末知之以此爲𠎝還

都以憂愧成疾卒謚曰靈以與神交也
猷子韶字德茂初封上甲縣都鄉侯太清初爲舍人城陷奉詔西奔及至江陵人士多往尋覓令韶說城內事韶不能人人爲說乃疏爲一卷客問者便示之湘東王聞而取看謂曰昔王韶之爲隆安紀十卷說晉末之亂離今之蕭韶亦可爲太清紀十卷矣韶乃更爲太清紀其諸議論多謝吳爲之韶既承旨撰著多非實錄湘東王德之改超繼宣武王封長沙王遂至郢州刺史韶昔爲幼童庾信愛之有斷袖之歡衣食所資皆信所給遇客韶亦爲信傳酒後爲郢州信西上江陵途經江夏韶接信甚薄坐青油幕下引信入宴坐信別榻有自矜色信稍不堪因酒酣乃徑上韶牀踐蹋肴饌直視韶面謂曰官今日形容大異近日時賓客滿坐韶甚慚恥
韶弟駿字德款善草隸工文章晚更習武旅力絶人與永安侯確相類位尚書殿中郎起武將軍封南安侯城陷爲賊任約所禮謀召鄱陽嗣王範襲約反爲所害

猷弟朗字靖徹天監五年例以王子封侯歷太子洗馬桂州刺史加都督性倨
而虐羣下患之記室庾丹以忠諫見害帝聞之使於嶺表以功自効丹父景休
位御史中丞丹少有儁才與伏挺何子朗俱爲周捨所狎初景休罷巴東郡頗
有資產丹負錢數百萬責者塡門景休怒不爲之償既而朝賢之丹不之景休
景休悅乃悉爲還之爲建康正坐事流廣州
朗弟明字靖通少被武帝親愛封貞陽侯太清元年爲豫州刺史百姓詣闕拜
表言其德政樹碑于州門內及碑匠採石出自肥陵明乃廣營廚帳多召人物
躬自率領牽至州識者笑之曰王自立碑非州人也武帝既納侯景大舉北侵
使南康王會理總兵明乃拜表求行固請乃許之會理已至宿預詔改以明代
爲都督水陸諸軍趣彭城大圖進取敕曰侯景志清鄴洛以雪讎恥其先率大
軍隨機撫定汝等衆軍可止於寒山築堰引清水以灌彭城大水一沉孤城自
殄愼勿妄動明師次呂梁十八里作寒山堰以灌彭城水及于堞不沒者三板
魏遣將慕容紹宗赴救明謀略不出號令莫行諸將每諮事輒怒曰吾自臨機

制變勿多言衆乃各掠居人明亦不能制唯禁其一軍無所侵掠紹宗至決堰水明命將救之莫肯出魏軍轉逼人情大駭胡貴孫謂趙伯超曰不戰何待伯超懼不能對貴孫乃入陳苦戰伯超擁衆弗敢救曰與戰必敗不如全軍早歸乃使具良馬載其愛妾自隨貴孫遂沒伯超子威方將赴戰伯超懼其出使人召之遂相與南還明醉不能與衆軍大敗明見俘執北人懷其不侵掠謂之義王及至魏魏帝引見明及諸將帥釋其禁送晉陽勃海王高澄禮明甚重謂曰先王與梁主和好十有餘年聞彼禮佛文常云奉爲魏主幷及先王此甚是梁主厚意不謂一朝失信致此紛擾因欲與梁通和使人以明書告武帝方致書以慰高澄東魏除明散騎常侍及聞社稷淪蕩哀泣不捨晝夜魏平江陵齊文宣使送明至梁幷前所獲梁將湛海珍等皆聽從明歸令上黨王渙率衆送之是時太尉王僧辯司空陳霸先在建康推晉安王方智爲太宰都督中外諸軍事承制置百官渙軍漸進明與僧辯書求迎僧辯不從及渙破東關斬裴之横僧辯懼乃納明於是梁輿東度齊師北反明至望朱雀門便長慟迄至所止道

俗參問皆以哭對之及稱尊號改承聖四年爲天成元年大赦境內以方智爲太子授王僧辯大司馬遣其子章馳到齊拜謝齊遇明及僧辯使人在館供給宴會豐厚一同武帝時使及陳霸先襲殺僧辯復奉晉安王是爲敬帝而以明爲太傅建安王報齊云僧辯陰謀篡逆故誅之仍請稱臣于齊永爲蕃國齊遣行臺司馬恭及梁人盟於歷陽明年齊人徵明霸先猶稱蕃將遣使送明疽發背死時王琳與霸先相抗齊文宣遣兵納永嘉王莊主梁祀追謚明曰閔皇帝

永陽昭王敷字仲達文帝第二子也少有學業仕齊爲隨郡內史招懷遠近士庶安之以爲前後之政莫及明帝謂徐孝嗣曰學士舊聞例不解理官聞蕭隨郡唯置酒清言而路不拾遺行何風化以至於此答曰古者修文德以來遠人況止郡境而已帝稱善徵爲廬陵王諮議參軍卒武帝即位贈司空封永陽郡王謚曰昭天監二年子伯游嗣伯游字士仁位會稽太守薨謚曰恭

衡陽宣王暢文帝第四子也有美名仕齊位太常封江陵縣侯卒天監元年追贈開府儀同三司封衡陽郡王謚曰宣三年子元簡位郢州刺史卒於官謚曰

孝葬將引柩有聲議者欲開視王妃柳氏曰晉文已有前例不聞開棺無益亡
者之生徒增生者之痛遂止少子獻嗣
桂陽簡王融文帝第五子也仕齊位太子洗馬與宣武王懿俱遇害天監元年
贈撫軍大將軍封桂陽郡王諡曰簡無子詔以長沙宣武王第九子象嗣
象字世翼容止閑雅簡於交游事所生母以孝聞位丹陽尹象生長深宮始覩
庶政舉無失德朝廷稱之再遷湘州刺史加都督湘州舊多猛獸爲暴及象任
州日四猛獸死於郭外自此靜息故老咸稱政德所感歷位太常卿加侍中兼
還祕書監薨諡曰敦子慥嗣
慥字元貞位信州刺史有威惠太清二年赴援臺城遇赦還蕃尋爲張纘所構
書報湘東王曰河東桂陽二蕃掎角欲襲江陵湘東乃水步兼行至荆鎮慥尙
軍江津不以爲意湘東至乃召慥深加慰喻慥心乃安後留止省内慥心知禍
及遂肆醜言湘東大怒付獄殺之
臨川靜惠王宏字宣達文帝第六子也長八尺美鬚眉容止可觀仕齊爲北中

郎桂陽王功曹史宣武之難兄弟皆被收道人釋惠思藏宏及武帝師下宏至
新林奉迎建康平爲中護軍領石頭戍事天監元年封臨川郡王位揚州刺史
加都督四年武帝詔宏都督諸軍侵魏宏以帝之介弟所領皆器械精新軍容
甚盛北人以爲百數十年所未之有軍次洛口前軍克梁城宏部分乖方多違
朝制諸將欲乘勝深入宏聞魏援近畏懦不敢進召諸將欲議旋師呂僧珍曰
知難而退不亦善乎宏曰我亦以爲然柳惔曰自我大衆所臨何城不服何謂
難乎裴邃曰是行也固敵是求何難之避馬仙琕曰王安得亡國之言天子掃
境內以屬王有前死一尺無却生一寸昌義之怒鬚盡磔曰呂僧珍可斬也豈
有百萬之師輕言可退何面目得見聖主乎朱僧勇胡辛生拔劍而起曰欲退
自退下官當前向取死議者已罷僧珍謝諸將曰殿下昨來風動意不在軍深
恐大致沮喪欲使全師而反又私裴邃曰王非止全無經略庸怯過甚吾與言
軍事都不相入觀此形勢豈能成功宏不敢便違羣議停軍不前魏人知其不
武遺以巾幗北軍歌曰不畏蕭娘與呂姥但畏合肥有韋武武謂韋叡也僧珍

歎曰使始與吳平爲元帥我相毗輔中原不足平今遂敵人見欺如此乃欲遣裴邃分軍取壽陽大衆停洛口宏固執不聽乃令軍中曰人馬有前行者斬自是軍政不和人懷憤怒魏奚康生馳遣楊大眼謂元英曰梁人自剋梁城已後久不進軍其勢可見當是懼我王若進據洛水彼自奔敗元英曰蕭臨川雖騃其下有好將韋裴之屬亦未可當望氣者言九月賊退今且觀形勢未可便與交鋒張惠紹次下邳號令嚴明所至獨剋下邳人多有欲來降惠紹曰我若得城諸卿皆是國人若不能破賊徒令公等失鄉非朝廷弔人本意也今且安堵復業勿妄自辛苦降人咸悅九月洛口軍潰宏棄衆走其夜暴風雨軍驚宏與數騎逃亡諸將求宏不得衆散而歸棄甲投戈填滿水陸捐棄病者強壯僅得脫身宏乘小船濟江夜至白石壘款城門求入臨汝侯登城謂曰百萬之師一朝奔潰國之存亡未可知也恐姦人乘間爲變城門不可夜開宏無辭以對乃縋食饋之惠紹聞洛口敗亦退軍六年還司徒領太子太傅八年爲司空揚州刺史十一年正月爲太尉其年冬以公事左遷驃騎大將軍開府同三司之儀

未拜遷揚州刺史十二年加司空十五年所生母陳太妃薨去職尋起爲中書監驃騎大將軍揚州刺史如故宏妾弟吳法壽性麤狡恃宏無所畏忌輒殺人死家訴有敕嚴討法壽在宏府內無如之何武帝制宏出之卽日償辜南司奏免宏司徒驃騎揚州刺史武帝注曰愛宏者兄弟私親免宏者王者正法所奏可宏自洛口之敗常懷愧憤都下每有竊發輒以宏爲名屢爲有司所奏帝每貰之十七年帝將幸光宅寺有士伏於驃騎航待帝夜出帝將行心動乃於朱雀航過事發稱爲宏所使帝泣謂宏曰我人才勝汝百倍當此猶恐顚墜汝何爲者我非不能爲周公漢文念汝愚故宏頓首曰無是無是於是以罪免而縱恣不悛奢侈過度修第擬於帝宮後庭數百千人皆極天下之選所幸江無畏服玩侔於齊東昏潘妃寶屧直千萬好食鯖魚頭常日進三百其佗珍膳盈溢後房食之不盡棄諸道路江本吳氏女也世有國色親從子女徧游王侯後宮難免兄弟九人因權勢橫於都下宏未幾復爲司徒普通元年還太尉揚州刺史侍中如故七年四月薨自疾至薨輿駕七出臨視及薨詔贈侍中大將軍揚

州牧假黃鉞并給羽葆鼓吹一部增班劍爲六十人謚曰靖惠宏以介弟之貴
無佗量能恣意聚斂庫室垂有百閒在內堂之後關籥甚嚴有疑是鎧仗者密
以聞武帝於友于甚厚殊不悅宏愛妾江氏寢膳不能暫離上佗日送盛饌與
江曰當來就汝懽宴唯攜布衣之舊射聲校尉丘佗卿往與宏及江大飲半醉
後謂曰我今欲履行汝後房便呼後閤輿徑往屋所宏恐上見其賄貨顏色怖
懼上意彌言是仗屋屋檢視宏性愛錢百萬一聚黃牓標之千萬一庫懸一紫
標如此三十餘閒帝與佗卿屈指計見錢三億餘萬餘屋貯布絹絲綿漆蜜紵
蠟朱沙黃屑雜貨但見滿庫不知多少帝始知非仗大悅謂曰阿六汝生活大
可方更劇飲至夜舉燭而還兄弟情方更敦睦宏都下有數十邸出懸錢立券
每以田宅邸店懸上文券期訖便驅券主奪其宅都下東土百姓失業非一帝
後知制懸券不得復驅奪自此後貧庶不復失居業晉時有錢神論豫章王綜
以宏貪吝遂爲錢愚論其文甚切帝知以激宏宣旨與綜天下文章何限那忽
作此雖令急毀而流布已遠宏深病之聚斂稍改宏又與帝女永興主私通因

是遂謀弒逆許事捷以爲皇后帝嘗爲三日齋諸主並豫承輿乃使二僮衣以婢服僮踰閾失屨閤帥疑之密言於丁貴嬪欲上言懼或不信乃使宮帥圖之帥令內輿人八人纏以純綿立於幕下齋坐散主果請閒帝許之主升階而僮先趣帝後八人抱而擒之帝驚墜於扆搜僮得刀辭爲宏所使帝祕之殺二僮於內以漆車載主出主恚死帝竟不臨之帝諸女臨安安吉長城三主並有文才而安吉最得令稱宏性好內樂酒沉湎聲色侍女千人皆極綺麗愼衞寡方故屢致降免宏子十人許可知者七人長子正仁字公業位祕書丞早卒謚哀世子正仁弟正義嗣

正義字公威初以王子封平樂侯位太常卿南徐州刺史屬武帝幸朱方正義修解宇以待輿駕初京城之西有別嶺入江高數十丈三面臨水號曰北固蔡謨起樓其上以置軍實是後崩壞頂猶有小亭登降甚狹及上升之下輦步進正義乃廣其路傍施欄楯翌日上幸遂通小輿上悅登望久之敕曰此嶺不足須固守然京口實乃壯觀乃改曰北顧賜正義束帛後爲東揚州刺史薨正義

弟正德

正德字公和少而凶慝招聚亡命破冢屠牛兼好弋獵齊建武中武帝胤嗣未立養以爲子及平建康生昭明太子正德還本天監初封西豐縣侯累遷吳郡太守正德自謂應居儲嫡心常怏怏每形於言普通三年以黃門侍郎爲輕車將軍置佐史頃之奔魏初去之始爲詩一絶內火籠中卽詠竹火籠曰楨幹屈曲盡蘭麝氛氳銷欲知懷炭日正是履冰朝至魏稱是被廢太子時齊蕭寶夤先在魏乃上表魏帝曰豈有伯爲天子父作揚州棄彼密親遠投佗國不若殺之魏既不禮之正德乃殺一小兒稱爲己子遠營葬地魏人不疑又自魏逃歸見於文德殿至庭叩頭武帝泣而誨之特復本封正德志行無悛常公行剝掠時東府有正德及樂山侯正則潮溝有董當門子暹世謂之董世子者也南岸有夏侯夔世子洪此四凶者爲百姓巨蠹多聚亡命黃昏多殺人於道謂之打稽時勳豪子弟多縱恣以淫盜屠殺爲業父祖不能制尉邏莫能禦車服牛馬號西豐駱馬樂山烏牛董暹金帖織成戰襖直七百萬後正則爲劫殺沙門徙

嶺南死洪爲其父變奏繫東冶死於徒邏坐與永陽王妃王氏亂誅三人既除
百姓少安正德淫虐不革尋除給事黃門侍郎六年爲輕車將軍隨豫章王北
侵正德輒棄軍委走爲有司所奏下獄帝復詔曰汝以猶子情兼常愛故越先
汝兄剖符連郡往年在蜀昵近小人猶謂少年情志未定更於吳郡殺戮無辜
劫盜財物雅然無畏及還京師專爲逋逃乃至江乘要道湖頭斷路遂使京邑
士女早閉晏開又奪人妻妾略人子女徐敖非直失其配匹乃橫屍道路王伯
敖列卿之女誘爲妾媵我每加掩抑冀汝自新了無悛革怨讐逾甚遂匹馬奔
亡志懷反噬遣信慰問冀汝能還果能來歸遂我夙志謂汝不好文史志在武
功令汝杖節董戎前驅豈謂汝狼心不改包藏禍胎志欲覆敗國計以快汝心
今當宥汝以遠無令房累自隨敕所在給汝廩餼王新婦見理等當停太尉閤
汝餘房累悉許同行於是免官削爵土徙臨海郡未至徙所道追赦之八年復
封爵正德北還求交朱异帝既封昭明諸子异言正德失職大通四年特封臨
賀郡王後爲丹陽尹坐所部多劫盜復爲有司所奏去職出爲南兗州在任苛

刻人不堪命廣陵沃壤遂爲之荒至人相食噉既累試無能從是黜廢轉增憤恨乃陰養死士常思國釁聚蓄米粟宅內五十間室並以爲倉自征虜亭至于方山悉略爲墅蓄奴僮數百皆黥其面太清二年秋侯景反知其有姦心景黨徐思玉在北經與正德相知至是景遣思玉至建業具以事告又與正德書曰喜天子年尊姦臣亂國以景觀之計日必敗大王屬當儲貳中被廢辱天下義士竊所忿慨大王豈得顧此私情棄茲億兆景雖不武實思自奮正德得書大今曰侯景之意暗與人同天贊我也遂許之及景至正德潛運空舫詐稱迎荻以濟景焉朝廷未知其謀以正德爲平北將軍屯朱雀航景至正德乃北向望闕三拜跪辭歔欷流涕引賊入宣陽門與景交揖馬上退據左衞府先是其軍並著絳袍袍裏皆碧至是悉反之賊以正德爲天子號曰正平元年初童謠有之故以應也又世人相很必稱正平耳正德乃以長子見理爲太子以女妻景景爲丞相與約曰平城之日不得全二宮又令畿內王侯三日不出者誅之及臺城開正德率衆揮刀欲入賊先使其徒守門故正德不果乃復太清之號降

正德爲侍中大司馬正德入問訊拜且泣武帝曰㗇其泣矣何嗟及矣正德知爲賊所賣深自咎悔密書與鄱陽嗣王範以兵入賊遮得書乃矯詔殺之先是正德妹長樂主適陳郡謝禧正德姦之燒主第縛一婢加玉釧於手以金寶附身聲云主被燒死檢取婢屍幷金玉葬之仍與主通呼爲柳夫人生一子焉曰月稍久風聲漸露後黃門郎張準有一雉媒正德見而奪之尋會重雲殿爲淨供皇儲以下莫不畢集準於衆中吒罵曰張準雉媒非長樂主何可略奪皇太子恐帝聞之令武陵王和止之乃休及出送雉媒還之其後梁室傾覆旣由正德百姓至聞臨賀郡名亦不欲道童謠云寧逢五虎入市不欲見臨賀父子其惡之如是

見理字孟節性甚凶麤長劍短衣出入廛里不爲宗室所齒及肆逆甚得志焉招聚羣盜每夜輒掠劫於大航爲流矢所中死正德弟正則

正則字公衡天監初以王子封樂山侯累遷太子洗馬舍人恆於第內私械百姓令養馬又盜鑄錢大通二年坐匿劫盜削爵徙鬱林帝敕廣州日給酒肉南

中官司猶處以侯禮正則滋怨諸父與西江督護靳山顧通室招誘亡命將襲
番禺未及期而事發遂鳴鼓會將攻州城刺史元景仲命長史元孝深討之正
則敗逃于廁村人縛送之詔斬於南海有司請絕屬籍收妻子詔聽絕屬籍妻
子特原正則弟正立
正立字公山初封羅平侯母江有寵初正仁之亡宏溺情曲制以正立爲世子
正立微有學宏薨後知非朝議表求讓兄帝甚嘉焉諸侯例封五百戶正立改
封寶土建安縣侯食邑一千戶後位丹陽尹薨謚曰敏子賁嗣
賁字世文性躁薄正德爲侯景所立賁出投之專監造攻具以攻臺城常爲賊
耳目南康嗣王會理謀襲景賁與中宿世子子邕告之賊矯封賁竟陵王子邕
隨郡王並改姓侯氏賁爲宗正卿子邕都官尚書專權陵蔑朝政居嘗晝臥見
柳敬禮蕭勸入室毆之賁驚起乞恩俄而賊惡其翻覆殺之
正立弟正表封封山侯後奔樂山表弟正信
正信字公理封武化侯與正立同生亦被宏鍾愛然幼不慧常執白團扇湘東

王取題八字銘玩之正信不知嗤之終常搖握位給事中卒

南史卷五十一

南史卷五十一考證

吳平侯景傳梁武帝從父弟也○從父弟監本誤從弟父今從梁書改正

長沙宣武王懿子猷傳爲吳興郡守性倜儻與楚王廟神交飲至一斗○下文遙禱請救大破齊苟兒與南齊書蕭惠休事神謹故得美遷略同

猷子韶傳湘東王德之改超繼宣武王封長沙王○超疑係韶字之訛但各本俱同姑仍之

桂陽簡王融子象傳位丹陽尹○位監本訛於今改正

臨川靜惠王宏傳豈有百萬之師輕言可退○輕監本作卿今從閣本

親從子女徧游王侯後宮雝兔兄弟九人因權勢橫於都下○雝一本作男又注云一作雝然俱不可解

南史卷五十一考證

珍做宋版邙

南史卷五十二

唐　李延壽　撰

列傳第四十二

梁宗室下

安成康王秀子機　機弟推　南平元襄王偉子恪　恪弟恭　恭子靜　恭弟祗

鄱陽忠烈王恢子範　範子嗣　範弟諮　諮弟修　修弟泰　始興忠武王憺子亮　亮弟暎　暎弟曄

安成康王秀字彥達文帝第七子也年十三吳太妃亡秀母弟始興王憺時年九歲與秀並以孝聞居喪累日不進飲文帝親取粥授之哀其早孤命側室陳氏幷母二子陳亦無子有母德視二子如己生秀美風儀性方靜雖左右近侍非正衣冠弗之見由是親友及家人咸敬焉仕齊爲太子舍人長沙王懿平崔慧景後爲尚書令居端右衡陽王暢爲衛尉掌管籥東昏日夕逸游衆頗勸懿廢之懿弗聽東昏左右惡懿勳高又慮廢立並間懿懿亦危之自是諸親咸爲

之備及難作臨川王宏以下諸弟姪俱隱人間罕有發泄唯桂陽王融及禍武
帝兵至新林秀及諸親並自拔赴軍建康平爲南徐州刺史天監元年封安成
郡王京口自崔慧景亂後累被兵革人戸流散秀招懷撫納惠愛大行仍屬饑
年以私財贍百姓所濟甚多六年爲江州刺史將發主者求堅船以爲齋舫秀
曰吾豈愛財而不愛士乃教以牢者給參佐下者載齋物既而遭風齋舫遂破
及至州聞前刺史取徵士陶潛曾孫爲里司歎曰陶潛之德豈可不及後胤卽
日辟爲西曹時夏水汎長津梁斷絕外司請依舊僦度收其價秀教曰刺史不
德水潦爲患可利之乎給船而已七年遭慈母陳太妃憂詔起視事尋遷荊州
刺史加都督立學校招隱逸辟處士河東韓懷明南平韓望南郡庾承先河東
郭麻等是歲魏縣瓠城人反殺豫州刺史司馬懷悅引司州刺史馬仙琕仙琕
籤荊州求應赴衆咸謂宜待臺報秀曰彼待我爲援援之宜速待敕非應急也
卽遣兵赴之及沮水暴長頽敗人田秀以穀二萬斛贍之使長史蕭琛簡州貧
老單丁吏一日散遣百餘人百姓甚悅荊州嘗苦旱咸欲徙市開渠秀乃責躬

親祈楚望俄而甘雨即降遂獲有年又武寧太守爲弟所殺乃僞云士反秀照其姦慝望風首款咸謂之神於荆州起天居寺以武帝游梁館也及去任行次大雷風波暴起船艫淪溺秀所問惟恐傷人十三年爲郢州刺史加都督郢州地居衝要賦斂殷煩人力不堪至以婦人供作秀務存約己省去游費百姓安堵境內晏然夏口常爲戰地多暴露骸骨秀於黃鶴樓下祭而埋之一夜夢數百人拜謝而去每冬月常作襦袴以賜凍者時司州叛蠻田魯生魯賢超秀據蒙籠來降武帝以魯生爲北司州刺史魯賢北豫州刺史超秀定州刺史爲北境捍蔽而魯生超秀互相讒毀有去就心秀撫喻懷納各得其用當時賴之遷雍州刺史在路薨武帝聞之甚痛悼焉遣南康王績緣道迎候初秀之西也郢州人相送出境聞其疾百姓商賈咸爲請命及薨四州人裂裳爲白帽哀哭以迎送之雍州蠻迎秀聞薨祭哭而去喪至都贈司空謚曰康秀美容儀每在朝百寮屬目性仁恕喜慍不形於色左右嘗以石擲殺所養鵠齋帥請按其罪秀曰吾豈以鳥傷人在都旦臨公事廚人進食誤覆之去而登車竟朝不飯亦弗

之誚也時諸王並下士建安安成二王尤好人物世以二安重士方之四豪秀
精意學術搜集經記招學士平原劉孝標使撰類苑書未及畢而已行於世秀
於武帝布衣昆季及爲君臣小心畏敬過於疎賤者帝益以此賢之少偏孤於
始興王憺尤篤憺久爲荆州刺史常以所得奉中分秀秀稱心受之不辭多也
昆弟之睦時議歸之佐史夏侯亶等表立墓碑誌詔許焉當世高才游王門者
東海王僧孺吳郡陸倕彭城劉孝綽河東裴子野各製其文欲擇用之而咸稱
實錄遂四碑並建世子機嗣
機字智通位湘州刺史薨於州機美姿容善吐納家既多書博學強記然而好
弄尚力遠士子邇小人爲州專意聚斂無政績頻被案劾將葬有司請謚詔曰
王好內怠政宜謚曰煬所著詩賦數千言元帝集而序之子操嗣
機弟推字智進少清敏好屬文深爲簡文所親賞普通六年以王子封南浦侯
歷淮南晉陵吳郡太守所臨必赤地大旱吳人號旱母焉侯景之亂守東府城
陷推握節死之

南平元襄王偉字文達，文帝第八子也。幼清警好學。仕齊為晉安王驃騎外兵參軍。武帝為雍州，慮天下將亂，求迎偉及始興王憺。俄聞已入沔，帝欣然謂佐史曰：「阿八十一行至，吾無憂矣。」及起兵，留行雍州州府事。及帝剋郢，魯下尋陽圍建鄴，而巴東太守蕭惠訓子璝及巴西太守魯休烈起兵逼荊州，蕭穎冑憂憤暴卒。西朝兇懼，徵兵於偉，偉乃割州府將吏配始興王憺往赴之。憺至，璝等皆降。齊和帝詔以偉為都督、雍州刺史。天監元年，封建安王。初，武帝軍東下，用度不足，偉取襄陽寺銅佛，毀以為錢。富僧藏鏹，多加毒害。後遂惡疾。十三年，累遷為左光祿大夫，加親信四十人，歲給米萬斛，藥直二百四十萬，廚供月二十萬，并二衞兩營雜役二百人，倍先置防閤、白直、左右職局一百人。以疾甚，故不復出蕃，而加奉秩。十五年，所生母陳太妃薨，毀頓過禮，水漿不入口累日。帝每臨幸抑譬之。偉雖奉詔，而殆不勝喪，惡疾轉增，因求改封。十七年，改封南平郡。位侍中、左光祿大夫、開府儀同三司。大通四年，為中書令、大司馬。薨，贈侍中、太宰，謚曰元襄。偉性端雅，持軌度，少好學，篤誠通恕，趨賢重士，常如弗及，由是四方游士當時知名者莫不畢至疾亟喪明便不復出齊世青溪宮改爲芳林苑天監初賜偉爲第又加穿築果木珍奇窮極彫靡有侔造化立游客省寒暑得宜冬有籠爐夏設飲扇每與賓客游其中命從事中郎蕭子範爲之記梁蕃邸之盛無過焉而性多恩惠尤愍窮乏常遺腹心左右歷訪閭里人士有貧困吉凶不舉者卽遣贍卹之平原王曼穎卒家貧無以殯友人江革往哭之其妻兒對革號訴革曰建安王當知必爲營理言未訖而偉使至給其喪事得周濟焉每祁寒積雪則遣人載樵米隨乏絕者賦給之晚年崇信佛理尤精玄學著二暗義製性情幾神等論義僧寵及周捨殷鈞陸倕並名精解而不能屈朝廷得失時有匡正子姪邪僻義方訓誘斯人斯疾而不得助主興化梁政漸替自公薨焉世子恪嗣

世子恪字敬則弘雅有風則姿容端麗位雍州刺史年少未閑庶務委之羣下百姓每通一辭數處輸錢方得聞徹賓客有江仲舉蔡薳王臺卿庾仲容四人俱被接遇並有蓄積故人間歌曰江千萬蔡五百王新車庾大宅遂達武帝帝

接之曰主人憒憒不如客尋以廬陵王代爲刺史恪還奉見武帝以人間語問之恪大慚不敢一言後折節學問所歷以善政稱太清中爲郢州刺史及亂邵陵王至郢恪郊迎之讓位焉邵陵不受及王僧辯至郢恪歸荆州元帝以爲尚書令司空賊平爲揚州刺史時帝未還都以恪宗室令譽故先使歸鎮社稷大寶三年薨于長沙未之鎮也贈太尉謚曰靖節王恪弟恭

恭字敬範天監八年封衡山縣侯初樂山侯正則有罪敕讓諸王獨謂元襄王曰汝兒非直無過並有義方歷位監南徐州事時衡州刺史武會超在州子姪縱暴州人朱朗聚黨反武帝以恭爲刺史時朗已圍始興恭至緩服徇賊示以恩信羣賊伏其勇是夜退三舍以避軍吏請追恭曰賊以政苛致叛非有陳吳之心緩之則自潰急之則併力諸君置之明日朗遣使請降恭杖節受之一無所問卽日收始與太守張寶生及會超弟之子仁斬之軍門以其賄而虐也有司奏恭縱罪人專戮二千石有詔宥之還湘州刺史善解吏事所在見稱而性尚華侈廣營第宅重齋步閣模寫宮殿尤好賓友酣宴終辰坐客滿筵言談

不倦時元帝居蕃頗事聲譽勤心著述巵酒未嘗妄進恭每從容謂曰下官歷
觀時人多有不好懽與乃仰眠牀上看屋梁著書千秋萬歲誰傳此者勞神苦
思竟不成名豈如臨清風對朗月登山泛水肆意酣歌也尋除寧蠻校尉雍州
刺史便道之鎮節文少與恭游特被賞狎至是手令勗以政事恭至州政績有
聲百姓請於城南立碑頌德詔許焉名爲政德碑是夜聞數百人大叫碑石明
旦視之碑涌起一尺恭命以大柱置于碑上使力士數十人抑之不下又以酒
脯祭之使人守視俄而自復視者竟不見之恭聞而惡焉先是武帝以雍爲邊
鎮運數州粟以實儲倉恭乃多取官米還贍私宅又典籤陳保印侵剋百姓爲
荊州刺史廬陵王所啓被詔徵還在都朝謁白服隨例帝曰白衣者爲誰對曰
前衡山侯恭帝厲色曰不還我陳保印吾當白汝未已而保印實投湘東王王
改其姓名曰袁逢恭竟不敘用侯景亂卒於城中詔特復本封元帝追謚曰僖
侯
子靜字安仁少有美名號爲宗室後進有文才而篤志好學既內足於財多聚

經史散書滿席手自讎校何敬容欲以女妻之靜忌其太盛拒而不納時論服
焉然好戲笑輕論人物時以此少之位給事黃門侍郎深爲簡文所愛賞太清
三年卒贈侍中
恭弟祗字敬謨美風儀幼有令譽天監中封定襄縣侯後歷位北兗州刺史侯
景亂與從弟湘潭侯退謀起兵內援會州人反城應景祗遂奔東魏
鄱陽忠烈王恢字弘達文帝第十子也幼聰穎七歲能通孝經論語義發擿無
遺及長美風儀涉獵史籍仕齊位北中郎外兵參軍前軍主簿宣武王之難逃
在都下武帝起兵恢藏伏得免大軍至新林乃奉迎天監元年封鄱陽郡王除
郢州刺史加都督初郢城內疾疫死者甚多不及藏殯恢下車遽命瘞埋又遣
四使巡行州部境內大寧時有進筒中布者恢以奇貨異服即命焚之於是百
姓仰德累遷都督益州刺史成都去新城五百里陸路往來悉訂私馬百姓患
焉累政不能改恢乃市馬千匹以付所訂之家須則以次發之百姓賴焉再遷
開府儀同三司都督荊州刺史普通七年薨於州詔贈侍中司徒謚曰忠烈恢

美容質善談笑愛文酒有士大夫風則所在雖無皎察亦不傷物有孝性初鎮蜀所生費太妃猶停都後於都不豫恢未之知一夜忽夢還侍疾及覺憂遑廢寢食俄而都信至太妃已瘳後有目疾久廢視瞻有道人慧龍得療眼術恢請之及至空中忽見聖僧及慧龍下針豁然開朗咸謂精誠所致恢性通恕輕財好施凡歷四州所得奉祿隨而散之在荆州嘗從容問賓僚曰中山好酒趙王好吏二者孰愈衆未有對者顧謂長史蕭琛曰漢時王侯藩屏而已視事親人自有其職中山聽樂可得任悅彭祖代吏近於侵官今之王侯不守藩國當佐天子臨人清白其優乎坐者咸服有男女百人男封侯者三十九人女主三十八人世子範嗣

範字世儀溫和有器識爲衞尉卿每夜自巡警武帝嘉其勞苦出爲益州刺史行至荆州而忠烈王薨因停自解武帝不許詔權監荆州及湘東王至範依舊述職遣弟湘潭侯退隨喪而下大同元年以開通劍道剋復華陽增封尋徵爲領軍將軍侍中範雖無學術而以籌略自命愛奇翫古招集文才率意題章亦

時有奇致嘗得舊琵琶題云齊竟陵世子範嗟人往物存攬筆爲詠以示湘東王王吟咏其辭作琵琶賦和之後爲都督雍州刺史範作牧莅人甚得時譽撫循將士盡獲歡心於是養士馬修城郭聚軍糧於私邸時廬陵王爲荊州旣是都督府又素不相能乃啓稱範謀亂範亦馳啓自理武帝恕焉時論者猶謂範欲爲賊又童謠云莫怱怱且寬公誰當作天子草覆車邊已時武帝年高諸王莫肯相服簡文雖居儲貳亦不自安而與司空邵陵王綸特相疑阻綸時爲丹陽尹威震都下簡文乃選精兵以衞宮內兄弟相貳聲聞四方範以名應謠言而求爲公未幾加開府儀同三司範心密喜以爲謠驗武帝若崩諸王必亂範旣得衆又有重名謂可因機以定天下乃更收士衆希望非常太清元年大舉北侵初謀元帥帝欲用範時朱异取急外還聞之遽入曰嗣王雄豪蓋世得人死力然所至殘暴非常非弔人之材昔陛下登北顧亭以望謂江右有反氣骨肉爲戎首今日之事尤宜詳擇帝默然曰會理何如對曰陛下得之臣無恨矣會理懦而無謀所乘襻輿施版屋冠以牛皮帝聞不悅行至宿預貞陽侯明請

行又以明代之而以範爲征北大將軍總督漢北征討諸軍事尋遷南豫州刺史侯景敗於渦陽退保壽陽乃改範爲合州刺史鎭合肥時景不臣迹露範屢啓言之朱异每抑而不奏及景圍都範遣世子嗣與裴之高等入援遷開府儀同三司臺城不守範乃棄合肥出守東關請兵于魏遣二子爲質魏人據合肥竟不助範範進退無計乃泝流西上軍於樅陽遣信告尋陽王大心大心要還九江欲共兵西上範得書大喜乃引軍至盆城以晉熙爲晉州遣子嗣爲刺史江州郡縣輒更改易於是尋陽政令所行唯在一郡又疑畏範市糴不通範乃復遣其弟觀寧侯永將兵通南川助莊鐵時二鎭相猜無復圖賊之志範數萬之衆皆無復食人多餓死範竟發背而薨衆祕不發喪奉弟南安侯恬爲主有衆數千範將侯瑱襲莊鐵於豫章殺之盡併其軍乃迎喪往郡於松門遇風柩沉於水鈎求得之及于慶之逼豫章侯瑱以範子十六人降賊賊盡於石頭坑殺之

世子嗣字長胤容貌豐偉腰帶十圍性驍果有膽略倜儻不護細行而復傾身

養士皆得死力範之薨也嗣猶據晉熙城中食盡士皆乏絶侯景遣任約攻嗣時賊方盛咸勸且止嗣按劒叱之曰今日之戰蕭嗣効命死節之秋也及戰遇流矢中頸不許拔帶箭手殺數人賊退方命拔之應時氣絶妻子爲任約所禽初範旣與尋陽王大心相持及嗣之死猶未敢發範喪

範弟諮字世恭位衞尉卿封武林侯簡文卽位之後景周衞轉嚴外人莫得見唯諮及王克殷不害並以文弱得出入卧内晨昏左右天子與之講論六藝不輟於時及南康王會理事敗克不害懼禍乃自踈諮不忍離帝朝覲無絶賊惡之令其仇人刁戌刺殺諮於廣莫門外

諮弟修字世和封宜豐侯局力貞固風儀嚴整九歲通論語十一能屬文鴻臚卿裴子野見而賞之性至孝年十一丁所生徐氏艱自荆州反葬中江遇風前後部伍多致沉溺修抱柩長號血淚俱下隨波搖蕩終得無佗葬訖因廬墓次先時山中多猛獸至是絶迹野鳥馴狎棲宿簷宇武帝嘉之以班告宗室爲兼衞尉卿美姿貌每屯兵周衞武帝視之移輦初嗣王範爲衞尉夜中行城常因

風便鞭箠宿衛欲令帝知其勤及修在職夜必百巡而不欲人知或問其故曰夜中警違實有其勞主上慈愛聞之容或賜止違詔則不可奉詔則廢事且胡質之清尚畏人知此職司之常何足自顯聞者歎服時王子侯多爲近畿小郡歷試有績乃得出爲邊州帝以修識量宏達自衞尉出鎭鍾離徙爲梁秦二州刺史在漢中七年移風改俗人號慈父長史范洪冑有田一頃將秋遇蝗修躬至田所深自咎責功曹史琅邪王廉勸修捕之修曰此由刺史無德所致捕之何補言卒忽有飛鳥千羣蔽日而至瞬息之間食蟲遂盡而去莫知何鳥迴有臺使見之具言於帝璽書勞問手詔曰犬牙不入無以過也州人表請立碑頌德嗣王範在益城頗有異論武陵王大生疑防流言噂𠴲修深自分釋求送質子弁請助防武陵王乃遣從事中郎蕭固諮以當世之事具觀修意修泣涕爲言忠臣孝子之節王敬納之故終修之時不爲不義一夕忽有狗據修所臥牀而臥修曰此其戎乎因大修城壘承聖元年魏將達奚武來攻修遣記室參軍劉璠至益州求救於武陵王紀遣將楊乾運援之拜修隨郡王璠還至嶓冢乃

降于魏乾運班師璠至城下說城中降魏修數之曰卿不能死節反爲說客邪命射之閒信遣至荆州元帝遣與相聞修中直兵參軍陳晷甚勇有口求爲覘候見獲以辭烈被害乃遣諮議虞馨致武牛酒武謂曰梁已爲侯景所敗王何爲守此孤城修答守之以死誓爲斷頭將軍魏相安定公宇文泰遣書喻之力屈乃降安定公禮之甚厚未幾令還江陵厚遣之以文武千家爲綱紀之僕元帝慮其爲變中使覘伺不絕於道至之夕命刼竊之及旦修表輸馬仗而後帝安修入覲望闕悲不自勝元帝亦慟盡朝皆泣尋拜湘州刺史長沙頻遇兵荒人口凋弊修勸穡務分未期流人至者三千餘家元帝多忌動加誅翦修靜恭自守埋聲晦迹元帝亦以宗室長年深相敬禮及江陵被圍問至即日登舟赴救至巴陵西而江陵覆滅敬帝立遙授修太尉還太保時王室浸微修雖圖義舉力弱不能自振遂發背歐血而薨年五十二

修弟泰字世怡封豐城侯歷位中書舍人傾竭財產以事時要超爲譙州刺史江北人情獷獷前後刺史並綏撫之泰至州便偏發人丁使擔腰輿扇繖等物

不限士庶恥爲之者重加杖責多輸財者即放免之於是人皆思亂及侯景至人無戰心乃先覆敗

始興忠武王憺字僧達文帝第十一子也仕齊爲西中郎外兵參軍武帝起兵憺爲相國從事中郎與南平王偉留守齊和帝即位以憺爲給事黃門侍郎時巴東太守蕭惠訓子璝等兵逼荆州蕭穎胄暴卒尚書僕射夏侯詳議迎憺行荆州事憺率雍州將吏赴之以書喻璝等皆降是冬武帝平建鄴明年和帝詔以憺爲都督荆州刺史天監元年加安西將軍封始興郡王時軍旅之後公私匱乏憺厲精爲政廣闢屯田減省力役存問兵死之家供其窮困人甚安之是歲嘉禾生一莖六穗甘露降于黃閤四年荆州大旱憺使祠于天井有巨蛇長二丈出遶祠壇俄而注雨歲大豐憺自以少年始居重任開導物情辭訟者皆立待符教決於俄頃曹無留事下無滯獄六年州大水江溢堤壞憺親率將吏冒雨賦丈尺築之而雨甚水壯衆皆恐或請避焉憺曰王尊尚欲身塞河堤我獨何心以免乃登堤歎息終日輟膳刑白馬祭江神酹酒於流以身爲百姓請

命言終而水退堤立郡洲在南岸數百家見水長驚走登屋緣樹憺募人救之一口賞一萬估客數十人應募洲人皆以免吏人歎服咸稱神勇又分遣諸郡遭水死者給棺櫬失田者與糧種是歲嘉禾生於州界吏人歸美焉七年慈母陳太妃薨水漿不入口六日居喪過禮武帝優詔勉之使攝州任是冬詔徵以本號還朝人歌曰始興王人之爹徙我反赴人急如水火何時復來哺乳我荆土方言謂父爲爹故云後爲中衛將軍中書令領衛尉卿憺性好謙降意接士常與賓客連榻坐時論稱之九年拜都督益州刺史舊守宰丞尉歲時乞丐躬歷村里百姓苦之習以爲常憺至州停斷嚴切百姓以蘇又與學校祭漢蜀郡太守文翁由是人多向方者十四年遷都督荆州刺史同母兄安成王秀將之雍州薨于道憺聞喪自投于地席稿哭泣不飲不食者數日傾財產賻送部伍大小皆取足焉天下稱其悌十八年徵爲侍中中撫軍將軍開府儀同三司領軍將軍郎開府黄閣薨二宮悲惜輿駕臨幸者七焉贈司徒謚曰忠武憺未薨前夢改封中山王策授如他日意頗惡之數旬而卒憺有惠西土荆州人聞薨皆

哭於巷嫁娶有吉日移以避哀子亮嗣

亮弟暎字文明年十二爲國子生天監十七年詔諸生口策宗室可否帝知暎聰解特令問策又口對並見奇謂祭酒袁昂曰吾家千里駒也起家淮南太守諸兄未有除命乃抗表讓焉暎美容儀普通二年封廣信縣侯丁父憂隆冬地席哭不絕聲不嘗穀粒唯飲冷水因患癥結除太子洗馬詔以憺艱難王業追增國封嗣王陳讓旣不獲許乃乞頒邑諸弟帝許之改封新渝縣侯後居太妃憂泣血三年服闋爲吳興太守郡累不稔中大通三年野穀生武康凡二十二處自此豐穰暎製嘉穀頌以聞中詔稱美後爲北徐州刺史在任弘恕人吏懷之嘗載粟帛遊於境內有遇貧者卽以振焉勝境名山多所尋履及徵將還鍾離人顧思遠挺叉行部伍中暎見甚老使人問對曰年一百一十二歲凡七娶有子十二死亡略盡今唯小者年已六十又無孫息家闕養乏是以行役暎大異之召賜之食食兼於人檢其頭有肉角長寸遂命後舟載還都謁見天子與之言往事多異所傳擢爲散騎侍郎賜以奉宅朝夕進見年百二十卒又普通

中北侵攻穰城城內有人年二百四十歲不復能食穀唯飲曾孫婦乳簡文帝命勞之賜以束帛荊州上津鄉人張元始年一百一十六歲旅力過人進食不異至年九十七方生兒兒遂無影將亡人人告別乃至山林樹木處處履行少日而終時人以爲知命湘東王愛奇重異遂留其枕暎後歷給事黃門侍郎衞尉卿廣州刺史卒官諡曰寬侯

暎弟曄字通明美姿容善談吐初封安陸侯憺特所鍾愛常目送之曰吾所深憂左右問其故答曰其過俊發恐必無年及憺不豫侍疾衣不釋帶言與淚幷憺薨扶而後起服闋改封上黃侯位兼宗正卿簡文入居監撫曄獻儲德頌還給事黃門侍郎出爲晉陵太守美才仗氣言多激揚常乘折角牛穀木屐被服必於儒者名威海內爲宗室推重特被簡文友愛與新渝建安南浦並預密宴號東宮四友簡文曰有五六使來往曄初至郡屬旱躬自祈禱果獲甘潤郡雀林村舊多猛獸爲害曄在政六年此暴遂息卒于郡初曄寢疾歷年官曹擁滯有司案諡法言行相違曰替乃諡替侯

論曰自昔王者創業莫不廣植親親劃裂州國分建子弟是以大旆少帛崇於魯衛盤石犬牙寄深梁楚梁武遠遵前軌蕃屏懿親至於戚枝咸被任遇若蕭景才辯固亦梁之令望者乎臨川不才頻叨重寄古者睦親之道粲而不殊加之重名則有之矣而宏屢黷彝典一撓師徒梁之不綱於斯爲甚正德穢行早顯逆心夙構比齊襄而迹可匹似吳濞而勢不侔徒爲賊景之階梯竟取國敗而身滅哀哉安成南平鄱陽始興俱以名迹著美蓋亦有梁之閒平也

南史卷五十二

南史卷五十二考證

南平元襄王偉傳倍先置防閤白直左右職局一百人○倍監本誤陪今改從

梁書

平原王曼穎卒家貧無以殯○平原梁書作太原

子恭傳下官歷觀時人多有不好懽興○興一本作樂

恭乃多取官米還贍私宅○私梁書作弘誤

鄱陽忠烈王恢傳文帝第十子也○十梁書作九蓋文帝十男恢居其末此總

計高祖兄弟而稱爲第十子耳

中山聽樂可得任悅○悅梁書作說

子範傳乃泝流西上軍於㠜陽○㠜梁書作摐

大心要還九江欲共兵西上○梁書共字下有治字

範將侯瑱襲莊鐵於豫章○瑱監本訛填今從陳書改

始興忠武王憺傳人歌曰始興王人之爹徒我反○徒梁書作徙

史臣論盤石犬牙寄深梁楚○梁書犬牙作凝脂寄深作樹斯

南史卷五十二考證

南史卷五十三

唐　李　延　壽　撰

列傳第四十三

梁武帝諸子

武帝八男丁貴嬪生昭明太子統簡文皇帝廬陵威王續阮修容生孝元皇帝吳淑媛生豫章王綜董昭儀生南康簡王績丁充華生邵陵攜王綸葛修容生武陵王紀

昭明太子統字德施小字維摩武帝長子也以齊中興元年九月生于襄陽武帝既年垂強仕方有冢嗣時徐元瑜降而續又荊州使至云蕭穎胄暴卒時人謂之三慶少日而建鄴平識者知天命所集天監元年十一月立爲皇太子時年幼依舊於內拜東宮官屬文武皆入直永福省五年五月庚戌出居東宮太子生而聰叡三歲受孝經論語五歲徧讀五經悉通諷誦性仁孝自出宮恆思戀不樂帝知之每五日一朝多便留永福省或五日三日乃還宮八年九月於

壽安殿講孝經盡通大義講畢親臨釋奠于國學年十二於內省見獄官將讞事問左右曰是皂衣何爲者曰廷尉官屬召視其書曰是皆可念我得判否有司以統幼紿之曰得其獄皆刑罪上統皆署杖五十有司抱具獄不知所爲具言於帝帝笑而從之自是數使聽訟每有欲寬縱者卽使太子決之建康縣讞誣人誘口獄翻縣以太子仁愛故輕當杖四十令曰彼若得罪便合家孥戮今縱不以其罪罪之豈可輕罰而已可付冶十年十四年正月朔旦帝臨軒冠太子於太極殿舊制太子著遠游冠金蟬翠緌纓至是詔加金博山太子美姿容善舉止讀書數行並下過目皆憶每游宴祖道賦詩至十數韻或作劇韻皆屬思便成無所點易帝大弘佛教親自講說太子亦素信三寶徧覽衆經乃於宮內別立慧義殿專爲法集之所招引名僧自立三諦法義普通元年四月甘露降于慧義殿咸以爲至德所感時俗稍奢太子欲以己率物服御朴素身衣浣衣膳不兼肉三年十一月始興王憺薨舊事以東宮禮絕傍親書翰並依常儀太子以爲疑命僕射劉孝綽議其事孝綽議曰案張鏡撰東宮儀記稱三朝發

哀者踰月不舉樂鼓吹寢奏服限亦然尋傍絶之義義在去服服雖可奪情豈無悲鐃歌輟奏良亦爲此既有悲情宜稱兼慕卒哭之後依常舉樂稱悲竟此理例相符謂猶應兼慕請至卒哭僕射徐勉左率周捨家令陸襄並同孝綽議太子令曰張鏡儀記云依士禮終服月稱慕悼又云凡三朝發哀者踰月不舉劉僕議云傍絶之義義在去服服雖可奪情豈無悲卒哭之後依常舉樂稱悲竟此理例相符尋情悲之說非止卒哭之後緣情爲論此自難一也用張鏡之舉樂棄張鏡之稱悲一鏡之言取捨有異此自難二也陸家令止云多歷年所恐非事證雖復累稔所用意常未安近亦嘗以此問外由來立意謂猶應有慕悼之言張豈不以舉樂爲大稱悲事小所以用小而忽大良亦有以至如元正六佾事爲國章雖情或未安而禮不可廢鐃吹軍樂比之亦然書疏方之事則成小差可緣心聲樂自外書疏自內樂自他書自己劉僕之議卽情未安可令諸賢更共詳衷司農卿明山賓步兵校尉朱异議稱慕悼之辭宜終服月於是付典書遵用以爲永準七年十一月貴嬪有疾太子還永福省朝夕侍疾衣不

解帶及薨步從喪還宮至殯水漿不入口每哭輒慟絶武帝敕中書舍人顧協
宣旨曰毀不滅性聖人之制不勝喪比於不孝有我在那得自毀如此可即強
進飲粥太子奉敕乃進數合自是至葬日進麥粥一升武帝又敕曰聞汝所進
過少轉就羸瘦我比更無餘病政爲汝如此胸中亦填塞成疾故應彊加饘粥
不俟我恆爾懸心雖屢奉敕勸逼終喪日止一溢不嘗菜果之味體素壯腰帶
十圍至是減削過半每入朝士庶見者莫不下泣太子自加玄服帝便使省萬
機內外百司奏事者填塞於前太子明於庶事每所奏謬誤巧妄皆即辯析示
其可否徐令改正未嘗彈糾一人平斷法獄多所全宥天下皆稱仁性寬和容
衆喜愠不形於色引納才學之士賞愛無倦恆自討論墳籍或與學士商摧古
今繼以文章著述率以爲常于時東宮有書幾三萬卷名才並集文學之盛晉
宋以來未之有也性愛山水於玄圃穿築更立亭館與朝士名素者遊其中嘗
泛舟後池番禺侯軌盛稱此中宜奏女樂太子不答詠左思招隱詩云何必絲
與竹山水有清音軌慚而止出宮二十餘年不畜音聲未薨少時敕賜太樂女

伎一部略非所好普通中大軍北侵都下米貴太子因命菲衣減膳每霖雨積雪遣腹心左右周行閭巷視貧困家及有流離道路以米密加振賜人十石又出主衣絹帛年常多作襦袴各三千領冬月以施寒者不令人知若死亡無可斂則爲備棺槥每聞遠近百姓賦役勤苦輒斂容變色常以戶口未實重於勞擾吳郡屢以水災不熟有上言當漕大瀆以瀉浙江中大通二年春詔遣前交州刺史王弈假節發吳吳興信義三郡人丁就役太子上疏曰伏聞當遣王弈等上東三郡人丁開漕溝渠導洩震澤使吳興一境無復水災誠矜恤之至仁經略之遠旨暫勞永逸必獲後利未萌難覩竊有愚懷所聞吳興累年失收人頗流移吳郡十城亦不全熟唯信義去秋有稔復非恆役之民今日東境穀稼猶貴劫盜屢起所在有司皆不聞奏今征戍未歸強丁疎少此雖小舉竊恐難合吏一呼門動爲人蠹又出丁之處遠近不一比得齊集已妨蠶農去年稱爲豐歲公私未能足食如復今玆失業慮恐爲弊更深且草竊多伺候人間虛實若善人從役則抄盜彌增吳興未受其益內地已離其弊不審可得權停此功待優實以不武帝優詔以喻

焉太子孝謹天至每入朝未五鼓便守城門開東宮雖燕居內殿一坐一起恆向西南面臺宿被召當入危坐達旦三年三月游後池乘彫文舸摘芙蓉姬人蕩舟沒溺而得出因動股恐貽帝憂深誡不言以寢疾聞武帝敕看問輒自力手書啓及稍篤左右欲啓聞猶不許曰云何令至尊知我如此惡因便嗚咽四月乙巳暴惡馳啓武帝比至巳薨時年三十一帝臨哭盡哀詔斂以袞冕諡曰昭明五月庚寅葬安寧陵詔司徒左長史王筠爲哀冊文朝野惋愕都下男女奔走宮門號泣滿路四方甿庶及壃徼之人聞喪者哀慟太子性仁恕見在宮禁防捉荊子者問之云以清道驅人太子恐復致痛使捉手板代之頻食中得蠅蟲之屬密置柈邊恐廚人獲罪不令人知又見後閤小兒攤戲後屬有獄牒攤者法士人結流徒庶人結徒太子曰私錢自戲不犯公物此科太重令注刑止三歲士人免官獄牒應死者必降長徒自此以下莫不減半所著文集二十卷又撰古今典誥文言爲正序十卷五言詩之善者爲英華集二十卷文選三十卷薨後長子東中郎將南徐州刺史華容公歡封豫章郡王次子枝江公譽

封河東郡王曲江公詧封岳陽郡王警封武昌郡王鑒封義陽郡王各三千戶女悉同正主蔡妃供侍一同常儀唯別立金華宮爲異帝既廢嫡立庶海內噂嗒故各封諸子大郡以慰其心岳陽王詧流涕受拜累日不食初丁貴嬪薨太子遣人求得善墓地將斬草有賣地者因閹人俞三副求市若得三百萬許以百萬與之三副密啓武帝言太子所得地不如今所得地於帝吉帝末年多忌便命市之葬畢有道士善圖墓云地不利長子若厭伏或可申延乃爲蠟鵝及諸物埋墓側長子位有宮監鮑邈之魏雅者二人初並爲太子所愛邈之晚見疎於雅密啓武帝云雅爲太子厭禱帝密遣檢掘果得鵝等物大驚將窮其事徐勉固諫得止於是唯誅道士由是太子迄終以此慚慨故其嗣不立後邵陵王臨丹陽郡因邈之與鄉人爭婢議以爲誘略之罪牒宮簡文追感太子冤揮淚誅之邈之兄子僧隆爲宮直前未知邈之姪郎日驅出先是人間謠曰鹿子開城門城門鹿子開當開復未開使我心徘徊城中諸少年逐歡歸去來鹿子開者反語爲來子哭云帝哭也歡前爲南徐州太子果薨遣中書舍人臧厥追

歡於崇正殿解髮臨哭歡既嫡孫次應嗣位而遲疑未決帝既新有天下恐不可以少主主大業又以心銜故意在晉安王猶豫自四月上旬至五月二十一日方決歡止封豫章王還任往謠言心徘徊者未定也城中諸少年逐歡歸去來復還徐方之象也歡字孟孫位雲麾將軍江州刺史薨謚安王子棟嗣棟字元吉及簡文見廢侯景奉以爲主棟方與妃張氏鋤葵而法駕奄至棟驚不知所爲泣而升輦及卽位升武德殿欻有迴風從地涌起翻飛華蓋徑出端門時人知其不終於是年號天正追尊昭明太子曰昭明皇帝安王爲安皇帝金華敬妃蔡氏爲敬皇后太后王氏爲皇太后妃爲皇后未幾行禪讓禮棟封淮陰王及二弟橋樛並鎖於密室景敗走兄弟相扶出逢杜崱於道崱去其鎖弟曰今日免橫死矣棟曰倚伏難知吾猶有懼初王僧辯之爲都督將發諮元帝曰平賊之後嗣君萬福未審有何儀注帝曰六門之內自極兵威僧辯曰平賊之謀臣爲己任成濟之事請別舉人由是帝別勅宣猛將軍朱買臣使行忍酷會簡文已被害棟等與買臣遇見呼往船共飲未竟並沉于水

河東王譽字重孫普通二年封枝江縣公中大通三年改封河東郡王累遷南中郎將湘州刺史未幾侯景寇建鄴譽入援至青草湖臺城沒有詔班師譽還湘鎮時元帝軍于武城新除雍州刺史張纘密報元帝曰河東起兵岳陽聚米將來襲江陵元帝甚懼沉米斷纜而歸因遣諮議周弘直至譽所督其糧衆譽曰各自軍府何忽疑人使三反譽並不從元帝大怒遣世子方等征之反爲譽敗死又令信州刺史鮑泉討譽幷陳示禍福譽謂曰欲前即前無所多說泉軍于石槨寺譽逆擊不利而還泉進軍橘洲譽攻之又見敗於是遂圍之譽幼而有驍勇馬上用弩兼有膽氣能撫士卒甚得衆心元帝又遣領軍王僧辯代鮑泉攻譽譽將潰圍而出會其麾下將慕容華引僧辯入城遂被執謂守者曰勿殺我得一見七官申此讒賊死無恨主者曰奉令不許遂斬首送荊鎮元帝返其首以葬焉初譽之將敗引鏡照面不見其頭又見長人蓋屋兩手據地瞰其臍又見白狗大如驢從城出不知所在譽甚惡之俄而城陷

豫章王綜字世謙武帝第二子也天監三年封豫章郡王累遷北中郎將南徐

州刺史入爲侍中鎮右將軍初綜母吳淑媛在齊東昏宮寵在潘余之亞及得
幸於武帝七月而生綜宮中多疑之淑媛寵衰怨望及綜年十四五恆夢一年
少肥壯自挈其首對綜如此非一綜轉成長心驚不已頻密問淑媛曰夢何所
如夢既不一淑媛問夢中形色頗類東昏因密報之曰汝七月日生兒安得比
諸皇子汝今太子次弟幸保富貴勿洩綜相抱哭每日夜恆泫泣又每竫室閉
戶藉地被髮席藁輕財好士分施不輟唯留身上故衣外齋接客分麤服廚庫
恆致罄乏常於內齋布沙於地終日跣行足下生胝日能行三百里嘗有人士
姓王以屯蹟投告綜于時大乏唯有眠牀故皂複帳即下付之其降意下士以
伺風雲之會諸侯王妃主及外人並知此懷唯武帝不疑及長有才學善屬文
武帝御諸子以禮朝見不甚數綜恆怨不見知每出藩淑媛恆隨之至鎮時年
十五尚裸袒嬉戲於前晝夜無別妃袁氏尚書令昂之女也淑媛恆節其宿止
遇袁妃尤不以道內外咸有穢聲綜後在徐州政刑酷暴又有勇力制及奔馬
摽殺駒犢常陰服微行著烏絲布帽夜出無有期度招引道士探求數術性聰

敏多通每武帝有敕疏至輒忿恚形於顏色帝性嚴羣臣不敢輕言得失凡綜所行弗之知也於徐州還頻裁表陳便宜求經略邊境帝並優敕答之徐州所有練樹並令斬殺以帝小名練故累致意尚書僕射徐勉求出鎮襄陽勉未敢言因是怒勉餉以白團扇圖伐檀之詩言其賄也在西州於別室歲時設席祠齊氏七廟又累微行至曲阿拜齊明帝陵然猶無以自信聞俗說以生者血瀝死者骨滲即爲父子綜乃私發齊東昏墓出其骨瀝血試之既有徵矣在西州生次男月餘日潛殺之既瘞夜遣人發取其骨又試之其酷忍如此每對東宮及諸王辭色不恭遜嘗改歲後問訊臨川王宏出至中閤登宏羊車次遺糞而出居都下所爲多如此者普通四年爲都督南兗州刺史頗勤於事而不見賓客其辭訟則隔簾理之方幅出行垂帷於輿每云惡人識其面也初齊故建安王蕭寶夤在魏綜求得北來道人釋法鸞使入北通問於寶夤謂爲叔父襄陽人梁話母死法鸞說綜厚賜之言終可任使綜遺話錢五萬及葬畢引在左右法鸞在廣陵往來通魏尤數每舍淮陰苗文寵家言文寵於綜綜引爲國常侍

六年魏將元法僧以彭城降帝使綜都督衆軍權鎮彭城幷攝徐州府事武帝曉別玄象知當更有敗軍失將恐綜爲北所禽手敕綜令拔軍每使居前勿在人後綜恐帝覺與魏安豐王元延明相持夜潛與梁話苗龍三騎開北門涉汴河遂奔蕭城自稱隊主見延明而拜延明坐之問其名氏不答曰殿下問人有見識者延明召使視之曰豫章王也延明喜下地執其手答其拜送于洛陽及旦齋內諸閤猶閉不開衆莫知所以唯見城外魏軍叫曰汝豫章王昨夜已來在我軍中城中既失王所在衆軍皆退不得還者甚衆湘州益陽人任煥常有雖馬乘之退走煥脚爲抄所傷人馬俱斃煥於橋下歇抄復至煥脚痛不復得上馬於是向馬泣曰騅子我於此死矣馬因跪其前脚煥乃得上馬遂免難綜長史江華大府卿祖暅並爲魏軍所擒武帝聞之驚駭綜至魏位侍中司空高平公丹陽王梁話苗龍並爲光祿大夫綜改名纘字德文追服齊東昏斬衰魏太后及羣臣並弔八月有司奏削爵土絶其屬籍改子直姓悖氏未及旬日有詔復屬籍封直永新侯久之乃策免吳淑媛俄遇鴆而卒有詔復其品秩謚曰

敬使直主其喪及蕭寶夤據長安反綜復去洛陽欲奔之魏法度河橋不得乘馬綜乘馬而行橋吏執之送洛陽魏孝莊初歷位司徒太尉尙帝姊壽陽長公主陳慶之之至洛也送綜啓求還時吳淑媛尙在敕使以綜小時衣寄之信未達而慶之敗未幾終於魏初綜在魏不得志嘗作聽鍾鳴悲落葉以申其志當時莫不悲之後梁人盜其柩來奔武帝猶以子禮祔葬陵次直字思方位晉陵太守沙州刺史

南康簡王績字世謹小字四果武帝第四子也天監七年封南康郡王十年爲南徐州刺史時年七歲主者有受貨洗改解書長史王僧孺弗之覺績見而詰之便卽首服衆咸歎其聰警十七年爲都督南兗州刺史在州以善政稱尋有詔徵還百姓曹樂等三百七十人詣闕上表稱績尤異一十五條乞留爲州任優詔許之普通四年徵爲侍中雲麾將軍領石頭戍軍事五年出爲江州刺史丁董淑媛憂居喪過禮固求解職乃徵授安右將軍領石頭戍軍事尋加護軍羸瘠不親視事大通三年因感疾薨于任贈開府儀同三司謚曰簡績寡玩好

少嗜欲居無僕妾躬事儉約所有租秩悉寄天府旣薨後少府有南康國無名錢數千萬子會理嗣

會理字長才少聰慧好文史年十一而孤特爲武帝所愛衣服禮秩與正王不殊十五爲湘州刺史多信左右行事劉納每禁之會理心不平譖以贓貨收送建業納歎曰我一見天子使汝等知會理厚送資糧數遣慰喻令心腹於青草湖爲盜殺納百口俱盡累還都督南兗州刺史太清元年督衆軍北侵至彭城爲魏師所敗退歸本鎭二年侯景圍城會理入援會北徐州刺史封山侯正表將應其兄正德外託赴援實謀襲廣陵會理擊破之方得進路臺城陷會理歸鎭侯景遣前臨江太守董紹先以武帝手敕召會理其僚佐曰紹先書豈天子意咸勸拒之會理用其典籤范子鸞計曰天子年尊受制賊虜今有手敕召我入朝臣子之心豈得違背且處江北功業難成不若身赴京都圖之肘腋遂納紹先紹先入以烏幡麾衆單馬遣之至都景以爲司空兼尙書令雖在寇手每思匡復與西鄉侯勸等潛布腹心要結壯士時范陽祖皓斬董紹先據廣陵城

起義期以會理爲內應皓敗辭相連及侯景矯詔免會理官猶以白衣領尙書令是冬景往晉熙都下虛弱會理復與柳敬禮及北兗州司馬成欽謀之敬禮曰舉大事必有所資今無寸兵安可以動會理曰湖熟有吾故舊三千餘人昨來相知剋期響集計賊守兵不過千人若大兵外攻吾等內應直取王偉事必有成縱景後歸無能爲也敬禮曰善于時百姓厭賊咸思用命建安侯賁以謀告王偉偉遂收會理及其弟通理時有錢唐褚冕會理之舊亦因於省閤事之所起考掠千計終無所言會理隔壁聞之遙曰褚郎卿豈不爲吾致此邪然勿言王偉害會理等冕竟以不服偉赦之會理弟通理字仲宣位太子洗馬封祈陽侯至是亦遇害

通理弟乂理字季英生十旬而簡王薨至三歲能言見內人分散涕泣相送問其故或曰此簡王宮人喪畢去耳乂理便號泣悲不自勝諸宮人見之莫不哀感爲之停者三人服闋見武帝升殿又悲不自勝帝爲之收涕謂左右曰此兒大必爲奇士大同八年封安樂縣侯乂理慷慨慕立功名每讀書見忠臣烈士

未嘗不廢卷歎曰一生之內當無愧古人博覽多識有文才嘗祭孔文舉墓幷爲立碑製文甚美及侯景內寇乂理聚客赴南兗州隨兄會理入援及城陷又隨會理還廣陵因入齊爲質乞師行二日會景遣董紹先據廣陵遂追獲之防嚴不得與兄相見乃僞請先還都入辭母因謂其姊固安主曰兄若至願使善爲計自勉勿顧以爲念前途亦思立効但未知天命何如耳至都以魏降人元貞忠正可以託孤乃以玉柄扇贈之貞怪不受乂理曰後當見憶會祖皓起兵乂理奔長蘆爲景所害元貞始悟其前言往收葬焉

廬陵威王續字世訢武帝第五子也天監八年封廬陵王少英果膂力絶人馳射應發命中武帝歎曰此我之任城也嘗馳射於帝前續中兩轝冠於諸人帝大悅中大通二年爲都督雍州刺史寧蠻校尉大同元年遷江州刺史又爲驃騎將軍開府儀同三司又爲都督荆州刺史薨贈司空諡曰威始元帝母阮脩容得幸由丁貴嬪之力故元帝與簡文相得而與廬陵王少相狎長相謗元帝之臨荆州有宮人李桃兒者以才慧得進及還以李氏行時行宮戶禁重續具

狀以聞元帝泣對使訴於簡文簡文和之不得元帝猶懼送李氏還荆州世所謂西歸內人者自是二王書問不通及續薨元帝時爲江州聞問入閤而躍屧爲之破尋自江州復爲荆州荆州人迎于我境帝數而遣之吏人失望續多聚馬仗蓄養趫雄耽色愛財極意收斂倉儲庫藏盈溢臨終有啓遣中錄事參軍謝宣融送所上金銀器千餘件武帝始知其富以爲財多德寡因問宣融曰王金盡於此乎宣融曰此之謂多安可知也夫王之過如日月之蝕欲令陛下知之故終而不隱帝意乃解世子憑以非前誅死次子應嗣應不慧王薨至內庫閱珍物見金鋌問左右曰此可食否答曰不可應曰既不可食並特乞汝他皆此類

邵陵攜王綸字世調小字六真武帝第六子也少聰穎博學善屬文尤工尺牘天監十三年封邵陵郡王普通五年以西中郎將權攝南徐州事在州輕險躁虐喜怒不恆車服僭擬肆行非法遨遊市里雜於廝隸嘗問賣䱉者曰刺史何如對者言其躁虐綸怒令吞䱉以死自是百姓惶駭道路以目嘗逢喪車奪孝

子服而著之匍匐號叫籤帥懼罪密以聞帝始嚴責綸不能改於是遣代綸悖
慢逾甚乃取一老公短瘦類帝者加以衮冕置之高坐朝以爲君自陳無罪使
就坐剝褫捶之於庭忽作新棺木貯司馬崔會意以轜車挽歌爲送葬之法使
嫗乘車悲號會意不堪輕騎還都以聞帝恐其奔逸以禁兵取之將於獄賜盡
昭明太子流涕固諫得免免官削爵土還第大通元年復封爵中大通四年爲
揚州刺史綸素驕縱欲盛器服遣人就市賖買錦采絲布數百疋擬與左右職
局防閤爲絳衫內人帳幔百姓並關閉邸店不出臺續使少府市采經時不能
得敕責府丞何智通具以聞因被責還第恆遣心腹馬容戴子高戴瓜李撤趙
智英等於路尋何智通於白馬巷逢之以槊刺之刃出於背智通以血書壁作
邵陵字乃絕遂知之帝懸錢百萬購賊有西州游軍將宋鵲子條姓名以啓敕
遣舍人諸曇粲領齋仗五百人圍綸第於內人檻中禽瓜撤智英子高驍勇踰
牆突圍遂免智通子敞之割炙食之即載出新亭四面火炙之焦熟敞車載錢
設鹽蒜雇百姓食撤一臠賞錢一千徒黨并母肉遂盡綸瑣在第舍人諸曇粲

弁主帥領仗身守視免爲庶人經三旬乃脫鎖頊之復封爵後預錢衡州刺史元慶和於坐賦詩十二韻末云方同廣川國寂寞久無聲大爲武帝賞曰汝人才如此何慮無聲旬日間拜郢州刺史太清二年位中衛將軍開府儀同三司侯景構逆加征討大都督率衆討景將發帝誡曰侯景小豎頗習行陣未可以一戰卽殄當以歲月圖之綸發白下中江而浪起有物蕩舟將覆識者尤異之及次鍾離景已度采石綸乃晝夜兼道旋軍入赴濟江中流風起人馬溺者十一二遂率西豐公大春新塗公大成等步騎三萬發京口將軍趙伯超請從徑路直指鍾山出其不意綸從之衆軍奄至賊徒大駭分爲三道攻綸綸大破之翊日賊又來攻日晚賊稍退南安侯駿以數十騎馳之賊回拒駿駿部亂賊因逼大軍大軍潰綸至鍾山戰敗奔還京口軍主霍俊見獲賊送于城下逼云已禽邵陵王俊僞許之乃曰王小失利政爲糧盡還京口俊爲託邏所獲非軍敗也賊以刀背毆其髀俊色不變賊義而捨之俊中書舍人靈超子也三年正月綸與東揚州刺史大連等入援至驃騎洲進位司空臺城陷綸奔禹穴東土皆

附臨城公大連懼將害己乃圖之綸覺乃去至尋陽尋陽公大心欲以州讓之
不受大寶元年綸至郢州刺史南平王恪讓州於綸綸不受乃上綸爲假黃鉞
都督中外諸軍事綸於是置百官改聽事爲正陽殿內外齋省悉題署焉而數
有變怪祭城隍神將烹牛有赤蛇繞牛口出南浦施安幄帳無何風起飄沒于
江于時元帝圍河東王譽於長沙既久譽請救於綸綸欲往救之爲軍糧不繼
遂止乃與元帝書曰道之斯美以和爲貴況天時地利不及人和豈可手足肱
支自相屠害卽日大敵猶彊天讎未雪余爾昆弟在外三人如不匡救安用臣
子如使逆寇未除家禍仍搆料今訪古未或弗亡夫征戰之理義在克勝至於
骨肉之戰愈勝愈酷捷則非功敗則有喪勞兵損義虧失多矣侯景之軍所以
未窺江外者政爲藩屏盤固宗鎮彊密若自相魚肉是謂代景行師景便不勞
兵力坐致成効醜徒聞此何快如之元帝復書陳譽有罪不可解圍之狀綸省
書流涕曰天下之事一至於斯左右聞之莫不掩泣於是大脩器甲將討侯景
元帝聞其盛乃遣王僧辯帥舟師一萬以逼綸綸將劉龍武等降僧辯綸遂與

子蹟等十餘人輕舟走武昌沙門法馨與綸有舊藏之巖石之下時綸長史韋
質司馬姜偉先在外聞綸敗馳往迎元帝復遣將徐文盛追攻之綸復收卒屯
于齊昌郡將引魏軍共攻南陽侯景將任約襲綸綸敗走定州刺史田龍祖迎
綸綸懼爲所執復歸齊昌行收兵至汝南魏所署汝南城主李素孝者綸之故
吏開城納之綸乃脩復城池收集士卒將攻竟陵魏聞之遣大將楊忠儀同侯
幾通攻破城執綸綸不爲屈通乃臥大鼓使綸坐上殺之投于江岸經日色不
變鳥獸莫敢近時飛雪飄零屍横道路周回數步獨不霑灑舊主帥安陸人郝
破敵斂之於襄陽葬之日黄雪雺糅唯冢壙所獨不下雪楊忠知而悔焉使以
太牢往祭殯焉百姓憐之爲立祠廟岳陽王詧遣迎喪葬於襄陽望楚山南贈
太宰謚曰安後元帝議追加謚尚書左丞劉瑴議謚法怠政交外曰攜從之綸
任情卓越輕財愛士不競人利府無儲積聞有輒求既得卽散士亦以此歸之
初鎭京口大造器甲既涉聲論投之于江及後出征戎備頗闕乃歎曰吾昔造
仗本備非常無事涉疑遂使零散今日討抄卒無所資初昭明之薨簡文入居

監撫綸不謂德舉而云時無豫章故以次立及廬陵之没綸觖望滋甚於是伏
兵于莽用伺車駕而臺舍人張僧胤知之其謀頗洩又綸獻曲阿酒百器上以
賜寺人飲之而斃上乃不自安頗加衛士以警宮內於是傳者諸相疑阻而綸
亦不懼武帝竟不能有所廢黜卒至宗室爭競爲天下笑
長子堅字長白大同元年以例封汝南侯亦善草隸性頗庸短嘗與所親書題
云嗣王其人得書大駭執以諫堅堅曰前言戲耳人曰不願以此爲戲耳侯景
圍城堅屯太陽門終日蒱飲不撫軍政吏士有功未嘗申理疫癘所加亦不存
恤士咸憤怨太清三年堅書佐董勛華白曇朗等以堅私室醞釀亟有烹宰不
相霑及忿恨夜遣賊登樓城遂陷堅遇害弟確
確字仲正少驍勇有文才尤工楷隸公家碑碣皆使書之除祕書丞武帝謂曰
爲汝能文所以特有此授大同二年封爲正階侯復徙封永福常在第中習騎
射學兵法時人以爲狂左右或進諫確曰聽吾爲國家破賊使汝知之鍾山之
役確所向披靡羣賊憚之確每臨陣對敵意甚詳贍帶甲據鞍自朝及夕馳驟

往返不以爲勞諸將服其壯勇軍敗賊使負砲不之知也確因隙自拔得達朱方及後侯景乞盟憚確及趙威方在外慮爲後患啓求召確入城詔乃召確爲南中郎將廣州刺史確知此盟多貳城必淪沒欲先遣趙威方入確因南奔綸聞之逼確使入確猶不肯綸流涕謂曰汝欲反邪時臺使周石珍在坐確曰侯景雖云欲去而不解長圍以意而推其事可見今召我入未見益也石珍曰敕旨如此侯豈得辭確執意猶堅綸大怒謂趙伯超曰譙州卿爲我斬之當齎首赴闕伯超揮刃眄曰我識君耳刀豈識君確流涕而出遂入城及景背盟復圍城城陷確排闥入啓時武帝方寢確曰城已陷矣帝曰猶可一戰否對曰人心不可臣向格戰不禁縋下僅得至此武帝歎曰自我得之自我失之亦復何恨幸不累子孫乃使確爲慰勞文謂曰爾速去謂汝父無以二宮爲念及出見景景愛其膂力恆令在左右後從景仰見飛鳶羣賊爭射不中確射之應弦即落賊徒忿嫉咸勸除之先是綸遣典籤唐法隆密導確確謂使者曰侯景輕恌可一夫力致確不惜死欲手刃之卿還啓家王願勿以一子爲念後與景獵鍾山

同逐禽引弓將射景弦斷不得發賊覺殺之
武陵王紀字世詢武帝第八子也少而寬和喜怒不形於色勤學有文才天監十三年封武陵王尋授揚州刺史中書詔成武帝加四句曰貞白儉素是其清也臨財能讓是其廉也知法不犯是其愼也庶事無留是其勤也紀特爲帝愛故先作牧揚州大同三年爲都督益州刺史以路遠固辭帝曰天下方亂惟益州可免故以處汝汝其勉之紀歔欷既出復入帝曰汝嘗言我老我猶再見汝還益州也紀在蜀開建寧越嶲貢獻方物十倍前人朝嘉其績加開府儀同三司初天監中震太陽門成字曰紹宗梁位唯武王解者以武陵王於是朝野屬意焉及侯景陷臺城上甲侯韶西上至硤出武帝密勅加紀侍中假黃鉞都督征討諸軍事驃騎大將軍太尉承制大寶元年六月辛酉紀乃移告諸州征鎭遣世子圓照領二蜀精兵三萬受湘東王繹節度繹命圓照且頓白帝未許東下七月甲辰湘東王繹遣鮑檢報紀以武帝崩問十一月壬寅紀總戎將發益鎭繹使胡智監至蜀書止之曰蜀中斗絶易動難安弟可鎭之吾自當滅賊又

別紙云地擬孫劉各安境界情深魯衞書信恆通二年四月乙丑紀乃僭號於蜀改年曰天正暗與蕭欑同名識者尤之以爲於文天爲二人正爲一止言各一年而止也紀又立子圓照爲皇太子圓正爲西陽王圓滿竟陵王圓普南譙王圓肅宜都王以巴西梓潼二郡太守永豐侯撝爲征西大將軍益州刺史封秦郡王司馬王僧略直兵參軍徐怦並固諫皆殺之僧略僧辯弟怦勉從子也以諫且以怦與將帥書云事事往人口具以爲反於己誅之永豐侯撝歎曰王不克矣夫善人國之基也今乃誅之不亡何待又謂所親曰昔桓玄年號大亨識者爲謂二月了而玄之敗實在仲春今年曰天正在文爲一止其能久乎丁卯元帝遣萬州刺史宋𧼛襲圓照於白帝圓照弟圓正時爲西陽太守召至鎖于省內初楊乾運求爲梁州刺史不得紀以爲潼州刺史楊法深求爲黎州刺史亦不得以爲沙州刺史二憾不獲所請各遣使通西魏及聞魏軍侵蜀紀遣其將譙淹回軍赴援魏將尉遲迥逼涪水楊乾運降之迥即趨成都五月己巳紀次西陵軍容甚盛元帝命護軍將軍陸法和立二城於峽口名七勝城鎖江

以斷峽時陸納未平蜀軍復逼元帝甚憂法和告急旬日相繼元帝乃拔任約於獄以爲晉安王司馬撤禁兵以配之并遣宣猛將軍劉棻共約西赴六月紀築連城攻絕鐵鎖元帝復於獄拔謝答仁爲步兵校尉配衆一旅上赴紀之將發也江水可揭前部不得行及登舟無雨而水長六尺劉孝勝喜曰殆天贊也將至峽有黑龍負舟其將帥咸謂天助及頓兵日久頻戰不利師老糧盡智力俱殫又魏人入劍閣成都虛弱憂懣不知所爲先是元帝已平侯景執所俘馘頻遣報紀世子圓照鎮巴東留執不遣啓紀云侯景未平宜急征討已聞荆鎮爲景所滅疾下大軍紀謂爲實然故仍率衆沿江急進於路方知侯景已平便有悔色召圓照責之圓照曰侯景雖誅江陵未服宜速平蕩紀亦以既居尊位宣言於衆敢諫者死蜀中將卒日夜思歸所署江州刺史王開業進曰宜還救根本更思後圖諸將僉以爲然圓照劉孝勝獨言不可紀乃止既而聞王琳將至潛遣將軍侯叡傍險出法和後臨水築壘禦琳及法和元帝書遺紀遣光州刺史鄭安中往喻意於紀許其還蜀專制岷方紀不從命報書如家人禮既而

侯叡爲任約謝答仁所破又陸納平諸軍並西赴元帝乃與紀書曰甚苦大智
季月煩暑流金鑠石聚蚊成雷封狐千里以茲玉體辛苦行陣乃睠西顧我勞
如何自獯醜憑陵羯胡叛換吾年爲一日之長屬有平亂之功膺此樂推事歸
當璧儻遣使乎良所希也如曰不然於此投筆友于兄弟分形共氣兄肥弟瘦
無復相代之期讓棗推梨長罷懽愉之日上林靜拱聞四鳥之哀鳴宣室披圖
嗟萬始之長逝心乎愛矣書不盡言大智紀別字也帝又爲詩曰回首望荊門
驚浪且雷奔四鳥嗟長別三聲悲夜猿圓正在獄中連句曰水長二江急雲生
三峽昏願貰淮南罪思報阜陵恩帝看詩而泣紀頻敗知不振遣署度支尚書
樂奉業往江陵論和緝之計元帝知紀必破遂拒而不許於是兩岸十餘城遂
俱降游擊將軍樊猛率所領至紀所紀在船中遶牀而走以金擲猛等曰此顧
卿送我一見七官卿必當富貴猛曰天子何由可見殺足下此金何之猶不敢
逼圍而守之法和馳啓上密敕樊猛曰生還不成功也猛率甲士祝文簡張天
成拔刀升舟猶左右奔擲第五子圓滿馳來就父紀首既落圓滿軀亦分法和

收太子圓照兄弟三人問圓照曰阿郎何以至此圓照曰失計願爲公作奴法和叱遣之

圓照字明周中大同初爲益州東齋郎宋寧宋與二郡太守遠鎮諸王世子皆在建鄴質守帝特愛紀故遣以副紀紀之搆釁悉其謀也次弟圓正先見鎖在江陵及紀既以兵終元帝使謂曰西軍已敗汝父不知存亡意欲使其自裁而圓正既奉此問便號哭盡哀以禍難之興皆由圓照於是唯哭世子言不絕聲上謂圓正聞問悲感必應自殺頻看知不能死又付廷尉獄及見圓照曰阿兄何乃亂人骨肉使酷痛如此圓照更無所言唯云計誤並命絕食於獄齧臂啖之十三日死天下聞而悲之

圓正字明允紀第二子美風儀善談論寬和好施愛接士人封江安侯歷西陽太守有惠政既居上流人附者甚衆及侯景作逆圓正收兵衆且一萬後遂跋扈中流不從王命及景破復謀入蜀元帝將圖之署爲平南將軍及至弗見使南平嗣王恪等醉而囚之時紀稱梁王及紀敗死爲有司奏請絕紀屬籍元帝

許之賜姓饕餮氏紀最爲武帝所愛武帝諸子罕登公位唯紀以功業顯著先啓黃扉兄邵陵王綸屢以罪黜心每不平及聞紀爲征西綸撫枕歎曰武陵有何功業而位乃前我朝廷憒憒似不知人武帝聞之大怒曰武陵有恤人拓境之勳汝有何績太清初帝思之使善畫者張僧繇至蜀圖其狀在蜀十七年南開寧州越巂西通資陵吐谷渾內脩耕桑鹽鐵之功外通商賈遠方之利故能殖其財用器甲殷積馬八千匹上足者置之內廐開寢殿以通之日落輒出步馬便騎射尤工舞矟九日講武躬領幢隊及聞國難謂僚佐曰七官文士豈能匡濟既東下黃金一斤爲餅百餅爲簉至有百簉銀五倍之其他錦罽繒采稱是每戰則懸金帛以示將士終不賞賜寧州刺史陳知祖請散金銀募勇士不聽慟哭而去自是人有離心莫肯爲用紀頗學觀占善風角亦知不復能濟瞻望氣色歎吒天道椎牀聲聞于外有請事者以疾辭不見既死埋於沙州不封無櫬元帝以劉孝勝付廷尉尋免之初紀將僭號祅怪不一內寢柏殿柱繞節生花其莖四十有六靃靡可愛狀似荷花識者曰王敦祅花非佳事也時蜀知

星人說紀曰官若東下當用申年太白出西從之爲利申歲發蜀酉年入荊不可失也發蜀之歲太白在西北及明年則已東出矣

論曰甚矣讒佞之爲巧也夫言附正直跡在恭敬悅目會心無施不可至乃離父子間兄弟廢楚嫡疎漢嗣可爲太息良非一塗以昭明之親之賢梁武帝之愛之信謗言一及至死不能自明況於下此者也綜處秦政之疑懷負尺之志肆行狂悖卒致奔亡廬陵多財爲累雄心自立未及騁暴早卒爲幸南康爲政有方居喪以禮惜乎早夭不拯危季邵陵少而險躁人道頓忘晚致勤王其殆優矣武陵地居勢勝卒致傾覆才輕志大能無及乎

南史卷五十三

南史卷五十三考證

昭明太子統傳徐元瑜降而續又荊州使至○又監本誤人今從南本

時年幼依舊於內○梁書於字上有居字應增入

五歲偏讀五經悉通諷誦○通一本作融

胸中亦填塞成疾○填梁書作圯

不俟我恆爾懸心○俟梁書作使

不畜音聲未薨少時敕賜太樂女妓一部略非所好○梁書無未薨二字又太作大

詔遣前交州刺史王奕○奕梁書作弁

唯信義去秋有稔○信義梁書作義興

爲英華集二十卷○梁書同應從南本改爲文章英華集二十卷

復還徐方之象也○還監本作遠

河東王譽傳譽曰各自軍府何忽疑人○疑梁書作隸

南康簡王績傳天監七年封南康郡王○七梁書作八

少府有南康國無名錢數千萬○梁書無少字

子乂理傳大同八年封安樂縣侯○八監本誤三今改從閣本又安樂梁書作

建安

邵陵攜王綸傳以西中郎將權攝南徐州事○徐梁書作兗又云中大同元年

出爲統東將軍南徐州刺史本書不載殆彼此互訛也

恆遣心腹馬容戴子高戴瓜李撤趙智英等於路尋何智通於白馬巷逢之以

槊刺之○梁書作令客戴子高於都巷刺殺之

綸遂與子躓等十餘人輕舟走武昌○躓梁書作確下文確傳確自臺城出即

在景左右旋欲手刃景爲賊所殺則確未嘗有走武昌事當以躓爲是

子確傳後徙封永安○安監本訛福今從梁書

武陵王紀傳震太陽門成字曰紹宗梁位唯武王解者以武陵王○解者以武

陵王梁書作解者以爲武王者武陵王也較明

六月紀築連城攻絶鐵鎖○紀梁書作約誤也上文元帝命陸法和鎖江以斷峽遣劉棻共任約西赴下文元帝復以謝答仁上赴所謂赴者皆赴法和也則此攻絶鐵鎖自當屬紀不當屬約矣

武陵王紀子圓正傳識者曰王敦袄花非佳事也○袄梁書作杖

南史卷五十三考證

南史卷五十四

唐　李　延　壽　撰

列傳第四十四

梁簡文帝諸子　元帝諸子

簡文二十子王皇后生哀太子大器南郡王大連陳淑容生尋陽王大心左夫人生南海王大臨安陸王大春謝夫人生瀏陽公大雅張夫人生新興王大莊包昭華生西陽王大鈞范夫人生武寧王大威褚修華生建平王大球陳夫人生義安王大昕朱夫人生綏建王大摯其臨川王大款桂陽王大成汝南王大封樂良王大圜並不知母氏潘美人生皇子大訓早亡無封其餘不知不載

哀太子大器字仁宗簡文嫡長子也中大通三年封宣城郡王太清二年十月侯景寇建鄴敕太子爲臺內大都督三年五月簡文卽位六月癸酉立爲皇太子大寶二年八月景廢簡文將害太子時景黨稱景命召之太子方講老子將下牀而刑人掩至太子顏色不變徐曰久知此事嗟其晚耳刑者將以衣帶絞

之太子曰此不能見殺乃指繫帳竿下繩命取絞之而絕時年二十八太子性寬和兼神用端凝在賊中每不屈意左右竊問其故答曰賊若未須見殺雖復陵傲呵叱其終不敢言若見害時至雖一日百拜無益於死問者又曰官今憂逼而神貌怡然未喻此意答曰吾自度死必在賊前若諸叔外來平夷羯寇必前見殺然後就死若其遂開拓上流必先見殺後取富貴何能以無益之愁横憂必死之命景之西上擕太子同行及敗歸舩往往相失所乘舩入樅陽浦舟中腹心並勸因此入北太子曰自國家喪敗志不圖生主上蒙塵寧忍違離吾今若去乃是叛父非謂避賊天下豈有無父之國便涕泗嗚咽命即前進賊以太子有器度每憚之恐爲後患故先及禍承聖元年四月追謚哀太子祔太廟陰室

尋陽王大心字仁恕簡文第二子也幼而聰朗善屬文中大通四年以皇孫封當陽縣公大同元年爲都督郢州刺史時年十三簡文以其幼戒之曰事無大小悉委行事大心雖不親州務發言每合於理衆皆驚服太清元年爲雲麾將

軍江州刺史貪冒財賄不能綏接百姓二年侯景寇都大心招集士卒與上流諸軍赴援宮闕三年臺城陷上甲侯蕭韶南奔宣密詔加散騎常侍進號平南將軍大寶元年封尋陽王初歷陽太守莊鐵以城降侯景既而又奉其母來奔大心以鐵舊將厚爲其禮軍旅之事悉以委之以爲豫章內史景數遣軍西上寇抄大心輒令鐵擊破之禽其將趙加婁賊不能進時鄱陽王範率衆棄合肥屯于柵口待援兵總集欲俱進大心聞之遣要範西上以盆城處之廩饋甚厚欲與戮力共除禍難會鐵據豫章反大心令中兵參軍韋約討之鐵敗乞降鄱陽世子嗣先與鐵善乃謂範曰昔與鐵游處其人才略從橫若降江州必不全其首領請援之乃遣將侯瑱救鐵夜破韋約等營大心大懼於是二蕃釁起景將任約略地至盆城大心遣司馬韋質拒戰敗績時帳下猶有勇士千餘人咸說曰既無糧儲難以守固若輕騎往建州以圖後舉策之上也其母陳淑容不從撫胸慟哭大心乃止遂與約和二年將遇害遶牀謂賊廂公王僧貴曰我以全州歸命何忍相苦乃見射而殞

臨川王大款字仁師簡文第三子也初封石城縣公位中書侍郎太清三年簡文即位封江夏郡王大寶元年奔江陵湘東王承制改封臨川王魏剋江陵遇害

南海王大臨字仁宣簡文帝第四子也大同二年封寧國縣公少而敏慧年十一遭左夫人憂哭泣毁瘠以孝聞後入國學明經射策甲科拜中書侍郎遷給事黃門侍郎十一年長兼侍中出爲琅邪彭城二郡太守侯景亂屯端門都督城南諸軍事大寶元年封南海郡王出爲都督東揚州刺史又除吳郡太守時張彪起義於會稽吳人陸令公頼川庾孟卿等勸大臨投之大臨曰彪若成功不藉我力如其撓敗以我說焉不可往也二年遇害

南郡王大連字仁靖簡文第五子也少俊爽能屬文舉止風流雅有巧思妙達音樂兼善丹青大同二年封臨城縣公七年與南海王俱入國學並射策甲科皆拜中書侍郎十年武帝幸朱方大連與兄大臨並從武帝問曰汝等習騎不對曰臣等未奉詔不敢輒習敕令給馬試之大連兄弟據鞍往還各得馳驟之

節帝大悅卽賜所乘馬及爲啓謝辭又甚美帝他日謂綱文曰昨見大臨大連
風韻可愛足慰吾老年還給事黃門侍郎轉侍中太清元年出爲東揚州刺史
侯景入寇建鄴大連率衆四萬來赴及臺城沒援軍散還東揚州會稽豐沃糧
仗山積東人懲景苛虐咸樂爲用而大連恆沉湎于酒朱子仙攻之大連棄城
走追及於信安縣大連猶醉弗之覺於是三吳悉爲賊有大寶元年封南郡王
賊遣將趙伯超劉神茂來攻大連專委部將留異以城應賊大連棄走爲賊所
獲侯景以爲江州刺史二年遇害
安陸王大春字仁經簡文第六子也少博涉書記善吹笙天性孝謹體貌瓌偉
腰帶十圍大同六年封西豐縣侯拜中書侍郎後爲寧遠將軍知石頭戍軍事
侯景內寇大春奔京口隨邵陵王入援戰于鍾山軍敗肥大不能行爲賊所獲
大寶元年封安陸郡王出爲東揚州刺史二年遇害
桂陽王大成字仁和簡文第八子也初封新塗公太清三年簡文卽位封山陽
郡王大寶元年奔江陵湘東王承制改封桂陽王大成性甚兇麤兼便弓馬至

江陵披甲夜出人謂爲劫斫之遂失左髻魏剋江陵遇害
汝南王大封字仁叡簡文第九子也初封臨汝公太清二年簡文卽位封宜都郡王大寶元年奔江陵湘東王承制封汝南王魏剋江陵遇害
瀏陽公大雅字仁風簡文第十二子也大同九年封瀏陽縣公少聰警美姿儀特爲武帝所愛臺城陷大雅猶命左右格戰賊至漸衆乃自縊而下發憤感疾薨
新興王大莊字仁禮簡文第十三子也性躁動大同元年封高唐縣公大寶元年封新興郡王位南徐州刺史二年遇害
西陽王大鈞字仁博簡文第十四子也性厚重不妄戲弄年七歲武帝嘗問讀何書對曰學詩因令諷誦卽誦周南音韻清雅帝重之因賜王羲之書一卷大寶元年封西陽郡王位丹陽尹二年監揚州遇害
武寧王大威字仁容簡文第十五子也美風儀眉目如畫大寶元年封武寧郡王二年爲丹陽尹遇害

皇子大訓字仁德簡文第十六子也少而脚疾不敢躡履太清三年未封而亡年十歲

建平王大球字仁玉簡文帝第十七子也大寶元年封建安郡王性明慧夙成初侯景圍臺城武帝素歸心釋教每發誓願恆云若有衆生應受諸苦衍身代當時大球年甫七歲聞而驚謂母曰官家尚爾兒安敢辭乃六時禮佛亦云凡有衆生應獲苦報悉大球代受其早慧如此二年遇害

義安王大昕字仁朗簡文帝第十八子也年四歲母陳夫人卒便哀毀有若成人晨夕涕泣眼爲之傷及武帝崩大昕奉慰簡文嗚噎不自勝左右莫不掩泣大寶元年封義安郡王二年遇害

綏建王大摯字仁瑛簡文第十九子也幼雄壯有膽氣及臺城陷乃歎曰大丈夫會當滅虜屬妳媪驚掩其口曰勿妄言禍將及大摯笑曰禍至非由此大寶元年封二年遇害

樂良王大圜簡文第二十子也大寶元年封後入周仕隋位內史侍郎

元帝諸子徐妃生忠壯世子方等王貴嬪生貞惠世子方諸始安王方略袁貴人生愍懷太子方矩夏貴妃生敬皇帝自餘不顯

忠壯世子方等字實相元帝長子也少聰敏有俊才善騎射尤長巧思性愛林泉特好散逸嘗著論曰人生處世如白駒過隙耳一壺之酒足以養性一簞之食足以怡形生在蓬蒿死葬溝壑瓦棺石槨何以異茲吾嘗夢爲魚因化爲鳥方其夢也何樂如之及其覺也何憂斯類良由吾之不及魚鳥者遠矣故魚鳥飛浮任其志性吾之進退恆在掌握舉首懼觸搖足恐墮若使吾終得與魚鳥同遊則去人間如脫屣耳初徐妃以嫉妬失寵方諸母王氏以冶容倖嬖及王夫人終元帝歸咎徐妃方等意不自安元帝聞之又惡方等方等益懼故述此論以申其志時武帝年高欲見諸王長子元帝遣方等方等欣然升舟冀免憂辱行至繇水遇侯景亂元帝召之方等啓曰昔申生不愛其死方等豈顧其生元帝省書歎息知無還意乃配步騎一萬使援臺城賊每來攻方等必身當矢石城陷方等歸荆州收集士爲甚得衆和元帝始歎其能方等又勸修築城柵

以備不虞既成樓雉相望周迴七十餘里元帝觀之甚悅入謂徐妃曰若更有一子如此吾復何憂徐妃不答垂泣而退元帝忿之因疏其穢行牓于大閤方等入見益以自危時河東王爲湘州刺史不受令方等求征之元帝謂曰汝有水厄深宜慎之拜爲都督令南討方等臨行謂所親曰吾此段出征必死無二死而獲所吾豈愛生及至麻溪軍敗溺死方等之死元帝聞之心喜不以爲戚後追思其才贈侍中中軍將軍揚州刺史諡忠壯世子弁招魂以葬之方等注范曄後漢書未就所撰三十國春秋及篤靜子行於世元帝卽位改諡武烈世子封子莊爲永嘉王及魏剋江陵莊年甫七歲爲人家所匿後王琳迎送建鄴及敬帝立出質于齊敬帝太平二年陳武帝將受禪王琳請莊于齊以主梁嗣自盆城濟江二月卽帝位于郢州年號天啓置百官王琳總其軍國明年莊爲陳人所敗其御史中丞劉仲威奉以奔壽陽遂入齊齊武平元年授特進開府儀同三司封梁王齊朝許以興復竟不果而齊亡莊在鄴飲氣而死

貞惠世子方諸字明智元帝第二子也幼聰警博學明老易善談玄風采清越

特爲元帝所愛母王氏又有寵及方等敗後元帝謂曰不有所廢其何以興勿以汝兄爲念因拜中撫軍將軍以自副又出爲郢州刺史鎭江夏以鮑泉爲行事時元帝遣徐文盛與侯景將任約相持方諸年十五童心未革恃文盛在近不恤軍政日與鮑泉蒱酒爲樂侯景知之乃遣其將宋子仙從閒道襲之百姓奔告方諸與鮑泉並不信曰文盛大軍在下虜安得來始命閉門賊已入城方諸方踞泉腹以五色㲲辮其鬚子仙執方諸以歸王僧辯軍至蔡洲景遂害之

元帝追諡貞惠世子

愍懷太子方矩字德規元帝第四子也少勤學美容止初封南安侯太清初累遷侍中中衞將軍元帝承制拜王太子改名元良承聖元年十一月丙子立爲皇太子及升儲位昵狎羣下好著微服嘗入朝公服中著碧絲布袴握衣高元帝見之大怪遣尚書周弘正責之因使太子師弘正佗日弘正謁見元帝問曰太子比頗受卿導不對曰太子聖德乃未極日新幸無大過帝曰卿以我父子故未直言從容之閒無失和嶠之對便有廢立計未及行而江陵喪亡遇害太

子聰頑凶暴猜忍俱有元帝風敬帝承制追謚愍懷太子
始安王方略元帝第十子貞惠世子母弟也母王氏王琳之次姉元帝即位拜
貴嬪次妹又爲良人並蒙寵幸方略solid鍾愛侯景亂元帝結好于魏方略年數
歲便遣入關元帝親送近畿執手戲欷既而旋駕憶之賦詩曰如何吾幼子勝
衣已別離十日無由宴千里送遠垂至長安即得還贈遺甚厚江陵喪亡遇害
貴嬪良人並更誕子未出閤無封失名
論曰節文提挈寇戎元帝崎嶇危亂諸子之備踐艱棘蓋時運之所鍾乎忠烈
以幹蠱之材出冢嗣之任竟亦當年擯落通塞亦云命也哀哉

南史卷五十四

南史卷五十四考證

簡文二十子傳范夫人生武寧王大威○威一本作感今從梁書

建平王大球傳大寶元年封建安郡王○安梁書作平

義安王大昕傳大寶元年封義安郡王○年封二字監本誤寶云今改正

元帝諸子傳徐妃生忠壯世子方等○壯一本作烈今從梁書又下文袁貴人

生愍懷太子方矩梁書不載所生

貞惠世子方諸傳字明智○明智梁書作智相

史臣論忠烈以幹蠱之材○忠烈即忠壯本傳元帝即位改謚武烈世子故也

南史卷五十四考證

南史卷五十五

唐　李　延　壽　撰

列傳第四十五

王茂　曹景宗　席闡文　夏侯詳子亶　夔

吉士瞻　蔡道恭　楊公則　鄧元起羅研　魚弘　李膺

張惠紹　馮道根　康絢　昌義之

王茂字休連一字茂先太原祁人也祖深北中郎司馬父天生宋末爲列將剋司徒袁粲以勳歷位郡守封上黃縣男茂年數歲爲大父深所異常曰此吾家千里駒成門戶者必此兒也及長好讀兵書究其大指性隱不交游身長八尺絜白美容儀齊武帝布衣時嘗見之歎曰王茂先年少堂堂如此必爲公輔後爲臺郎累年不調亦知齊之將亡求爲邊職久之爲雍州長史襄陽太守梁武便以王佐許之事無大小皆詢焉人或譖茂反帝弗之信譖者懸言之遺視其甲稍則蟲網焉乃誅言者或云茂與帝不睦帝諸腹心並勸除之而茂少有驍

名帝又惜其用曰將舉大事便害健將此非上策乃令腹心鄭紹叔往候之遇其臥因問疾茂曰我病可耳紹叔曰都下殺害日甚使君家門塗炭今欲起義長史那猶臥茂因擲枕起即袴褶隨紹叔入見武帝大喜下牀迎因結兄弟被推赤心遂得盡力發雍部遣茂為前驅郢魯既平從武帝東下為軍鋒師次秣陵東昏遣大將王珍國盛兵朱雀門衆號二十萬及戰梁武軍引却茂下馬單刀直前外甥韋欣慶勇力絶人執鐵纏矟翼茂而進故大破之茂勳第一欣慶力也建康城平以茂為護軍將軍遷侍中領軍將軍時東昏妃潘玉兒有國色武帝將留之以問茂茂曰亡齊者此物留之恐貽外議帝乃出之軍主田安啓求為婦玉兒泣曰昔者見遇時主今豈下匹非類死而後已義不受辱及見縊絜美如生輿出尉吏俱行非禮乃以余妃賜茂亦潘之亞也羣盜之燒神虎門茂率所領應赴為盜所射茂躍馬而進羣盜反走茂以不能式遏姦盜自表解職優詔不許加鎮軍將軍封望蔡縣公是歲江州刺史陳伯之叛茂出為江州刺史南討之伯之奔魏時九江新經軍寇茂務農省役百姓安之四年魏攻漢

中茂受詔西禦魏乃班師歷位侍中中衞將軍太子詹事車騎將軍開府儀同三司丹陽尹時天下無事武帝方敦文雅茂心頗怏怏侍宴醉後每見顏色武帝宥而不責進位司空茂性寬厚居官雖無美譽亦爲吏人所安居處方正在一室衣冠儼然雖僕妾莫見其惰容姿表瓌麗須眉如畫爲衆所瞻望徙驃騎將軍開府同三司之儀江州刺史在州不取奉獄無滯囚居處被服同於儒素薨于州武帝甚悼惜之詔贈太尉謚曰忠烈公初茂以元勳武帝賜鐘磬之樂茂在州夢鐘磬在格無故自墮心惡之及覺命奏樂既成列鐘磬在格果無故編皆絕墮地茂謂長史江詮曰此樂天子所以惠勞臣也樂既極矣能無憂乎俄而病卒子貞秀嗣以居憂無禮爲有司所奏徙越州後詔留廣州與魏降人杜景欲襲州城長史蕭昂斬之

曹景宗字子震新野人也父欣之仕宋位徐州刺史景宗幼善騎射好畋獵常與少年數十人澤中逐麞鹿每衆騎赴鹿鹿馬相亂景宗於衆中射之人皆懼中馬足應弦輒斃以此爲樂未弱冠欣之於新野遣出州以匹馬將數人於中

路卒逢蠻賊數百圍之景宗帶百餘箭每箭殺蠻蠻遂散走因以膽勇聞頗愛
史書每讀穰苴樂毅傳輒放卷歎息曰丈夫當如是少與州里張道門善道門
車騎將軍敬兒少子也爲武陵太守敬兒誅道門於郡伏法親屬故吏莫敢收
景宗自襄陽遣船到武陵收其屍迎還殯葬鄉里以此義之仕齊以軍功累加
游擊將軍建武四年隨太尉陳顯達北圍馬圈以奇兵二千破魏援中山王英
四萬人及剋馬圈顯達論功以景宗爲後景宗退無怨言魏孝文率衆大至顯
達宵奔景宗導入山道故顯達父子獲全梁武爲雍州刺史景宗深自結附數
請帝臨其宅時天下方亂帝亦厚加意焉表爲竟陵太守及帝起兵景宗聚衆
幷率五服內子弟三百人從軍遣親人杜思沖勸先迎南康王於襄陽卽位武
帝不從及至竟陵以景宗爲軍鋒道次江寧東昏將李居士以重兵鎮新亭景
宗被甲馳戰居士棄甲奔走景宗皆獲之又與王茂呂僧珍犄角破王珍國於
大航景宗軍士皆桀黠無賴御道左右莫非富室抄掠財物略奪子女景宗不
能禁及武帝入頓西城嚴申號令然後稍息城平封湘西縣侯除郢州刺史加

都督天監元年改封竟陵縣侯景宗在州鬻貨聚斂於城南起宅長堤以東夏口以北開街列門東西數里而部曲殘橫部下厭之二年十月魏攻司州圍刺史蔡道恭城中負板而汲景宗望關門不出但耀軍游獵而已及司州城陷爲御史中丞任昉所奏帝以功臣不問徵爲右衞將軍五年魏中山王英攻鍾離圍徐州刺史昌義之武帝詔景宗督衆軍援義之豫州刺史韋叡亦援焉而受景宗節度詔景宗頓道人洲待衆軍齊集俱進景宗欲專其功乃違敕而進遇暴風卒起頗有沉溺復還守先頓帝聞之曰此所以破賊也景宗不進蓋天意乎若孤軍獨往城不時立必見狼狽今得待軍同進始可大捷矣及韋叡至與景宗進頓邵陽洲立壘與魏城相去百餘步魏連戰不能却傷殺者十二三自是魏軍不敢逼景宗等器甲精新魏人望而奪氣魏將楊大眼對橋北岸立城以通糧運每牧人過岸伐芻藁皆爲大眼所略景宗乃募勇敢士千餘人徑度大眼城南數里築壘親自舉築大眼來攻景宗破之因得壘成使別將趙草守之因謂爲趙草城是後恣芻牧馬大眼遣抄掠輒爲趙草所獲先是詔景宗等

預裝高艦使與魏橋等爲火攻計令景宗與叡各攻一橋叡攻其南景宗攻其北六年三月因春水生淮水暴長六七尺叡遣所督將馮道根李文釗裴邃韋寂等乘艦登岸擊魏洲上軍盡殪景宗使衆軍復鼓噪亂登諸城呼聲震天地大眼於西岸燒營英自東岸棄城走諸壘相次土崩悉棄其器甲爭投水死淮水爲之不流景宗命軍主馬廣躡大眼至濊水上四十餘里伏屍相枕義之出逐英至洛口英以匹馬入梁城緣淮百餘里屍骸相藉虜五萬餘人收其軍糧器械山積牛馬驢騾不可勝計景宗乃搜所得生口萬餘人馬千匹遣獻捷先是旱甚詔祈蔣帝神求雨十旬不降帝怒命載荻欲焚蔣廟并神影爾日開朗欲起火當神上忽有雲如繖倏忽驟雨如瀉臺中宮殿皆自振動帝懼馳詔追停少時還靜自此帝畏信遂深自踐阼以來未嘗躬自到廟於是備法駕將朝臣脩謁是時魏軍攻圍鍾離蔣帝神報敕必許扶助既而無雨水長遂挫敵人亦神之力焉凱旋之後廟中人馬脚盡有泥濕當時並目覩焉景宗振旅凱入帝於華光殿宴飲連句令左僕射沈約賦韻景宗不得韻意色不平啓求賦詩

帝曰卿伎能甚多人才英拔何必止在一詩景宗已醉求作不已詔令約賦韻時韻已盡唯餘競病二字景宗便操筆斯須而成其辭曰去時兒女悲歸來笳鼓競借問行路人何如霍去病帝歎不已約及朝賢驚嗟竟日詔令上左史於是進爵爲公拜侍中領軍將軍景宗爲人自恃尙勝每作書字有不解不以問人皆以意造雖公卿無所推唯以韋叡年長且州里勝流特相敬重同宴御筵亦曲躬謙遜武帝以此嘉之景宗好內妓妾至數百窮極錦繡性躁動不能沉默出行常欲褰車帷幔左右輒諫以位望隆重人所具瞻不宜然景宗謂所親曰我昔在鄉里騎快馬如龍與年少輩數十騎拓弓弦作霹靂聲箭如餓鴟叫平澤中逐麞數肋射之渴飲其血飢食其胃甜如甘露漿覺耳後生風鼻頭出火此樂使人忘死不知老之將至今來揚州作貴人動轉不得路行開車幔小人輒言不可閉置車中如三日新婦此邑邑使人氣盡爲人嗜酒好樂臘月於宅中使人作邪呼逐除徧往人家乞酒食本以爲戲而部下多剽輕因弄人婦女奪人財貨帝頗知之景宗懼乃止帝數宴見功臣共道故舊景宗酒後謬妄

或誤稱下官帝故縱之以爲笑樂後爲江州刺史赴任卒於道贈雍州刺史開府儀同三司謚曰壯子皎嗣景宗齊永元初任竟陵郡其第九弟義宗年少未有位宦居在雍州既方伯之弟又是豪彊之門市邊富人姓向以見錢百萬欲埤義宗以妹適之義宗遣人送書竟陵諮景宗景宗題書後答曰買猶未得云何已賣義宗貪錢遂成後隨武帝西下歷位梁秦二州刺史向家兄弟憑附曹氏位登列卿後義宗爲都督征穰城軍敗見獲於魏卒

席闡文安定臨涇人也孤貧涉獵書史齊初爲雍州刺史蕭赤斧中兵參軍由是與其子穎胄善復歷西中郎中兵參軍領城局梁武帝之將起兵闡文勸穎胄同焉仍遣客田祖恭私報帝幷獻銀裝刀帝報以金如意和帝稱尊號爲衛尉卿穎胄暴卒州府騷擾闡文以和帝幼弱中流任重時始興王憺留鎮雍部乃與西朝羣臣迎憺總州事故賴以寧輯帝受禪除都官尚書封山陽伯出爲東陽太守在郡有能名冬至悉放獄中囚依期而至改封湘西侯卒官謚曰威

夏侯詳字叔業譙郡譙人也年十六遭父艱居喪哀毀三年廬于墓側嘗有三

足雀來集其廬戶衆咸異焉仕宋爲新汲令政有異績豫州刺史段佛榮班下
境內爲屬城表轉中從事史仍遷別駕歷事八將州部稱之齊明帝爲刺史雅
相器遇及輔政引詳及裴叔業日夜與語詳輒不酬帝以問叔業叔業以告詳
詳曰不爲福始不爲禍先由此微有忤出爲征虜長史義陽太守及南康王爲
荆州詳爲西中郎司馬新興太守梁武帝起兵長史蕭頴胄同創大舉慮詳不
同以告柳忱忱曰易耳近詳求昏未之許令成昏而告之不憂立異於是以女
適其子夔大事方建西臺以詳爲中領軍加散騎常侍南郡太守凡軍國大事
頴胄多決於詳頃之頴胄卒梁武帝始與王憺留守襄陽詳乃遣使憺共參軍
國還侍中尚書右僕射尋授荆州刺史詳又固讓于憺天監元年徵爲侍中車
騎將軍封寧都縣侯詳累讓乃更授右光祿大夫侍中如故給親信二十人改
封豐城縣公三年遷湘州刺史詳善吏事在州四載爲百姓所稱州城南臨水
有峻峯舊傳云刺史登此山輒代由是歷政莫敢至詳於其地起臺榭延僚屬
以表損挹之志後徵爲尙書左僕射金紫光祿大夫道病卒上爲素服舉哀贈

開府儀同三司謚曰景子亶嗣
亶字世龍齊永元末父詳爲西中郎南康王司馬隨府鎮荊州亶留都下爲東昏聽政主帥及崔慧景作亂亶以捍禦功除驍騎將軍及梁武起兵詳與長史蕭穎冑協同密遣迎亶亶乃齎宣德皇后令令南康王纂承大統建鄴平以亶爲尚書吏部郎俄遷侍中奉璽於帝天監六年累遷南郡太守父憂解職居喪盡禮廬于墓側遺財悉推諸弟八年起爲司州刺史領安陸太守服闋襲封豐城縣公居州甚有威惠爲邊人悅服歷都官尚書遷給事中右衛將軍累遷吳興太守在郡復有惠政吏人圖其像立碑頌美焉普通五年爲中護軍六年大舉北侵先遣豫州刺史裴邃帥譙州刺史湛僧智等自南道攻壽陽未剋而邃卒乃加亶使持節代邃與魏將河間王琛臨淮王彧等相拒頻戰剋捷尋敕班師合肥須堰成復進七年夏淮堰水盛壽陽城將沒武帝復遣北道軍元樹帥彭寶孫陳慶等稍進亶帥湛僧智魚弘張澄等通流清淵將入淮肥魏軍夾肥築城出亶後亶與僧智還襲破之進攻黎漿貞威將軍韋放自北道會焉兩軍

既合所向皆降凡降城五十二獲男女口七萬五千人詔以壽陽依前代置豫州合肥鎮改爲南豫州以亶爲豫南豫二州刺史加都督壽春久離兵荒百姓多流散亶輕刑薄賦務農省役頃之人戸充復卒于州鎮帝聞之即日素服舉哀贈車騎將軍謚曰襄州人夏侯亶等表請爲亶立碑置祠詔許之亶美風儀寬厚有器量涉獵文史能專對宗人夏侯溢爲衡陽內史辭日亶侍御坐帝謂亶曰夏侯溢於卿疏近亶答云是臣從弟帝知溢於亶已疏乃曰卿傖人如何不辯族從亶對曰臣聞服屬易疏所以不忍言族時以爲能亶歷六郡三州不爲產業祿賜所得隨散親故性儉率居處服用充足而已不事華侈晚年頗好音樂有妓妾十數人並無被服姿容每有客常隔簾奏之時謂簾爲夏侯妓衣子誼襲封豐城縣侯

亶弟夔字季龍位大匠卿累遷司州刺史領安陸太守帥壯武將軍裴之禮直閤將軍任思祖出義陽道攻平靜穆陵陰山三關剋之時譙州刺史湛僧智圍東豫州刺史元慶和於廣陵入其郛魏將元顯伯率軍赴援僧智逆擊破之夔

自武陽出會僧智斷魏軍歸路慶和於內築柵自固及夔至遂請降凡降男女口萬餘人顯伯聞之夜遁衆軍追虜二萬餘人斬獲不可勝數由是義陽北道遂與魏絶及郢州刺史元願達降詔改爲北司州以夔爲刺史兼督司州封保城縣侯中大通六年爲豫州刺史加督豫州積歲連兵人頗失業夔乃率軍人於蒼陵立堰溉田千餘頃歲收穀百餘萬石以充儲備兼贍貧人境內賴之夔兄亶先經此任至是夔又居焉兄弟並有恩惠於鄉里百姓歌曰我之有州頻得夏侯前兄後弟布政優優夔在州七年遠近多附之有部曲萬人馬二千匹並服習精彊爲當時之盛性奢豪後房伎妾曳羅綺飾金翠者百數愛好人士不以貴位自高文武賓客常滿坐時亦以此稱之卒于州謚曰桓子譔嗣官至太僕卿譔弟譒少麤險薄行常停鄉里領其父部曲爲州助防刺史貞陽侯明引爲府長史明被魏囚復爲侯景長史景反譒前驅濟江頓兵上林館破邸第及居人富室子女財貨盡略有之明在州有四妾章於王阮並有國色明被魏因其妾並還都第譒至破第納焉

魚弘襄陽人身長八尺白皙美姿容累從征討常爲軍鋒歷南譙盱台竟陵太守嘗謂人曰我爲郡有四盡水中魚鼈盡山中麞鹿盡田中米穀盡村里人庶盡丈夫生如輕塵棲弱草白駒之過隙人生但歡樂富貴在何時於是恣意酣賞侍妾百餘人不勝金翠服翫車馬皆窮一時之驚絕有眠牀一張皆是蹙柏四面周匝無一有異通用銀鏤金花壽福兩重爲腳爲湘東王鎮西司馬述職西上道中乏食緣路採菱作菱米飯給所部弘度之所後人覓一菱不得又於窮洲之上捕得數百獮猴膊以爲脯以供酒食比及江陵資食復振逢赦迎瑞豫王令送像下都弘率部曲數百悉衣錦袍赫奕滿道頗爲人所慕塗經夏首李抗數其爲人抗舅元法僧聞之杖抗三百後爲新興永寧太守卒官

吉士瞻字梁容馮翊蓮勺人也少有志氣不事生業時徵士吳苞見其姿容勸以經學因誦鮑照詩云豎儒守一經未足識行藏拂衣不顧年逾四十忽忽不得志乃就江陵卜者王先生計祿命王生曰君擁旄杖節非一州後一年當得戎馬大郡及梁武起兵義陽太守王撫之天門太守王智遜武陵太守蕭彊等

並不從命鎭軍蕭穎胄遣士瞻討平之齊和帝卽位以爲領軍司馬士瞻少時
嘗於南蠻國中擲博無褌褰露爲儕輩所侮及平魯休烈軍得絹三萬疋乃作
百褌其外並賜軍士不以入室以軍功除輔國將軍步兵校尉建康平爲巴東
相建平太守初士瞻爲荆府城局參軍浚萬人仗庫防池得一金革鉤隱起鏤
甚精巧篆文曰錫爾金鉤且公且侯士瞻娶夏侯詳兄女女竊以與詳詳喜佩
之及是革命詳果封侯而士瞻不錫茅土天監二年入爲直閤將軍歷位秦梁
二州刺史加都督後爲太子右衞率又出爲西陽武昌二郡太守在郡淸約家
無私積始士瞻夢得一積鹿皮從而數之有十一領及覺喜曰鹿者祿也吾當
居十一祿乎自其仕進所莅已久及除二郡心惡之遇疾不肯療普通七年卒
於郡贈左衞將軍諡曰胡子子琨時在戎役聞問一踊而絕良久乃蘇不顧軍
制輒離所部遂以孝聞詔下旌異
蔡道恭字懷儉南陽冠軍人也父那宋益州刺史道恭少寬厚有大量仕齊爲
西中郎中兵參軍加輔國將軍梁武帝起兵蕭穎胄以道恭素著威略專相委

任齊和帝卽位爲右衞將軍出爲司州刺史梁天監初論功封漢壽縣伯進號
平北將軍三年魏圍司州時城中衆不滿五千人食裁半歲魏軍攻之晝夜不
息乃作大車載土四面俱前欲以塡壍道恭壍內作艨艟鬭艦以待之魏人不
得進又潛作伏道以決壍水道恭載土𢳆塞之相持百餘日前後斬獲不可勝
計魏大造梯衝攻圍日急道恭用四石烏漆大弓射所中皆洞甲飮羽一發或
貫兩人敵人望弓皆靡又於城內作土山多作大矟長二丈五尺施長刃使壯
士執以刺魏人魏軍甚憚之將退會道恭疾篤乃呼兄子僧𪄟從弟靈恩及將
率謂曰吾所苦勢不能久汝等當以死固節無令吾沒有遺恨又命取所持節
授僧𪄟曰稟命出疆旣不得奉以還朝方欲攜之同逝可與棺柩相隨衆皆流
涕其年五月卒魏知道恭死攻之轉急先是朝廷遣郢州刺史曹景宗赴援景
宗不前至八月城內糧盡魏剋之贈鎭西將軍弁尋購喪櫬八年魏許還道恭
喪其家以女樂易之葬襄陽傳國至孫固早卒國除
楊公則字君翼天水西縣人也父仲懷爲宋豫州刺史殷琰將琰叛輔國將軍

劉勔討琰仲懷力戰死於横塘公則隨父在軍年未弱冠冒陣抱尸號哭氣絶
良久勔命還仲懷首公則斂畢徒步負喪歸鄉里由此著名後梁州刺史范柏
年板爲宋熙太守領白馬戍主時氐賊李烏奴攻白馬公則矢盡糧竭陷于寇
抗聲罵賊烏奴壯之要與同事公則僞許而圖之謀泄單馬逃歸齊高帝下詔
褒美除晉壽太守在任清絜自守還扶風太守母憂去官雍州刺史陳顯達起
爲寧朔將軍復領太守頃之荆州刺史巴東王子響搆亂公則進討事平還武
寧太守百姓便之入爲前軍將軍和帝爲荆州刺史公則爲西中郎中兵參軍
及蕭頴胄協同梁武以公則爲輔國將軍領西中郎諮議參軍率兵東下和帝
即位授湘州刺史梁武軍次沔口公則率湘府之衆會于夏口時荆州諸軍悉
受公則節度雖蕭頴達宗室之貴亦隸焉郢城平武帝命衆軍即日俱下公則
受命先驅江州既定連旌東下直造建鄴公則號命嚴明秋豪不犯所在莫不
賴焉大軍至新林公則自越城移屯領軍府壘北樓與南掖門相對嘗登樓望
戰城中遥見麾蓋縱神鋒弩射之矢貫胡牀左右皆失色公則曰虜幾中吾脚

談笑如初東昏夜選勇士攻公則柵軍中驚擾公則堅臥不起徐命擊之東昏軍乃退公則所領多是湘溪人性懦怯城內輕之以爲易與每出盪輒先犯公則壘公則獎厲軍士剋獲更多及城平內出者或被剝奪公則親率麾下列陳東掖門衞送公卿士庶故出者多由公則營焉進號左將軍還鎮南藩初公則東下湘部諸郡多未賓從及公則還州然後諸屯聚並散天監元年進號平南將軍封寧都縣侯湘州寇亂累年人多流散公則輕刑薄斂頃之戶口充復爲政雖無威嚴然勵己廉愼爲吏人所悅湘俗單門多以賂求州職公則至皆斷之所辟皆州郡著姓武帝班下諸州以爲法四年徵中護軍代至乘二舸便發送故一無所取遷衞尉卿時朝廷始議北侵公則威名素著至都詔假節先屯洛口公則受命將發遘疾謂親人曰昔廉頗馬援以年老見遺猶自力請用今國家不以吾朽懦任以前驅方於古人見知重矣雖臨塗疾苦豈可僶俛辭事馬革還葬此吾志也遂彊起登舟至洛口壽春士女歸降者數千戶魏豫州刺史薛恭度遣長史石榮等前鋒接戰卽斬石榮遂北至壽春去城數十里而返

疾篤卒于師武帝深痛惜之卽日舉哀謚烈侯公則爲人敦厚慈愛居家篤睦
視兄子過於己子家財悉委焉性好學雖居軍旅手不輟卷士大夫以此稱之
子朓嗣有罪國除帝以公則勳臣特聽庶長子眺嗣眺固讓歷年乃受
鄧元起字仲居南郡當陽人也少有膽幹性任俠仕齊爲武寧太守梁武起兵
蕭穎冑與書招之卽日上道率衆與武帝會于夏口齊和帝卽位拜廣州刺史
中興元年爲益州刺史仍爲前軍建康城平進號征虜將軍天監初封爲當陽
縣侯始述職焉初梁武之起益州刺史劉季連持兩端及聞元起至遂發兵拒
守元起至巴西巴西太守朱士略開門以待先時蜀人多逃亡至是競出投元
起皆稱起義應朝廷元起在道久軍糧乏絕或說之曰蜀郡政慢若檢巴西二
郡籍注因而罰之所獲必厚元起然之涪令李膺諫曰使君前有嚴敵後無繼
援山人始附於我觀德若糾以刻薄人必不堪衆心一離雖悔無及膺請出圖
之不患資糧不足也元起曰善一以委卿膺退率富人上軍資米俄得三萬斛
元起進屯西平季連始嬰城自守時益州兵亂既久人廢耕農內外苦饑人多

相食道路斷絶季連計窮會明年武帝使赦季連罪許之降季連卽日開城納元起元起送季連于建康元起以鄉人庾黔婁爲錄事參軍又得荆州刺史蕭遙欣故客蔣光濟並厚待之任以州事黔婁甚清潔光濟多計謀並勸爲善政元起之剋季連也城内財寶無所私勤恤人事口不論財色性能飲酒至一斛不亂及是絶之爲蜀土所稱元起舅子梁矜孫性輕脫與庾黔婁志行不同乃言於元起曰城中稱有三刺史節下何以堪之元起由此踈黔婁而政迹稍損在政二年以母老乞歸供養詔許焉徵爲右衞將軍以西昌侯蕭藻代之時梁州長史夏侯道遷以南鄭叛引魏將王景胤孔陵攻東西晉壽並遣告急衆勸元起急救之元起曰朝廷萬里軍不卒至若寇賊侵淫方須撲討董督之任非我而誰何事忽忽便相催督黔婁等苦諫之皆不從武帝亦假元起節征討諸軍將救漢中比是魏已攻剋兩晉壽蕭藻將至元起頗營還裝糧儲器械略無遺者蕭藻入城求其良馬元起曰年少郎子何用馬爲藻恚醉而殺之元起麾下圍城哭且問其故藻懼曰天子有詔衆乃散遂誣以反帝疑焉有司追劾削

爵士詔減邑之半封松滋縣侯故吏廣漢羅研詣闕訟之帝曰果如我所量也使讓藻曰元起爲汝報讎汝爲讎報讎忠孝之道如何乃貶藻號爲冠軍將軍贈元起征西將軍給鼓吹謚忠侯

羅研字深微少有才辯元起平蜀辟爲主簿後爲信安令故事置觀農謁者圍桑度田勞擾百姓研請除其弊帝從之鄱陽忠烈王恢臨蜀聞其名請爲別駕及西昌侯藻重爲刺史州人爲之懼研舉止自若侯謂曰非我無以容卿非卿無以事我齊苟兒之役臨汝侯嘲之曰卿蜀人樂禍貪亂一至於此對曰蜀中積弊實非一朝百家爲村不過數家有食窮迫之人什有八九束縛之使旬有二三貪亂樂禍無足多怪若令家畜五母之雞一母之豕牀上有百錢布被甑中有數升麥飯雖蘇張巧說於前韓白按劍於後將不能使一夫爲盜況貪亂乎大通二年爲散騎侍郎嗣王範將西忠烈王恢謂曰吾昔在蜀每事委羅研汝遵而勿失範至復以爲別駕升堂拜母蜀人榮之數年卒官蜀士以文達者唯研與同郡李膺

膺字公胤有才辯西昌侯藻爲益州以爲主簿使至都武帝悅之謂曰今李膺何如昔李膺對曰今勝昔問其故對曰昔事桓靈之主今逢堯舜之君帝嘉其對以如意擊席者久之乃以爲益州別駕著益州記三卷行於世初元起在荆州刺史隨王板元起爲從事別駕庾華堅執不可元起恨之及大軍至都華在城內甚懼城平而元起先遣迎華語人曰庾別駕若爲亂兵所殺我無以自明因厚遺之少時又嘗至其西沮田舍有沙門造之乞元起有稻幾二千斛悉以施之時人稱其二者有大度元起初爲益州過江陵迎其母母事道方居館不肯出元起拜請同行母曰汝貧賤家兒忽得富貴詎可久保我寧死此不能與汝共入禍敗及至巴東聞蜀亂使蔣光濟筮之遇蹇喟然歎曰吾豈鄧艾而及此乎後果如筮子鏗嗣

張惠紹字德繼義陽人也少有武幹仕齊爲竟陵橫桑戍主母喪歸鄉里聞梁武帝起兵乃自歸累有戰功武帝踐阼封石陽縣侯位驍騎將軍直閣左細仗主時東昏餘黨數百人竊入南北掖門夜燒神虎門害衞尉張弘策惠紹馳率

所領赴戰賊乃散走遷太子右衛率以軍功累增爵邑歷位衛尉卿左衛將軍司州刺史領安陸太守在州和理吏人親愛之徵還爲左衛將軍加通直散騎常侍仗甲百人直衛殿中卒謚曰忠子登嗣累有戰功與湛僧智胡紹世魚弘並爲當時驍將歷官衛尉卿太子左衛率卒官謚曰愍

馮道根字巨基廣平酇人也少孤家貧傭賃以養母行得甘肥未嘗先食必遽還以遺母年十三以孝聞郡召爲主簿不就曰吾當使封侯廟食安能爲儒吏邪年十六鄉人蔡道班爲湖陽戍主攻蠻錫城反爲蠻困道根救之匹馬轉戰提雙劍左右奮擊殺傷甚多道班以免由是知名齊建武末魏孝文攻陷南陽等五郡明帝遣太尉陳顯達爭之師入汋均口道根說顯達曰汋均水急不如悉棄船於酇城方道步進顯達不聽道根猶以私屬從軍及顯達敗夜走賴道根指路以全尋爲汋均口戍副以母喪還家聞梁武帝起兵乃謂所親曰金革奪禮古人不避揚名後世豈非孝乎因率鄉人歸武帝隸於王茂常爲前鋒武帝即位爲驍騎將軍封增城縣男天監二年爲南梁太守領阜陵城戍初到阜

陵修城隍遠斥候如敵將至者衆頗笑之道根曰怯防勇戰此之謂也修城未
畢魏將党法宗傅豎眼率衆二萬奄至城下道根壍壘未固城中衆少莫不失
色道根命開城門緩服登城選精鋭二百人出與魏軍戰敗之魏軍因退還輔
國將軍六年魏攻鍾離武帝詔豫州刺史韋叡救之道根爲叡前驅至徐州建
計據邵陽洲築壘掘壍逼魏城道根能走馬步地計馬足以賦功城隍立辦及
淮水長道根乘戰艦斷魏連橋魏軍敗績進爵爲伯改封豫寧縣八年拜豫州
刺史領汝陰太守爲政清簡境內安之累遷右衞將軍道根性謹厚木訥少言
爲將能檢御部曲所過村陌將士不敢虜掠每征伐終不言功其部曲或怨非
之道根喻曰明主自鑒功之多少吾將何事武帝嘗指道根示尚書令沈約美
其口不論勳約曰此陛下之大樹將軍也歷處州郡和理清靜爲下所懷在朝
廷雖貴顯而性儉約所居宅不修牆屋無器服侍衞入室則蕭然如素士之貧
賤者當世服其清退武帝亦雅重之微時不學旣貴粗讀書自謂少文常慕周
勃之器量十六年復爲豫州將行武帝引朝臣宴別道根於武德殿召畫工使

圖其形道根蹴踖謝曰臣所可報國家唯餘一死但天下太平恨無可死之地
豫部重得道根人皆喜悅武帝每稱曰馮道根所在能使朝廷不復憶有一州
居州少時遇疾乞還朝廷徵爲散騎常侍左軍將軍卒于官是日輿駕春祠二
廟及出宮有司以聞帝問中書舍人朱异曰吉凶同日今可行乎對曰昔柳莊
寢疾衞獻公當祭請尸曰有臣柳莊非寡人之臣社稷之臣也聞其死請往不
釋祭服而往遂以襚之道根雖未爲社稷臣亦有勞王室臨之禮也帝卽駕幸
其宅哭之甚慟謚曰威子懷嗣

康絢字長明華山藍田人也其先出自康居初漢置都護盡臣西域康居亦遣
侍子待詔河西因留不去其後遂氏焉晉時隴右亂遷于藍田絢曾祖因爲苻
堅太子詹事生穆穆爲姚萇河南尹宋永初中穆率鄉族三千餘家入襄陽之
峴南宋爲置華山郡藍田縣寄立於襄陽以穆爲秦梁二州刺史未拜卒絢伯
元隆父元撫並爲流人所推相繼爲華山太守絢少俶儻有志氣仕齊爲華山
太守推誠撫循荒餘悅服梁武起兵絢舉郡以應天監元年封南陽縣男除竟

陵太守累遷太子左衞率甲仗百人與領軍蕭景直殿內絢身長八尺容貌絕倫雖居顯職猶習武藝帝幸德陽殿戲馬敕絢馬射撫弦貫的觀者悅之其日上使畫工圖絢形遣中使持以問絢曰卿識此圖不其見親如此時魏降人王足陳計求堰淮水以灌壽陽足引北方童謠曰荆山爲上格浮山爲下格潼沱爲激溝併灌鉅野澤帝以爲然使水工陳承伯材官將軍祖暅視地形咸謂淮內沙土漂輕不堅實其功不可就帝弗納發徐揚人率二十戶取五丁以築之假絢節都督淮上諸軍事并護堰作役人及戰士有衆二十萬於鍾離南起浮山北抵巉石依岸築土合脊於中流十四年四月堰將合淮水漂疾復決潰衆患之或謂江淮多蛟能乘風雨決壞崖岸其性惡鐵因是引東西二冶鐵器大則釜鬵小則鋘鋤數千萬斤沉於堰所猶不能合乃伐樹爲幹填以巨石加土其上緣淮百里內岡陵木石無巨細必盡負擔者肩穿夏日疾疫死者相枕蠅蟲晝夜聲合武帝愍之遣尚書右僕射袁昂侍中謝舉假節慰勞并加蠲復是冬寒甚淮泗盡凍士卒死者十七八帝遣賜以衣袴十一月魏遣將楊大眼揚

聲決堰絢命諸軍撤營露次以待之遣其子悅挑戰斬魏咸陽王府司馬徐方
興魏軍小却十五年四月堰成其長九里下闊一百四十丈上廣四十五丈高
二十丈深十九丈五尺夾之以堤幷樹杞柳軍人安堵列居其上其水清潔俯
視邑居墳墓了然皆在其下或謂絢曰四瀆天所以節宣其氣不可久塞若鑿
湫東注則游波寬緩堰得不壞絢然之開湫東注又縱反間於魏曰梁所懼開
湫魏人信之果鑿山深五丈開湫北注水日夜分流湫猶不減其月魏軍竟潰
而歸水之所及夾淮方數百里地魏壽陽城戍稍徙頓八公山此南居人散就
岡壟初堰起徐州界刺史張豹子謂己必尸其事既而絢以佗官求監作豹子
甚慚由是譖絢與魏交通帝雖不納猶以事畢徵絢尋除司州刺史領安陸太
守絢還徵豹子不脩堰至其秋淮水暴長堰壞奔流于海殺數萬人其聲若雷
聞三百里水中怪物隨流而下或人頭魚身或龍形馬首殊類詭狀不可勝名
祖暅坐下獄絢在州三年大修城隍號爲嚴整普通元年除衞尉卿未拜卒輿
駕卽日臨哭諡曰莊絢寬和少喜懼在朝廷見人如不能言號爲長厚在省每

寒見省官有繿縷者輒遣遺以繻衣其好施如此子悅嗣
昌義之歷陽烏江人也少有武幹爲馮翊戍主梁武帝爲雍州因事帝帝亦厚
遇之及起兵板爲輔國將軍軍主每戰必捷天監元年封永豐侯累遷北徐州
刺史鎭鍾離四年大舉北侵臨川王宏督衆軍向洛口義之爲前軍攻魏梁城
戍剋之五年冬武帝以征役久詔班師魏中山王元英乘勢追躡攻沒馬頭等
城城內糧貯魏悉移歸北議者咸謂無復南向帝曰此必進兵非其實也乃遣
脩鍾離城敕義之爲戰守備是冬英果率衆數十萬圍鍾離衝車毀西墉時城
中衆纔三千義之督帥隨方抗禦前後殺傷萬計魏軍死者與城平六年帝遣
曹景宗韋叡率衆二十萬救焉大破魏軍義之率輕兵追至洛口而還以功進
號軍師將軍再遷都督南兗州刺史坐以禁物出蕃爲有司所奏免十三年累
遷左衞將軍是冬帝遣太子右衞率康絢督衆軍作荆山堰魏將李曇定大衆
逼荆山揚聲決堰詔假義之節救絢軍未至絢等已破魏軍魏又遣大將軍李
平攻硤石義之又率朱衣直閤王神念救之魏克硤石義之班師爲有司所奏

帝以其功臣不問十五年授北徐州刺史義之不知書所識不過十字性寬厚為將能得人死力及居藩任吏人安之改封營道縣侯徵為護軍將軍卒於官帝深痛惜之諡曰烈子寶景嗣

論曰永元之季雖時主昏狂荊雍二州尚未有釁武皇迹緣家酷首唱孟津之師王茂等運接昌期自致勤王之舉若非天人啓期豈得若斯之速乎其隆名顯級亦各風雲之感會也元起勤乃胥附切惟闕士勞之不圖禍機先陷冠軍之貶於罰已輕梁之政刑於斯為失私戚之端自斯而啓年之不永不亦宜乎張惠紹馮道根康絢昌義之攀附之始其功則未及羣盜焚門張以力戰自著鍾離邵陽之逼馮昌勞效居多浮山之役而康絢實典其事互有厥勞寵進宜矣先是鎮星守天江而堰實與退舍而決豈人事乎其天道也

南史卷五十五

南史卷五十五考證

王茂傳字休連○連梁書作遠

好讀兵書究其大旨○兵書下梁書有駁略二字

曹景宗傳每箭殺蠻蠻遂敗走○殺字下梁書有一字

義之出逐英至洛口○義之昌義之也洛梁書作浴誤

夏侯亶傳武帝復遣北道軍元樹帥彭寶孫陳慶等稍進○慶字下梁書有之字

亶對曰臣聞服屬易疏所以不忍言族○顧炎武云書以親九族注同族高祖以下是也非疏遠之謂漢書張敞傳廣川王同族宗室劉調等同族言其與王近親也顏氏家訓凡宗親世數有從父有從祖有族祖此云不忍言族當時雖爲敏對於理未通

亶弟夔傳不以貴位自高○高監本誤畢今改正

魚弘傳通用銀鏤金花壽福兩重○兩監本訛雨今改正

羅研傳鄱陽忠烈王恢臨蜀聞其名請為别駕○請監本誤謂今改正

史臣論其功則末○末梁書作輕今各本俱同姑仍其舊

南史卷五十五考證

南史卷五十六

唐　李延壽　撰

列傳第四十六

張弘策 子緬 纘 綰　庾域 子子輿　鄭紹叔　呂僧珍

樂藹 子法才

張弘策字真簡范陽方城人梁文獻皇后之從父弟也父安之青州主簿南蠻行參軍弘策幼以孝聞母嘗有疾五日不食弘策亦不食母彊爲進粥弘策乃食母所餘遭母憂三年不食鹽菜幾至滅性兄弟友愛不忍暫離雖各有室常同臥起世比之姜肱兄弟弘策與梁武帝年相輩幼見親狎恆隨帝游處每入室常覺有雲氣體輒肅然弘策由此特加敬異建武末與兄弘冑從武帝宿酒酣移席星下語及時事帝曰天下方亂舅知之乎冬下魏軍方動則亡漢北王敬則猜嫌已久當乘間而作弘策曰敬則張兩赤眼容能立事帝曰敬則庸才爲天下唱先爾主上運祚盡於來年國權當歸江劉而江甚隘劉又闇弱都下

當大亂死人如亂麻齊之曆數自茲亡矣梁楚漢當有英雄與弘策曰讖爲爰止于誰之屋帝笑曰光武所云安知非僕弘策起曰今夜之言是天意也請定君臣之分帝曰舅欲斅鄧晨乎是冬魏軍攻新野齊明帝密詔武帝代曹武監雍州事弘策聞之心喜謂帝曰夜中言當驗帝笑曰且勿多言弘策從帝西行仍參帷幄身親勞役不憚辛苦齊明帝崩遺詔以帝爲雍州刺史乃表弘策爲錄事參軍帶襄陽令帝觀海內方亂有匡濟之心密爲儲備謀猷所及唯弘策而已時帝長兄懿罷益州還爲西中郎長史行郢州事帝使弘策到郢陳計於懿曰昔晉惠庸主諸王爭權遂內難九與外寇三作方今喪亂有甚於此六貴爭權人握王憲制主畫勑各欲專成且嗣主在宮本無令譽媟近左右蜂目忍人一居萬機恣其所欲豈肯虛坐主諾委政朝臣積相嫌貳必大誅戮始安欲爲趙倫形迹已露蹇人上天信無此理且性甚猜狹徒取禍機所可當軸江劉而已祏怯而無斷暄弱而不才折鼎覆餗跂踵可待蕭坦胸懷猜忌動言相傷徐孝嗣才非柱石聽人穿鼻若隙開釁起必中外土崩今得外藩幸圖身計及

今猜防未生宜召諸弟以時聚集郢州控帶荆湘西注漢沔雍州士馬呼吸數萬時安則竭誠本朝時亂則爲國剪暴如不早圖悔無及也懿聞之變色心未之許及懿遇禍帝將起兵夜召弘策呂僧珍入定議旦乃發兵以弘策爲輔國將軍主領萬人督後部事及郢城平蕭穎達楊公則諸將皆欲頓軍夏口帝以爲宜乘勢長驅直指建鄴弘策與帝意合又訪寧朔將軍庾域域又同帝即日上道凡磯浦村落軍行宿次立頓處所弘策預爲圖皆在目中城平帝遣弘策與呂僧珍先往清宮封檢府庫于時城內珍寶委積弘策申勒部曲秋毫無犯遷衞尉卿加給事中天監初加散騎常侍封洮陽縣侯弘策盡忠奉上知無不爲交友故舊隨才薦拔縉紳皆趨焉時東昏餘黨孫文明等初逢赦令多未自安文明又嘗夢乘馬至雲龍門心惑其夢遂作亂帥數百人因運荻炬束仗得入南北掖門至夜燒神獸門總章觀入衞尉府弘策踰垣匿于龍廄遇賊見害賊又進燒尚書省及閣道雲龍門前軍司馬呂僧珍直殿省帥羽林兵邀擊不能却上戎服御前殿謂僧珍曰賊夜來是衆少曉則走矣命打五鼓賊謂已曉乃

散官軍捕文明斬于東市張氏親屬虀食之帝哭之慟曰痛哉衞尉天下事當復與誰論詔贈車騎將軍諡曰閔侯弘策爲人寬厚通率篤舊故及居隆重不以貴地自高故人賓客接之如布衣祿賜皆散之親友及遇害莫不痛惜焉子緬嗣

緬字元長年數歲外祖中山劉仲德異之曰此兒非常器非止爲張氏寶方爲海內令名也齊永元末兵起弘策從武帝向都留緬襄陽年始十歲每聞軍有勝負憂喜形於顏色及弘策遇害緬喪過于禮武帝每遣喻之服闋襲封洮陽縣侯起家祕書郎出爲淮南太守時年十八武帝疑其年少未閑吏事遣主書封取郡曹文案見其斷決允愜甚稱賞之再遷雲麾外兵參軍緬少勤學自課讀書手不輟卷有質疑者隨問便對略無遺失殿中郎缺帝謂徐勉曰此曹舊用文學且鴈行之首宜詳擇其人勉舉緬充選頃之爲武陵太守還拜太子洗馬中舍人緬母劉氏以父沒家貧葬禮有闕遂終身不居正室不隨子入官府緬在郡所得俸祿不敢用至乃妻子不易衣裳及還都並供之母振遺親屬雖

累載所蓄一朝隨盡緬私室常闃然如貧素者累遷豫章內史緬為政任恩惠
不設鉤距吏人化其德亦不敢欺故老咸云數十年未有也後為御史中丞坐
收捕人與外國使鬭左降黃門兼領先職俄復舊任緬居憲司推繩無所顧望
號為勁直武帝乃遣圖其形於臺省以勵當官遷侍中未拜卒詔便舉哀昭明
太子亦往臨哭緬抄後漢晉書抄三十卷又抄江左集未及成文集三卷緬弟
纘

纘字伯緒出繼從伯弘籍武帝舅也梁初贈廷尉卿纘年十一尚武帝第四女
富陽公主拜駙馬都尉封利亭侯召補國子生起家祕書郎時年十七身長七
尺四寸眉目疎朗神采爽發武帝異之嘗曰張壯武云後八世有逮吾者其此
子乎纘好學兄緬有書萬餘卷晝夜披讀殆不輟手祕書郎四員宋齊以來為
甲族起家之選待次入補其居職例不數十日便遷任纘固求不徙欲遍觀閣
內書籍帝執四部書目曰君讀此畢可言優仕矣如此三載方遷太子舍人轉
洗馬中舍人並掌管記纘與琅邪王錫齊名普通初魏使彭城人劉善明通和

求識纘與錫纘時年二十三喬明見而嗟服累遷尚書吏部郎俄而長兼侍中
時人以爲早達河東裴子野曰張吏部有喉脣之任已恨其晚矣子野性曠達
自云年出三十不復詣人初未與纘遇便虛相推重因爲忘年之交大通中爲
吳興太守居郡省煩苛務清靜人吏便之大同二年徵爲吏部尚書後門寒素
一介者皆見引拔不爲貴門屈意人士翕然稱之負其才氣無所與讓定襄侯
祗無學術頗有文性與兄衡山侯恭俱爲皇太子愛賞時纘從兄謐聿並不學
問性又凡愚恭祗嘗預東宮宴集太子戲纘曰丈人謐聿皆何在纘從容曰纘
有謐聿亦殿下之衡定太子色慚或云纘從兄聿及弼愚短湘東王在坐問纘
曰丈人二從聿弼藝業何如纘曰下官從弟雖並無多猶賢殿下之有衡定舉
坐愕然其忤物如此五年武帝詔曰纘外氏英華朝中領袖司空已後名冠范
陽可尚書僕射纘本寒門以外戚顯重高自擬倫而詔有司空范陽之言深用
爲狹以朱异草詔與异不平初纘與參掌何敬容意趨不協敬容居權軸賓客
輻湊有過詣纘纘輒距不前曰吾不能對何敬容殘客及是遷爲讓表曰自出

守股肱入居衡尺可以仰首伸眉論列是非者矣而寸衿所滯近蔽耳目深淺清濁豈有能預加以矯心飾貌酷非所閑不喜俗人與之共事此言以指敬容也在職議南郊御乘素輦適古今之衷又議印綬官若備朝服宜並著綬時並施行改爲湘州刺史述職經塗作南征賦初吳興吳規頗有才學邵陵王綸引爲賓客深相禮遇及綸作牧郢蕃規隨從江夏遇纘出之湘鎮路經郢服綸餞之南浦纘見規在坐意不能平忽舉盃曰吳規此酒慶汝得陪今宴規尋起還其子翁孺見父不悅問而知之翁孺因氣結爾夜便卒規恨纘慟兒憤哭兼至信次之間又致殞規妻深痛夫子翌日又亡時人謂張纘一盃酒殺吳氏三人其輕傲皆此類也至州務公平遣十郡慰勞解放老疾吏役及關市戍邏先所防人一皆省併州界零陵衡陽等郡有莫傜蠻者依山險爲居歷政不賓服因此向化益陽縣人作田二頃皆異畝同穎在政四年流人自歸戶口增十餘萬州境大寧晚頗好積聚多寫圖書數萬卷有油二百斛米四千石佗物稱是太清二年徙授領軍俄改雍州刺史初聞邵陵王綸當代已爲湘州其後更用河

東王譽纘素輕少王州府候迎及資待甚薄譽深銜之及至州譽遂託疾不見
纘仍檢括州府付度事留纘不遣會聞侯景寇建鄴譽當下援湘東王時鎮江
陵與纘有舊纘將因之以斃譽兄弟時湘東王與譽及信州刺史桂陽王慥各
率所領入援臺下硤至江津譽次江口湘東王居郢州之武城屬侯景已請和
武帝詔罷援軍譽自江口將旋湘鎮欲待湘東至謁督府方還州纘乃貽湘東
書曰河東戴檣上水欲襲江陵岳陽在雍共謀不逞江陵遊軍主朱榮又遣使
報云桂陽住此欲應譽督湘東信之乃覆船沉米斬纜而歸至江陵收慥殺之
荆湘因構嫌隙纘尋棄其部曲攜其二女單舸赴江陵湘東遣使責讓譽索纘
部下仍遣纘向雍州前刺史岳陽王詧推遷未去鎮但以城西白馬寺處之會
聞賊陷臺城詧因不受代州助防杜岸紿纘曰觀岳陽不容使君使君素得物
情若走入西山舉義事無不濟纘以爲然因與岸兄弟盟乃要雍州人席引等
於西山聚衆乃服婦人衣乘青布輿與親信十餘人奔引等杜岸馳告詧詧令
中兵參軍尹正等追討纘以爲赴期大喜及至並禽之纘懼不免請爲沙門名

法緒督龔江陵常載纘隨後逼使爲檄固辭以疾及軍退敗行至澧水南防守纘者慮追兵至遂害之棄尸而去元帝承制贈開府儀同三司謚簡憲公元帝少時纘便推誠委結及帝卽位追思之嘗爲詩序云簡憲之爲人也不事王侯負才任氣見余則申旦達夕不能已已懷夫人之德何日忘之纘著鴻寶一百卷文集二十卷初纘之往雍州資產悉留江陵性既貪婪南中貲賄塡積及死湘東王皆使收之書二萬卷並摙還齊珍寶貨物悉付庫以粽密之屬還其家

次子希字子顏早知名尙簡文第九女海鹽公主承聖初位侍中纘弟綰

綰字孝卿少與兄纘齊名湘東王繹嘗策之百事綰對闕其六號爲百六公位員外散騎常侍中軍宣城王長史遷御史中丞武帝遣其弟中書舍人絢宣旨曰爲國之急唯在執憲直繩用人之本不限升降晉宋時周閔蔡廓兼以侍中爲之卿勿疑是左遷時宣城王府望重故有此旨焉大同四年元日舊制僕射中丞坐位東西時當綰兄纘爲僕射及百司就列兄弟並導騶分騶兩塗前代未有時人榮之出爲豫章內史在郡述制旨禮記正言義四姓衣冠士子聽者

常數百人八年安成人劉敬宮挾祆道遂聚黨攻郡進寇豫州刺史湘東王遣司馬王僧辯討賊受綰節度旬月間賊黨悉平十年復爲御史中丞綰再爲憲司彈糾無所回避豪右憚之時城西開士林館聚學者綰與右衛朱异太府卿賀琛遞述制旨禮記中庸義太清三年爲吏部尚書宮城陷奔江陵位尚書右僕射魏剋江陵朝士皆俘入關綰以疾免卒於江陵次子交字少游尚簡文第十一女定陽公主承聖二年官至祕書丞掌東宮管記

庾域字司大新野人也少沉靜有名鄉曲梁文帝爲郢州辟爲主簿歎美其才曰荊南杞梓其在斯乎加以恩禮長沙宣武王爲梁州以爲錄事參軍帶華陽太守時魏軍攻圍南鄭州有空倉數十所域手自封題指示將士曰此中粟皆滿足支二年但努力堅守衆心以安軍退以功拜羽林監及長沙王爲益州域隨爲懷寧太守罷任還家妻子猶事井臼而域所衣大布餘俸專充供養母好鶴唳域在位營求孜孜不怠一旦雙鶴來下論者以爲孝感所致永元初南康王板西中郎諮議參軍母憂去職梁武帝舉兵起爲寧朔將軍領行選武帝東

下師次楊口和帝遣御史中丞宗夬勞軍域乃諷夬曰黃鉞未加非所以總率侯伯夬反西臺卽授武帝黃鉞蕭穎胄既都督中外諸軍事論者謂武帝應致牋域爭不聽乃止郢城平域及張弘策議與武帝意同卽命衆軍便下域謀多被納用霸府初開爲諮議參軍天監初封廣牧縣子後軍司馬出爲寧朔將軍巴西梓潼二郡太守梁州長史夏侯道遷降魏魏襲巴西域固守城中糧盡將士皆齕草食土無有離心魏軍退進爵爲伯于時兵後人飢域上表振貸不待報輒開倉爲有司所糾上遷域西中郎司馬輔國將軍寧蜀太守卒于官子子輿

子輿字孝卿幼而歧嶷五歲讀孝經手不釋卷或曰此書文句不多何用自苦答曰孝德之本何謂不多齊永明末除州主簿時父在梁州遇疾子輿奔侍醫藥言淚恆幷長沙宣武王省疾見之顧曰庾錄事雖危殆可憂更在子輿尋丁母憂哀至輒嘔血父戒以滅性乃禁其哭泣梁初爲尚書郎天監三年父出守巴西子輿以蜀路險難啓求侍從以孝養獲許父還寧蜀子輿亦相隨父於路

感心疾每至必叫子輿亦悶絕及父卒哀慟將絕者再奉喪還鄉秋水猶壯巴東有淫預石高出二十許丈及秋至則纔如見焉次有瞿塘大灘行侶忌之部伍至此石猶不見子輿撫心長叫其夜五更水忽退減安流南下及度水復舊行人爲之語曰淫預如幞本不通瞿塘水退爲庾公初發蜀有雙鳩巢舟中及至又棲廬側每聞哭泣之聲必飛翔簷宇悲鳴激切欲爲父立佛寺未有定處夢有僧謂曰將修勝業嶺南原即可營造明往履歷果見標度處所有若人功因立精舍居墓所以終喪服闋手足枯攣待人而起仍布衣蔬食志守墳墓叔該謂曰汝若固志吾亦抽簪於是始仕雖以嫡長襲爵國秩盡推諸弟累遷兼中郎司馬大通二年除巴陵內史便道之官路中遇疾或勸上郡就醫子輿曰吾疾患危重全濟理難豈可貪官陳尸公廨因勅門生不得輒入城市即於渚次卒遺令單衣帢履以斂酒脯施靈而已

鄭紹叔字仲明滎陽開封人也累世居壽陽祖琨宋高平太守紹叔年二十餘爲安豐令有能名後爲本州中從事史時刺史蕭誕弟諶被誅臺遣收誕兵使

卒至左右驚散紹叔獨馳赴焉誕死侍送喪柩衆咸稱之到都司空徐孝嗣見而異之曰祖逖之流也梁武帝臨司州命爲中兵參軍領長流因是厚自結附帝罷州還都謝遣賓客紹叔獨固請願留帝曰卿才幸自有用我今未能相益宜更思佗塗固不許於是乃還壽陽刺史蕭遙昌苦要引紹叔終不受命遙昌將囚之鄉人救解得免及帝爲雍州紹叔間道西歸補寧蠻長史扶風太守東昏既害朝宰頗疑于帝紹叔兄植爲東昏直後東昏遣至雍州託候紹叔潛使爲刺客紹叔知之密白帝及植至帝於紹叔處置酒宴之戲植曰朝廷遣卿見圖今日閑宴是見取良會也賓主大笑令植登城隍周觀府署士卒器械舟艫戎馬莫不富實植退謂紹叔曰雍州實力未易圖也紹叔曰兄還具爲天子言之兄若取雍州紹叔請以此衆一戰送兄於南峴相持慟哭而別續復遣主帥杜伯符亦欲爲刺客詐言作使上亦密知宴接如常伯符懼不敢發上後卽位作五百字詩具及之初起兵紹叔爲冠軍將軍改驍騎將軍從東下江州平留紹叔監州事曰昔蕭何鎭關中漢祖得成山東之業寇恂守河內光武建河北

之基今之九江昔之河內我故留卿以爲羽翼前途不捷我當其咎糧運不繼卿任其責紹叔流涕拜辭於是督江湘糧運無闕乏天監初入爲衞尉卿紹叔少孤貧事母及祖母以孝聞奉兄恭謹及居顯要糧賜所得及四方遺餉悉歸之兄室忠於事上所聞纖毫無隱每爲帝言事善則曰臣愚不及此皆聖主之策不善則曰臣智慮淺短以爲其事當如是殆以此誤朝廷也臣之罪深矣帝甚親信之母憂去職紹叔有至性帝常使人節其哭頃之封營道縣侯復爲衞尉卿以營道縣戶凋弊改封東興縣侯三年魏圍合肥紹叔以本號督衆軍鎭東關事平復爲衞尉既而義陽入魏司州移鎭關南以紹叔爲司州刺史紹叔至創立城隍繕兵積穀流人百姓安之性頗矜躁以權勢自居然能傾心接物多所舉薦士亦以此歸之徵爲左衞將軍至家疾篤詔於宅拜授輿載還府中使醫藥一日數至卒於府舍帝將臨其殯紹叔宅巷陋不容輿駕乃止詔贈散騎常侍護軍將軍謚曰忠紹叔卒後帝嘗濟然謂朝臣曰鄭紹叔立志忠烈善必稱君過則歸己當今殆無其比見賞惜如此子貞嗣

呂僧珍字元瑜東海范陽人也世居廣陵家甚寒微童兒時從師學有相工歷觀諸生指僧珍曰此兒有奇聲封侯相也事梁文帝爲門下書佐身長七尺七寸容貌甚偉曹輩皆敬之文帝爲豫州刺史以爲典籤帶蒙令帝遷領軍將軍補主簿祆賊唐寓之寇東陽文帝率衆東討使僧珍知行軍衆局事僧珍宅在建陽門東自受命當行每日由建陽門道不過私室文帝益以此知之司空陳顯達出軍沔北見而呼坐謂曰卿有貴相後當不見減深自努力建武二年魏軍南攻五道並進武帝帥師援義陽僧珍從在軍中時長沙宣武王爲梁州刺史魏軍圍守連月義陽與雍州路斷武帝欲遣使至襄陽求梁州問衆莫敢行僧珍固請充使卽日單舸上道及至襄陽督遣援軍且獲宣武王書而反武帝甚嘉之東昏卽位司空徐孝嗣管朝政欲要僧珍與共事僧珍知不久當敗竟弗往武帝臨雍州僧珍固求西歸得補邛令及至武帝命爲中兵參軍委以心膂僧珍陰養死士歸之者甚衆武帝頗招武猛士庶響從會者萬餘人因命按行城西空地將起數千間屋爲止舍多伐材竹沉於檀溪積茅蓋若山阜皆未

之用僧珍獨悟其指因私具櫓數百張及兵起悉取檀溪材竹裝爲船艦葺之以茅並立辦衆軍將發諸將須櫓甚多僧珍乃出先所具每船付二張爭者乃息武帝以僧珍爲輔國將軍步兵校尉出入臥內宣通意旨大軍次江寧武帝使僧珍與王茂率精兵先登赤鼻邏其日東昏將李居士來戰僧珍等大破之乃與茂進白板橋壘立茂移頓越城僧珍守白板李居士知城中衆少直來薄城僧珍謂將士曰今力不敵不可戰亦勿遙射須至壍裏當幷力破之俄而皆越壍僧珍分人上城自率馬步三百人出其後內外齊擊居士等應時奔散及武帝受禪爲冠軍將軍前軍司馬封平固縣侯再遷左衛將軍加散騎常侍入直祕書省總知宿衛天監四年大舉北侵自是僧珍晝直中省夜還祕書五年旋軍以本官領太子中庶子僧珍去家久表求拜墓武帝欲榮以本州乃拜南兗州刺史僧珍在任見士大夫迎送過禮平心率下不私親戚兄弟皆在外堂並不得坐指客位謂曰此兗州刺史坐非呂僧珍牀及別室促膝如故從父兄子先以販葱爲業僧珍至乃棄業求州官僧珍曰吾荷國重恩無以報効汝等

自有常分豈可妄求叨越當速反葱肆耳僧珍舊宅在市北前有督郵廨鄉人咸勸徙廨以益其宅僧珍怒曰豈可徙官廨以益吾私宅乎姊適于氏住市西小屋臨路與列肆雜僧珍常導從鹵簿到其宅不以爲恥在州百日徵爲領軍將軍直祕書省如先常以私車輦水灑御路僧珍既有大勳任總心膂性甚恭慎當直禁中盛暑不敢解衣每侍御坐屏氣鞠躬對果食未嘗舉箸因醉後取一甘食武帝笑謂曰卿今日便是大有所進祿俸外又月給錢十萬其餘賜賚不絕於時初武帝起兵攻郢州久不下咸欲走北僧珍獨不肯累日乃見從一夜僧珍忽頭痛壯熱及明而顙骨益大其骨法蓋有異焉十年疾病車駕臨幸中使醫藥日有數四僧珍語親舊曰吾昔在蒙縣熱病發黃時必謂不濟主上見語卿有富貴相必當不死俄而果愈吾今已富貴而復發黃所苦與昔政同必不復起竟如言卒于領軍官舍武帝即日臨殯贈驃騎將軍開府儀同三司謚曰忠敬武帝痛惜之言爲流涕子淡嗣初宋季雅罷南康郡市宅居僧珍宅側僧珍問宅價曰一千一百萬怪其貴季雅曰一百萬買宅千萬買隣及僧珍

生子季雅往賀署函曰錢一千閽人少之弗爲通強之乃進僧珍疑其故親自發乃金錢也遂言於帝陳其才能以爲壯武將軍衡州刺史將行謂所親曰不可以負呂公在州大有政績

樂藹字蔚遠南陽淯陽人晉尚書令廣之六世孫也家居江陵方頤隆準舉動醞藉其舅雍州刺史宗慤嘗陳器物試諸甥姪藹時尚幼而無所取慤由此奇之又取史傳各一卷授藹等使讀畢言所記藹略讀具舉慤益善之齊豫章王嶷爲荊州刺史以藹爲驃騎行參軍領州主簿參知州事嶷嘗問藹城隍風俗山川險易藹隨問立對若案圖牒嶷益重焉州人嫉之或譖藹廨門如市嶷遣覘之方見藹閉閤讀書後爲大司馬記室永明八年荊州刺史巴東王子響稱兵反及敗焚燒府舍官曹文書一時蕩盡齊武帝見藹問以西事藹占對詳敏帝悅用爲荊州中從事敕付以脩復府州事藹還州繕脩廨署數百區頃之咸畢豫章王嶷薨藹解官赴喪率荊湘二州故吏建碑墓所南康王爲西中郎以藹爲諮議參軍蕭穎胄引藹及宗夬劉坦任以經略天監初累遷御史中丞初

藹發江陵無故於船得八車輻如中丞健步避道者至是果還爲性公彊居憲臺甚稱職時長沙宣武王將葬而車府忽於庫火油絡欲推主者藹曰昔晉武庫火張華以爲積油久灰必然今庫若灰非吏罪也旣而檢之果有積灰時稱其博物弘恕二年出爲平越中郎將廣州刺史前刺史徐元瑜罷歸遇始興人士反逐內史崔睦舒因掠元瑜財產元瑜走歸廣州借兵於藹託欲討賊而實謀襲藹藹覺誅之尋卒於官藹姊適徵士同郡劉虯亦明識有禮訓藹爲州迎姊居官舍三分祿秩以供焉西土稱之子法才

法才字元備幼與弟法藏俱有美名沈約見之曰法才實才子爲建康令不受奉秩比去將至百金縣曹啓輸臺庫武帝嘉其淸節曰居職若斯可以爲百城表矣還太舟卿尋除南康內史恥以讓奉受名辭不拜歷位少府卿江夏太守因被代表求便道還鄉至家割宅爲寺棲心物表尋卒法藏位征西錄事參軍早亡子子雲美容貌善舉止位江陵令承制除光祿卿魏剋江陵衆奔散呼子雲子雲曰終爲虜矣不如守以死節遂仆地卒於馬蹄之下

論曰張弘策惇厚愼密首預帝圖其位遇之隆豈徒外戚云爾至如太淸板蕩親屬離貳鑽不能叶和蕃岳克濟陶冶之功而苟懷私怨以成釁隙之首風格若此而爲梁之亂階惜乎庾域鄭紹叔呂僧珍等或忠誠亮藎或恪勤匪解締構王業皆有力焉僧珍之肅恭禁省紹叔之勤誠靡貳蓋有人臣之節矣藹雖異帷幄之勳亦讚雲雷之業其當官任事寵秩不亦宜乎

南史卷五十六

南史卷五十六考證

張緬傳俄復舊任○舊任閣本作爲真

張纘傳帝執四部書目曰君讀此畢可言優仕矣○梁書帝作常君作若

以粽密之屬還其家○密閣本作蜜應改從之

張綰傳太清三年爲吏部尚書○三梁書作二

呂僧珍傳姊適于氏○于一本作干

因醉後取一甘食○甘監本誤升梁書嘗因醉後取一柑食之應改從之

樂藹傳張華以爲積油久灰必然○久灰閣本作萬匹又注云匹一作石

史臣論克濟陶冶之功○陶冶梁書作温陶應改從之

南史卷五十六考證

南史卷五十七

唐　李延壽撰

列傳第四十七

沈約 子旋 孫衆　范雲 從兄縝

沈約字休文吳興武康人也昔金天氏有裔子曰昧爲玄冥師生子允格臺駘臺駘能業其官宣汾洮障大澤以處太原帝顓頊嘉之封諸汾川其後四國沈姒蓐黃沈子國今汝南平輿沈亭是也春秋之時列於盟會魯昭四年晉使蔡滅沈其後因國爲氏自茲以降譜諜罔存秦末有沈逞徵丞相不就漢初逞曾孫保封竹邑侯保子遵自本國遷居九江之壽春官至齊王太傅封敷德侯遵生驃騎將軍達達生尚書令乾乾生南陽太守弘弘生河內太守勗勗生御史中丞奮奮生將作大匠恪恪生尚書關內侯謙謙生濟陽太守靖靖生戎戎字威卿仕爲州從事說降劇賊尹良漢光武嘉其功封爲海昏縣侯辭不受因避地徙居會稽烏程縣之餘不鄉遂家焉順帝永建元年分會稽爲吳郡復爲吳

郡人靈帝初平五年分烏程餘杭爲永安縣吳孫晧寶鼎二年分吳郡爲吳興郡晉太康三年改永安爲武康縣復爲吳興武康人焉雖邦邑屢改而築室不遷戎子酆字聖通任零陵太守致黃龍芝草之瑞第二子仲高安平相少子景河閒相演之慶之曇慶懷文其後也仲高子鸞字建光少有高名州舉茂才公府辟州別駕從事史時廣陵太守陸稠鸞之舅也以義烈政績顯名漢朝復以女妻鸞早卒子直字伯平州舉茂才亦有清名卒子瑜儀俱少有至行瑜十歲儀九歲而父亡居喪毀瘠過於成人外祖會稽盛孝章漢末名士也深加憂傷每撫慰之曰汝並黃中英爽終成奇器何遽逾制自取殄滅邪三年禮畢殆至滅性故兄弟並以孝著瑜早卒儀字仲則篤學有雅才以儒素自業時海內大亂兵革並起經術廢弛士少全行而儀淳深隱默守道不移風操貞整不妄交納唯與族子仲山叔山及吳郡陸公紀友善州郡禮請二府交辟公車徵並不屈以壽終子曼字元禪左中郎新都都尉定陽侯才志顯於吳朝子矯字仲桓以節氣立名仕爲立武校尉偏將軍孫晧時有將帥之稱吳平爲鬱林長沙二

太守不就太康末卒子陵字景高晉元帝之爲鎭東將軍命參軍事子延字思長潁川太守始居縣東鄉之博陸里餘烏村延子賀字子寧桓沖南中郎參軍賀子警字世明惇篤有行業學通左氏春秋家產累千金後將軍謝安命爲參軍甚相敬重警內足於財爲東南豪士無進仕意謝病歸安固留不止乃謂曰沈參軍卿有獨善之志不亦高乎警曰使君以道御物前所以懷德而至既無用佐時故遂飲啄之願爾還家積載以素業自娛前將軍王恭鎭京口與警有舊好復引爲參軍手書殷勤苦相招致不得已而應之尋復謝去子穆夫字彥和少好學通左氏春秋王恭命爲前將軍主簿謂警曰足下既執不拔之志高臥東南故屈賢子共事非吏職嬰之也初錢唐人杜炅字子恭通靈有道術東土豪家及都下貴望並事之爲弟子執在三之敬警累世事道亦敬事子恭子恭死門徒孫泰泰弟子恩傳其業警復事之隆安三年恩於會稽作亂自稱征東將軍三吳皆響應穆夫在會稽恩以爲餘姚令及恩爲劉牢之所破穆夫見害先是穆夫宗人沈預與穆夫父警不協至是告警及穆夫弟仲夫任夫預夫

佩夫並遇害唯穆夫子深子雲子田子林子虔子獲全田子林子知名田子字
敬光從武帝剋京城進平建鄴參鎮軍事封營道縣五等侯帝北伐廣固田子
領偏師與龍驤將軍孟龍符爲前鋒龍符戰沒田子力戰破之及盧循逼都帝
遣田子與建威將軍孫季高海道襲破廣州還除太尉參軍淮陵內史賜爵都
鄉侯義熙八年從討劉毅十年從討司馬休之除振武將軍扶風太守十二年
武帝北伐田子與順陽太守傅弘之各領別軍從武關入屯據青泥姚泓將自
禦大軍慮田子襲其後欲先平田子然後傾國東出乃率步騎數萬奄至青泥
田子本爲疑兵所領裁數百欲擊之傅弘之曰彼衆我寡難可與敵田子曰師
貴用奇不必在衆弘猶固執田子曰衆寡相傾勢不兩立若使賊圍既固人情
喪沮事便去矣及其未整薄之必剋所謂先人有奪人之志也便獨率所領鼓
譟而進賊合圍數重田子乃棄糧毀舍躬勒士卒前後奮擊賊衆一時潰散所
殺萬餘人得泓僞乘輿服御武帝表言其狀長安既平武帝讌于文昌殿舉酒
賜田子曰咸陽之平卿之功也即以咸陽相賞即授咸陽始平二郡太守大軍

既還桂陽公義真留鎮長安以田子爲安西中兵參軍龍驤將軍始平太守時赫連勃勃來寇田子與安西司馬王鎮惡俱出北地禦之初武帝將還田子及傅弘之等並以鎮惡家在關中不可保信屢言之帝曰今留卿文武將士精兵萬人彼若欲爲不善政足自滅耳勿復多言及俱出北地論者謂鎮惡欲盡殺諸南人以數十人送義真南還因據關中反叛田子乃於弘之營內請鎮惡計事使宗人敬仁於坐殺之率左右數十人自歸義真長史王脩收殺田子於長安稾倉門外是歲十四年正月十五日也武帝表天子以田子卒發狂易不深罪也林子字敬士少有大度年數歲隨王父在京口王恭見而奇之曰此兒王子師之流也嘗與衆人共見遺寶咸爭趨之林子直去不顧年十三遇家禍既門陷祆黨兄弟並應從誅而沈預家甚彊富志相陷滅林子兄弟沉伏山澤無所投厝會孫恩屢出會稽武帝致討林子乃自歸陳情率老弱歸罪請命因流涕哽咽三軍爲之感動帝甚奇之乃載以別船遂盡室移京口帝分宅給焉林子博覽衆書留心文義從剋京城進平都邑時年十八身長七尺五寸沈預慮

林子爲害常被甲持戈至是林子與兄田子還東報讎五月夏節日至預政大集會子弟盈堂林子兄弟挺身直入斬預首男女無論長幼悉屠之以預首祭父祖墓及帝爲揚州辟爲從事領建熙令封資中縣五等侯從伐慕容超平盧循並著軍功後從征劉毅參太尉軍事復從討司馬休之武帝每征討林子輒摧鋒居前時賊黨郭亮之招集蠻晉屯據武陵武陵太守王鎮惡出奔林子率軍討之斬亮之於七里澗而納鎮惡武陵既平復討魯軌於石城軌棄衆走襄陽復追躡之襄陽既定權留守江陵武帝伐姚泓復參征西軍事加建武將軍統軍爲前鋒從汴入河僞幷州刺史河東太守尹昭據蒲坂林子於陝城與冠軍檀道濟同攻蒲坂龍驤王鎮惡攻潼關姚泓聞大軍至遣僞東平公姚紹爭據潼關林子謂道濟曰潼關天岨所謂形勝之地鎮惡孤軍勢危力屈若使姚紹據之則難圖也及其未至當幷力爭之若潼關事捷尹昭可不戰而服道濟從之及至紹舉關右之衆設重圍圍林子及道濟鎮惡等道濟議欲度河避其鋒或欲棄捐輜重還赴武帝林子按劍曰下官今日之事自爲將軍辦之然二

三君子或同業艱難或荷恩罔極以此退撓亦何以見相公旗鼓邪塞井焚舍示無全志率麾下數百人犯其西北紹衆小靡乘其亂而薄之紹乃大潰俘虜以千數悉獲紹器械資實時諸將破賊皆多其首級而林子獻捷書至每以實聞武帝問其故林子曰夫王者之師本有征無戰豈可復增張虜獲以示誇誕昔魏尙以盈級受罰此亦後乘之良轍也武帝曰乃所望於卿也初紹退走還保定城留僞武衞將軍姚鸞精兵守嶮林子銜枚夜襲卽屠其城劓鸞而坑其衆紹復遣撫軍將軍姚讚將兵屯河上林子連破之紹又遣長史姚伯子等屯據九泉憑河固險以絕糧援武帝復遣林子累戰大破之卽斬伯子所俘獲悉以還紹使知王師之弘紹志節沉勇林子每戰輒勝白武帝曰姚紹氣蓋關右而力以勢屈但恐凶命先盡不得以釁齊斧爾尋紹疽發背死武帝以林子之驗乃賜書嘉美之於是讚統後軍復襲林子林子禦之連戰皆捷帝至閿鄉姚泓掃境內兵屯嶢柳時田子自武關北入屯軍藍田泓自率大衆攻之帝慮衆寡不敵遣林子步自秦嶺以相接援比至泓已破走田子欲窮追進取長安林

子止之曰往取長安如指掌爾復剋賊城便爲獨平一國不賞之功也田子乃止林子威震關中豪右望風請附帝以林子田子綏略有方頻賜書褒美并令深慰納之長安既平姚氏十餘萬口西奔隴上林子追討至寡婦水轉鬬至槐里大軍東歸林子領水軍於石門以爲聲援還至彭城帝令林子差次勳勤隨才授用文帝出鎮荆州議以林子及謝晦爲蕃佐帝曰吾不可頓無二人林子行則晦不宜出乃以林子爲西中郎中兵參軍領新興太守林子以行役久士有歸心乃深陳事宜并言聖王所以戒愼祇肅非以崇威立武實乃經國長吐宜廣建蕃屏崇嚴宿衞武帝深相訓納俄而謝翼謀反帝歎曰林子之見何其明也文帝進號鎮西隨府轉加建威將軍河東太守時武帝以方隅未靜復欲親戎林子固諫帝答曰吾輒當不復自行帝踐阼以佐命功封漢壽縣伯固讓不許永初三年卒追贈征虜將軍元嘉二十五年謚曰懷少子璞嗣璞字道真童孺時神意閑審文帝召見奇璞應對謂林子曰此非常兒也初除南平王左常侍文帝引見謂之曰吾昔以弱年出蕃鄉家以親要見輔今日之授意在不

簿王家之事一以相委勿以國官乖清塗爲罔罔也元嘉十七年始與王濬爲揚州刺史寵愛殊異以爲主簿時順陽范曄爲長史行州事曄性頗疎文帝謂璞曰范曄性疎必多不同卿腹心所寄當密以在意彼行事其實卿也璞以任遇既深所懷輒以密啓每至施行必從中出曄政謂聖明留察故深更恭慎而莫見其際也在職八年神州大寧又無謗黷璞有力焉二十三年范曄坐事誅時濬雖曰親覽州事一以付璞濬年既長璞固求辭事以璞爲濬始興國大農累遷淮南太守三十年元凶弒立璞以奉迎之晚見殺有子曰約其制自序大略如此約十三而遭家難潛竄會赦乃免既而流寓孤貧篤志好學晝夜不釋卷母恐其以勞生疾常遣減油滅火而晝之所讀夜輒誦之遂博通羣籍善屬文濟陽蔡興宗聞其才而善之及爲郢州引爲安西外兵參軍兼記室興宗常謂其諸子曰沈記室人倫師表宜善事之及爲荊州又爲征西記室帶關西令齊初爲征虜記室帶襄陽令所奉主即齊文惠太子太子入居東宮爲步兵校尉管書記直永壽省校四部圖書時東宮多士約特被親遇每旦入見景斜方

出時王侯到宮或不得進約每以爲言太子曰吾平生嬾起是卿所悉得卿談論然後忘寢卿欲我夙興可恆早入遷太子家令後爲司徒右長史黃門侍郎時竟陵王招士約與蘭陵蕭琛瑯邪王融陳郡謝朓南郡范雲樂安任昉等皆游焉當世號爲得人隆昌元年除吏部郎出爲東陽太守齊明帝即位徵爲五兵尚書遷國子祭酒明帝崩政歸冢宰尚書令徐孝嗣使約撰定遺詔永元中復爲司徒左長史進號征虜將軍南河清太守初梁武在西邸與約游舊建康城平引爲驃騎司馬時帝勳業既就天人允屬約嘗扣其端帝默然而不應佗日又進曰今與古異不可以淳風期萬物士大夫攀龍附鳳者皆望有尺寸之功以保其福祿今童兒牧豎悉知齊祚之終且天文人事表革運之徵永元以來尤爲彰著讖云行中水作天子此又歷然在記天心不可違人情不可失帝曰吾方思之約曰公初起兵樊沔此時應思今日王業已就何所復思昔武王伐紂始入人便曰吾君武王不違人意亦無所思公自至京邑已移氣序比於周武遲速不同若不早定大業稽天人之望脫一人立異便損威德且人非金

石時事難保豈可以建安之封遺之子孫若天子還都公卿在位則君臣分定無復異圖君明於上臣忠於下豈復有人方更同公作賊帝然之約出召范雲告之雲對略同約旨帝曰智者乃爾暗同卿明早將休文更來雲出語約約曰卿必待我雲許諾而約先期入帝令草其事約乃出懷中詔書幷諸選置帝初無所改俄而雲自外來至殿門不得入徘徊壽光閣外但云咄咄約出雲問曰何以見處約舉手向左雲笑曰不乖所望有頃帝召雲謂曰生平與沈休文羣居不覺有異人處今日才智縱橫可謂明識雲曰公今知約不異約今知公帝曰我起兵於今三年矣功臣諸將實有其勞然成帝業者乃卿二人也梁臺建爲散騎常侍吏部尚書兼右僕射及受禪爲尚書僕射封建昌縣侯又拜約母謝爲建昌國太夫人奉策之日吏部尚書范雲等二十餘人咸來致拜朝野以爲榮俄遷右僕射天監二年遭母憂輿駕親出臨弔以約年衰不宜致毀遣中書舍人斷客節哭起爲鎮軍將軍丹陽尹置佐史服闋遷侍中右光祿大夫領太子詹事奏尚書八條事還尚書令累表陳讓改授左僕射領中書令尋還尚

書令領太子少傅九年轉左光祿大夫初約久處端揆有志台司論者咸謂爲宜而帝終不用乃求外出又不見許與徐勉素善遂以書陳情於勉言己老病百日數旬革帶常應移孔以手握臂率計月小半分欲謝事求歸老之秩勉爲言於帝請三司之儀弗許但加鼓吹而已約性不飲酒少嗜慾雖時遇隆重而居處儉素立宅東田矚望郊阜嘗爲郊居賦以序其事尋加特進遷中軍將軍丹陽尹侍中特進如故十二年卒官年七十三諡曰隱約左目重瞳子腰有紫志聰明過人好墳籍聚書至二萬卷都下無比少孤貧約干宗黨得米數百斛爲宗人所侮覆米而去及貴不以爲憾用爲郡部傳嘗侍宴有妓婢師是齊文惠宮人帝問識坐中客不曰唯識沈家令約伏地流涕帝亦悲焉爲之罷酒約歷仕三代該悉舊章博物洽聞當世取則謝玄暉善爲詩任彥昇工於筆約兼而有之然不能過也自負高才昧於榮利乘時射勢頗累清談及居端揆稍弘止足每進一官輒殷勤請退而終不能去論者方之山濤用事十餘年未嘗有所薦達政之得失唯唯而已初武帝有憾於張稷及卒因與約言之約曰左僕

射出則邊州刺史已往之事何足復論帝以爲約昏家相爲怒約曰卿言如此
是忠臣邪乃輦歸內殿約懼不覺帝起猶坐如初及還未至牀憑空頓於戶下
因病夢齊和帝劒斷其舌召巫視之巫言如夢乃呼道士奏赤章於天稱禪代
之事不由己出先此約嘗侍宴會豫州獻栗徑寸半帝奇之問栗事多少與約
各疏所憶少帝三事約出謂人曰此公護前不讓卽羞死帝以其言不遜欲抵
其罪徐勉固諫乃止及疾上遣主書黃穆之專知省視穆之夕還增損不卽啓
聞懼罪竊以赤章事因上省醫徐奘以聞又積前失帝大怒中使譴責者數焉
約懼遂卒有司謚曰文帝曰懷情不盡曰隱故改爲隱約少時常以晉氏一代
竟無全書年二十許便有撰述之意宋泰始初征西將軍蔡興宗爲啓明帝有
勑許焉自此踰二十年所撰之書方就凡一百餘卷條流雖舉而採綴未周永
明初遇盜失第五帙又齊建元四年被勑撰國史永明二年又兼著作郎撰次
起居注五年春又被勑撰宋書六年二月畢功表上之其所撰國史爲齊紀二
十卷天監中又撰梁武紀十四卷又撰邇言十卷謚例十卷文章志三十卷文

集一百卷皆行於世又撰四聲譜以爲在昔詞人累千載而不悟而獨得胸衿
窮其妙旨自謂入神之作武帝雅不好焉嘗問周捨曰何謂四聲捨曰天子聖
哲是也然帝竟不甚遵用約也
子旋字士規襲爵位司徒右長史太子僕以母憂去官因蔬食辟穀服除猶絕
粳粱終于南康內史謚曰恭集注邇言行於世旋弟趨字孝鯉亦知名位黃門
郎旋卒子寔嗣寔弟衆衆字仲師好學頗有文詞仕梁爲太子舍人時梁武帝
制千文詩衆爲之注解與陳郡謝景同時召見于文德殿帝令衆爲竹賦賦成
奏之手勅答曰卿文體翩翩可謂無忝爾祖累遷太子中舍人兼散騎常侍聘
魏還爲驃騎廬陵王諮議參軍侯景之亂表求還吳與召募故義部曲以討賊
梁武許之及景圍臺城衆率宗族及義附五千餘人入援都軍容甚整景深憚
之梁武於城內遙授太子右衛率臺城陷衆乃降景景平元帝以爲司徒左長
史魏剋江陵見虜尋亦逃歸陳武帝受命位中書令帝以衆州里知名甚敬重
之賞賜超於時輩性吝嗇財帛億計無所分遺自奉甚薄每朝會中衣裳破裂

或躬提冠履。永定二年，兼起部尚書，監起太極殿。恆服布袍芒屩，以麻繩為帶，又囊麥飯餅以噉之。朝士咸共誚其所為。衆性狷急，因忿恨，遂歷詆公卿，非毀朝廷。武帝大怒，以衆素有令望，不欲顯誅，因其休假還武康，遂於吳中賜死。

范雲字彥龍，南鄉舞陰人，晉平北將軍汪六世孫也。祖璩之，宋中書侍郎。雲六歲就其姑夫袁叔明讀毛詩，日誦九紙。陳郡殷琰名知人，候叔明，見之曰：「公輔才也。」雲性機警，有識且善屬文，下筆輒成，時人每疑其宿構。父抗，為郢府參軍，雲隨在郢。時吳興沈約、新野庾杲之與抗同府，見而友之。起家郢州西曹佐，書轉法曹行參軍。俄而沈攸之舉兵圍郢城，抗時為府長流，入城固守，留家屬居外。雲為軍人所得，攸之召與語，聲色甚厲。雲容貌不變，徐自陳說。攸之笑曰：「卿定可兒，且出就舍。」明旦又召雲，令送書入城內，餉武陵王酒一石，犢一頭，餉長史柳世隆鱠魚二十頭，皆去其首。城內或欲誅雲，雲曰：「老母弱弟，懸命沈氏，若其違命，禍必及親。今日就戮，甘心如薺。」世隆素與雲善，乃免之。後除員外散騎郎。齊建元初，竟陵王子良為會稽太守，雲為府主簿。王未之知，後剋日登秦望山乃命雲雲以山上有秦始皇刻石此文三句一韻人多作兩句讀之並不得韻又皆大篆人多不識乃夜取史記讀之令上口明日登山子良令賓僚讀之皆茫然不識末問雲雲曰下官嘗讀史記見此刻石文進乃讀之如流子良大悅因以爲上賓自是寵冠府朝王爲丹陽尹復爲主簿深相親任時進見齊高帝會有獻白烏帝問此何瑞雲位卑最後答曰臣聞王者敬宗廟則白烏至時謁廟始畢帝曰卿言是也感應之理一至此乎子良爲南徐州南兗州雲並隨府遷每陳朝政得失於子良尋除尚書殿中郎子良爲雲求祿齊武帝曰聞范雲諂事汝政當流之子良對曰雲之事臣動相箴諫諫書存者百有餘紙帝索視之言皆切至咨嗟良久曰不意范雲乃爾方令弼汝子良爲司徒又補記室時巴東王子響在荊州殺上佐都下匈匈人多異志而豫章王嶷鎮東府多還私邸動移旬日子良築第西郊游戲而已梁武帝時爲南郡王文學與雲俱爲子良所禮梁武勸子良還石頭并言大司馬宜還東府子良不納梁武以告雲時廷尉平王植爲齊武帝所狎雲謂植曰西夏不靜人情甚惡大司馬詎得

久還私第司徒亦宜鎭石頭卿入既數言之差易植因求雲作啓自呈之俄而二王各鎭一城文惠太子嘗幸東田觀穫稻雲時從文惠顧雲曰此刈甚快雲曰三時之務亦甚勤勞願殿下知稼穡之艱難無徇一朝之宴逸也文惠改容謝之及出侍中蕭緬先不相識就車握雲手曰不謂今日復見讜言永明十年使魏魏使李彪宣命至雲所甚見稱美彪爲設甘蔗黃甘粽隨盡絕益彪笑謂曰范散騎小復儉之一盡不可復得使還再遷零陵內史初零陵舊政公田奉米之外別雜調四千石及雲至郡止其半百姓悅之深爲齊明帝所知還除正員郎時高武王侯並懼大禍雲因帝召次曰昔太宰文宣王語臣言嘗夢在一高山上上有一深阬見文惠太子先墜次武帝次文宣望見僕射在室坐御牀備王者羽儀不知此是何夢卿愼勿向人道明帝流涕曰文宣此惠亦難負於是處昭冑兄弟異於餘宗室雲之幸於子良江祏求雲女婚姻酒酣巾箱中取剪刀與雲曰且以爲娉雲笑受之至是祏貴雲又因酣曰昔與將軍俱爲黃鵠今將軍化爲鳳皇荆布之室理隔華盛因出剪刀還之祏亦更姻他族及祏敗

妻子流離每相經理又爲始與內史舊郡界得亡奴婢悉付作部曲即貸去買銀輸官雲乃先聽百姓誌之若百日無主依判送臺又郡相承後堂有雜工作雲悉省還役並爲帝所賞郡多豪猾大姓二千石有不善者輒共殺害不則逐之邊帶蠻俚尤多盜賊前內史皆以兵刃自衛雲入境撫以恩德罷亭候商賈露宿郡中稱爲神明遷廣州刺史平越中郎將至任遣使祭孝子南海羅威唐頌蒼梧丁密頓琦等墓時江祏姨弟徐藝爲曲江令祏深以託雲有譚儼者縣之豪族藝鞭之儼以爲恥至都訴雲雲坐徵還下獄會赦免初梁武爲司徒祭酒與雲俱在竟陵王西邸情好歡甚永明末梁武與兄懿卜居東郊之外雲亦築室相依梁武每至雲所其妻嘗聞蹕聲又嘗與梁武同宿顧暠之舍暠之妻方產有鬼在外曰此中有王有相雲起曰王當仰屬相以見歸因是盡心推事及帝起兵將至都雲雖無官自以與帝素款慮爲昏主所疑將求入城先以車迎太原孫伯翳謀之伯翳曰今天文顯於上災變應於下蕭征東以濟世雄武挾天子而令諸侯天時人事寧俟多說雲曰此政會吾心今羽翮未備不得不

就籠檻希足下善聽之及入城除國子博士未拜而東昏遇弒侍中張稷使雲銜命至石頭梁武恩待如舊遂參贊謨謀毗佐大業仍拜黃門侍郎與沈約同心翊贊俄遷大司馬諮議參軍領錄事梁臺建遷侍中武帝時納齊東昏余妃頗妨政事雲嘗以爲言未之納後與王茂同入臥內雲又諫王茂因起拜曰范雲言是公必以天下爲念無宜留惜帝默然雲便疏令以余氏賚茂帝賢其意而許之明日賜雲茂錢各百萬及帝受禪柴燎南郊雲以侍中參乘禮畢帝升輦謂雲曰朕之今日所謂懔乎若朽索之馭六馬雲對曰亦願陛下日慎一日帝善其言卽日遷散騎常侍吏部尚書以佐命功封霄城縣侯雲以舊恩超居佐命盡誠翊亮知無不爲帝亦推心仗之所奏多允雲本大武帝十三歲嘗侍宴帝謂臨川王宏鄱陽王恢曰我與范尚書少親善申四海之敬今爲天下主此禮既革汝宜代我呼范爲兄二王下席拜與雲同車還尚書下省時人榮之帝嘗與雲言及舊事云朕司州還在三橋宅門生王道牽衣云聞外述圖讖云齊祚不久別應有主者官應取富貴朕齋中坐讀書內感其言而外迹不得無

怪欲呼人縛之道叩頭求哀乃不復敢言今道爲羽林監文德主帥知管籥雲曰此乃天意令道發耳帝又云布衣時嘗夢拜兩舊妾爲六宮有天下此嫗已卒所拜非復其人恆以爲恨其年雲以本官領太子中庶子二年遷尚書右僕射猶領吏部頃之坐違詔用人免吏部獨爲右僕射雲性篤睦事寡嫂盡禮家事必先諮而後行好節尚奇專趨人之急少與領軍長史王畡善雲起宅新成移家始畢畡亡於官舍屍無所歸雲以東廂給之移屍自門入躬自營唅招復如禮時人以爲難及居選官任寄隆重書牘盈案賓客滿門雲應答如流無所壅滯官曹文墨發擿若神時人咸服其明贍性頗激厲少威重有所是非形於造次士或以此少之初雲爲郡號廉潔及貴重頗通饋遺然家無蓄積隨散之親友武帝九錫之出雲忽中疾居二日半召醫徐文伯視之文伯曰緩之一月乃復欲速即時愈政恐二年不復可救雲曰朝聞夕死而況二年文伯乃下火而牀焉重衣以覆之有頃汗流於此即起二年果卒帝爲流涕即日輿駕臨殯詔贈侍中衞將軍禮官請謚曰宣敕賜謚曰文有集三十卷子孝才嗣孫伯翳

太原人晉祕書監戚之玄孫曾祖放晉國子博士長沙太守父康起部郎貧常映雪讀書清介交游不雜伯翳位終驃騎鄱陽王參軍事雲從父兄縝

縝字子真父濛奉朝請早卒縝少孤貧事母孝謹年未弱冠從沛國劉瓛學瓛甚奇之親爲之冠在瓛門下積年恆芒屩布衣徒行於路瓛門下多車馬貴游縝在其間聊無恥愧及長博通經術尤精三禮性質直好危言高論不爲士友所安唯與外弟蕭琛善琛名曰口辯每服縝簡詣年二十九髮白皤然乃作傷暮詩白髮詠以自嗟仕齊位尚書殿中郎永明中與魏氏和親簡才學之士以爲行人縝及從弟雲蕭琛瑯邪顏幼明河東裴昭明相繼將命皆著名鄰國時竟陵王子良盛招賓客縝亦預焉嘗侍子良子良精信釋教而縝盛稱無佛子良問曰君不信因果何得富貴貧賤縝答曰人生如樹花同發隨風而墮自有拂簾幌墜於茵席之上自有關籬牆落於糞溷之中墜茵席者殿下是也落糞溷者下官是也貴賤雖復殊途因果竟在何處子良不能屈然深怪之退論其理著神滅論以爲神卽形也形卽神也形存則神存形謝則神滅形者神之質

神者形之用是則形稱其質神言其用形之與神不得相異神之於質猶利之於刀形之於用猶刀之於利利之名非刀也刀之名非利也然而捨利無刀捨刀無利未聞刀沒而利存豈容形亡而神在此論出朝野諠譁子良集僧難之而不能屈太原王琰乃著論譏縝曰嗚呼范子曾不知其先祖神靈所在欲杜縝後對縝又對曰嗚呼王子知其先祖神靈所在而不能殺身以從之其險詣皆此類也子良使王融謂之曰神滅既自非理而卿堅執之恐傷名教以卿之大美何患不至中書郎而故乖剌爲此可便毀棄之縝大笑曰使范縝賣論取官已至令僕矣何但中書郎邪後爲宜都太守性不信神鬼時夷陵有伍相廟唐漢三神廟胡里神廟縝乃下教斷不祠後以母憂去職居于南州梁武至縝墨縗來迎武帝與縝有西邸之舊見之甚悅及建康城平以縝爲晉安太守在郡清約資公祿而已遷尚書左丞及還雖親戚無所遺唯餉前尚書令王亮縝在齊時與亮同臺爲郎舊相友愛至是亮擯棄在家縝自以首迎武帝志在權軸而所懷未滿亦怏怏故私相親結以矯於時竟坐亮徙廣州在南累年追爲

中書郎國子博士卒文集十五卷子胥字長才傳父業位國子博士有口辯大同中常兼主客郎應接北使卒於鄱陽內史

論曰齊德將謝昏虐君臨喋喋黔黎命懸晷刻梁武撫玆歸運嘯召風雲范雲恩結龍潛沈約情深惟舊並以玆文義首居帷幄追蹤亂傑各其時之遇也而約以高才博洽名亞董遷末迹爲躓亦鳳德之衰乎縝婞直之節著于終始其以王亮爲尤亦不足非也

南史卷五十七

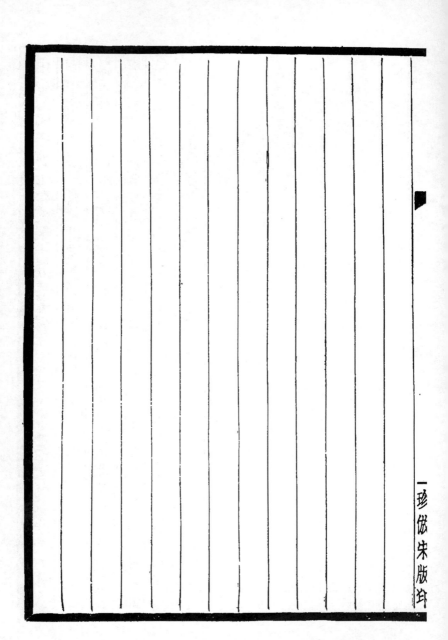

南史卷五十七考證

沈約傳林子瓤摧鋒居前○摧監本作推今改從閣本

子旋傳衆字仲師○師一本作與

時梁武帝制千文詩衆爲之注解○顧炎武曰千字文有二本舊唐書經籍志千字文一卷蕭子範撰又一卷周興嗣撰是也今云梁武制千文詩則不獨興嗣子範二人矣又隋書經籍志興嗣千字文國子祭酒蕭子雲注而梁書蕭子範傳謂子範作之記室蔡薳注釋今云衆爲之注解亦彼此互異

范雲傳雲入境撫以恩德罷亭候○亭監本訛停今改從閣本

梁武與兄懿卜居東郊之外○東監本誤築又下文梁武每至雲所其妻嘗聞蹕聲句蹕誤跋今俱改正

家事必先諮而後行○先諮監本誤元詔今改從閣本

交游不雜○監本脫不雜二字今增入

南史卷五十七考證

唐　李　延　壽　撰

列傳第四十八

韋叡 兄纂 闡 叡子放 孫粲 放弟正 正子載 鼎 正弟稜 稜弟黯

裴邃 邃子之禮 兄子之高 之高弟之平 子忌 之高弟之橫

韋叡字懷文京兆杜陵人也世爲三輔著姓祖玄避吏隱長安南山宋武帝入關以太尉掾徵不至伯父祖征宋末爲光祿勳父祖歸寧遠長史叡事繼母以孝聞祖征累爲郡守每攜叡之職視之如子時叡內兄王憕姨弟杜惲並有鄉里盛名祖征謂叡曰汝自謂何如憕惲叡謙不敢對祖征曰汝文章或小減學識當過之然幹國家成功業皆莫汝逮也外兄杜幼文爲梁州刺史要叡俱行梁土富饒往者多以賄敗叡雖幼獨以廉聞宋永元初袁顗爲雍州刺史見而異之引爲主簿顗到州與鄧琬起兵叡求出爲義成郡故免顗之禍累還齊興太守本州別駕長水校尉右軍將軍齊末多故欲還鄉里求爲上庸太守俄而

太尉陳顯達護軍將軍崔慧景頻逼建鄴人心惶駭西土人謀之叡曰陳雖舊將非高人才崔頗更事懦而不武天下真人殆與吾州矣乃遣其二子自結於梁武及兵起檄至叡率郡人伐竹爲筏倍道來赴有衆二千馬二百匹帝見叡甚悅撫几曰佗日見君之面今日見君之心吾事就矣師剋郢魯平茄湖叡多建策皆見用大軍發郢謀留守將上難其人久之顧叡曰棄騏驥而不乘焉遑遑而更索即日以爲江夏太守行郢州府事初郢城之拒守也男女垂十萬閉壘經年疾疫死者十七八皆積屍於牀下而生者寢處其上每屋盈滿叡料簡隱卹咸爲營理百姓賴之梁臺建徵爲大理武帝即位遷廷尉封梁都子天監二年改封永昌再遷豫州刺史領歷陽太守魏遣衆來伐叡率州兵擊走之四年侵魏詔叡都督衆軍叡遣長史王超宗梁郡太守馮道根攻魏小峴城未能拔叡巡行圍柵魏城中忽出數百人陳於門外叡欲擊之諸將皆曰向本輕來請還授甲而後戰叡曰魏城中二千餘人閉門堅守足以自保今無故出人於外必其驍勇若能挫之其城自拔衆猶遲疑叡指其節曰朝廷授此非以爲飾

韋叡之法不可犯也乃進兵魏軍敗因急攻之中宿而城拔遂進討合肥先是右軍司馬胡景略至合肥久未能下叡按行山川曰吾聞汾水可以灌平陽卽此是也乃堰肥水頃之堰成水通舟艦繼至魏初分築東西小城夾肥叡先攻二城既而魏援將楊靈胤帥軍五萬奄至衆懼不敵請表益兵叡曰賊已至城下方復求軍且吾求濟師彼亦徵衆師克在和古人之義也因戰破之軍人少安初肥水堰立使軍主王懷靜築城於岸守之魏攻陷城乘勝至叡城下軍監潘靈祐勸叡退還巢湖諸將又請走保三叉叡怒曰將軍死綏有前無却因令取繖扇麾幢樹之堤下示無動志叡素羸每戰不嘗騎馬以板輿自載督勵衆軍魏兵鑿堤叡親與爭魏軍却因築壘於堤以自固起鬭艦高與合肥城等四面臨之城潰俘獲萬餘所獲軍實無所私焉初胡景略與前軍趙祖悅同軍交惡志相陷害景略一怒自齧其齒齒皆流血叡以將帥不和將致患禍酌酒自勸景略曰且願兩虎勿復私鬭故終於此役得無害焉叡每晝接客旅夜算軍書三更起張燈達曙撫循其衆常如不及故投募之士爭歸之所至頓舍修立

館宇藩籬墉壁皆應準繩合肥既平有詔班師去魏軍既近懼爲所躡叡悉遣
輜重居前身乘小輿殿後魏人服叡威名望之不敢逼全軍而還於是遷豫州
於合肥五年魏中山王元英攻北徐州圍刺史昌義之於鍾離衆兵百萬連城
四十餘武帝遣征北將軍曹景宗拒之次邵陽洲築壘相守未敢進帝怒詔叡
會焉賜以龍環御刀曰諸將有不用命者斬之叡自合肥徑陰陵大澤過澗谷
輒飛橋以濟師人畏魏軍盛多勸叡緩行叡曰鍾離今鑿穴而處負戶而汲車
馳卒奔猶恐其後而況緩乎旬日而至邵陽初帝勑景宗曰韋叡卿鄉望宜善
敬之景宗見叡甚謹帝聞曰二將和師必濟矣叡於景宗營前二十里夜掘長
塹樹鹿角截洲爲城比曉而營立元英大驚以杖擊地曰是何神也景宗慮城
中危懼乃募軍士言文達洪騏驎等齎勑入城使固城守潛行水底得達東城
城中戰守日苦始知有援於是人百其勇魏將楊大眼將萬餘騎來戰大眼以
勇冠三軍所向皆靡叡結車爲陣大眼聚騎圍之叡以彊弩二千一時俱發洞
甲穿中殺傷者衆矢貫大眼右臂亡魂而走明旦元英自率衆來戰叡乘素木

與執白角如意以麾軍一日數合英甚憚其彊魏軍又夜來攻城飛矢雨集叡子黯請下城以避箭叡不許軍中驚叡於城上厲聲呵之乃定魏人先於邵陽洲兩岸爲兩橋樹柵數百步跨淮通道叡裝大艦使梁郡太守馮道根廬江太守裴邃秦郡太守李文釗等爲水軍會淮水暴長叡卽遣之鬬艦競發皆臨賊壘以小船載草灌之以膏從而焚其橋風怒火盛敢死之士拔柵斫橋水又漂疾倏忽之間橋柵盡壞道根等皆身自搏戰軍人奮勇呼聲動天地無不一當百魏人大潰元英脫身遁走魏軍趨水死者十餘萬斬首亦如之其餘釋甲稽顙乞爲囚奴猶數十萬叡遣報昌義之義之且悲且喜不暇答但叫曰更生更生帝遣中書郎周捨勞軍於淮上叡積所獲於軍門捨觀之謂叡曰君此獲復與熊耳山等矣以功進爵爲侯七年還左衞將軍俄爲安西長史南郡太守會司州刺史馬仙琕自北還軍爲魏人所躡三關擾動詔叡督衆軍援焉叡至安陸增築城二丈餘更開大塹起高樓衆頗譏其示弱叡曰不然爲將當有怯時是時元英復追仙琕將復邵陽之恥聞叡至乃退帝亦詔罷軍十三年爲丹陽

尹以公事免十四年爲雍州刺史初叡起兵鄉中客陰雙光泣止叡叡還爲州雙光道候叡笑曰若從公言乞食於路矣餉耕牛十頭叡於故舊無所惜士大夫年七十以上多與假板縣令鄉里甚懷之十五年拜表致仕優詔不許徵拜護軍給鼓吹一部入直殿省居朝廷恂恂未嘗忤視武帝甚禮敬之性慈愛撫孤兄子過於己子歷官所得祿賜皆散之親故家無餘財後爲護軍居家無事慕萬石陸賈之爲人因畫之於壁以自玩時雖老暇日猶課諸兒以學第三子稜尤明經史世稱其洽聞叡每坐使稜說書其所發擿稜猶弗之逮武帝方銳意釋氏天下咸從風而化叡自以信受素薄位居大臣不欲與衆俯仰所行略如佗日普通元年遷侍中車騎將軍未拜卒於家年七十九遺令薄葬斂以時服武帝卽日臨哭甚慟贈車騎將軍開府儀同三司謚曰嚴叡雅有曠世之度涖人以愛惠爲本所居必有政績將兵仁愛士卒營幕未立終不肯舍井竈未成亦不先食被服必於儒者雖臨陣交鋒常緩服乘輿執竹如意以麾進止與裴邃俱爲梁世名將餘人莫及初邵陽之役昌義之甚德叡請曹景宗與叡會

因設錢二十萬官賭之景宗擲得雉叡徐擲得盧遽取一子反之曰異事遂作塞景宗時與羣帥爭先啓之捷叡獨居後其不尚勝率多如是世尤以此賢之叡兄纂闡並早知名纂仕齊位司徒記室特進沈約嘗稱纂於上曰恨陛下不與此人同時其學非臣輩也闡爲建寧縣所得俸祿百餘萬還家悉委伯父處分鄉里宗事之位通直郎

叡子放字元直身長七尺七寸腰帶八圍容貌甚偉襲封永昌縣侯位竟陵太守在郡和理爲吏人所稱大通元年武帝遣兼領軍曹仲宗等攻渦陽又以放爲明威將軍總兵會之魏大將軍費穆帥衆奄至放軍營未立麾下止有二百餘人放從弟洵驍果有勇力單騎擊刺屢折魏軍洵馬亦被傷不能進放冑又三貫矢衆皆失色請放突去放厲聲叱之曰今日唯有死爾乃免冑下馬據胡牀處分士卒皆殊死戰莫不一當百逐北至渦陽魏又遣常山王元昭大將軍李獎乞伏寶費穆等五萬人來援放大破之渦陽城主王偉以城降魏人棄諸營壘一時奔潰衆軍乘之斬獲略盡禽穆弟超幷王偉送建鄴還爲太子右衛

率中大通二年徙北徐州刺史卒於鎮謚曰宜侯放性弘厚篤實輕財好施於諸弟尤雍穆每將遠別及行役初還常同一室臥起時比之三姜初放與吳郡張率皆有側室懷孕因指爲婚姻其後各産男女未及成長而率亡遺嗣孤弱放常贍卹之及爲北徐州時有貴族請昏者放曰吾不失信於故友乃以息岐娶率女又以女適率子時稱放能篤舊子粲

粲字長倩少有父風好學仗氣身長八尺容觀甚偉初爲雲麾晉安王行參軍後爲外兵參軍兼中兵時頴川庾仲容吳郡張率前輩才名與粲同府並忘年交好及王爲皇太子粲自記室遷步兵校尉入爲東宫領直後襲爵永昌縣侯累遷右衛率領直粲以舊恩任寄稠密雖居職累徙常留宿衛頗擅權誕倨不爲時輩所平右衛朱异嘗於酒席厲色謂粲曰卿何得已作領軍面向人大同中帝嘗不豫一日暴劇皇太子以下並入侍疾内外咸云帝崩粲將率宮甲度臺微有喜色問所由那不見辦長梯以爲大行幸前殿須長梯以復也帝後聞之怒曰韋粲願我死有司奏推之帝曰各爲其主不足推故出爲衡州刺史皇

太子出餞新亭執粲手曰與卿不爲久別久之帝復召還爲散騎常侍還至廬陵聞侯景作逆便簡閱部下倍道赴援至豫章卽就內史劉孝義共謀之孝儀曰必如此當有勑安可輕信單使妄相驚動或恐不然時孝儀置酒粲怒以杯抵地曰賊已度江便逼宮闕水陸阻斷何暇有報假令無勑豈得自安韋粲今日何情飲酒卽馳馬出部分將發會江州刺史當陽公大心遣使要粲粲乃分麾下配第八弟助第九弟警爲前軍粲馳往見大心曰上游蕃鎭江州去都最近殿下情計實宜在先但中流任重當須應接不可闕鎭今宜張軍聲勢移鎭盆城遣偏將賜隨於事便足大心然之遣中兵柳昕帥兵二千隨粲粲悉留家累於江州以輕舸就路至南洲粲外弟司州刺史柳仲禮亦帥步騎萬餘人至橫江粲卽送糧仗給之幷散私金帛以賞其戰士先是安北鄱陽王範亦自合肥遣西豫州刺史裴之高與其世子嗣帥江西之衆赴都屯于張公洲待上流諸軍至是之高遣船度仲禮與粲合軍進屯新林王游苑粲建議推仲禮爲大都督報下流衆軍裴之高自以年位高恥居其下乃云柳節下已是州將何須

我復鞭板累日不決粲乃抗言於衆曰今同赴國難義在除賊所推柳司州者政以久捍邊疆先爲侯景所憚且士馬精銳無出其前若論位次柳在粲下語其年齒亦少於粲直以社稷之計不得復論今日貴在將和若人心不同大事去矣裴公朝之舊齒豈應復挾私以阻大計粲請爲諸君解釋之乃單舸至之高營切讓之之高泣曰吾荷國榮自應帥先士卒顧恨衰老不能効命企望柳使君共平凶逆前謂衆議已定無俟老夫爾若必有疑當剖心相示於是諸將定議仲禮方得進軍次新亭賊列陣於中興寺相持至晚各解歸是夜仲禮入粲營部分衆軍旦日將戰諸將各有據守令粲頓青塘當石頭中路粲慮柵壘未立賊爭之頗以爲憚謂仲禮曰下官才非禦武直欲以身徇國節下善量其宜不可致有虧喪仲禮曰青塘立營迫近淮渚欲以糧儲船乘盡就迫之此事大非兄不可若疑兵少當更差軍相助粲帥所部水陸俱進時昏霧軍人失道比及青塘夜已過半壘柵至曉未合景登禪靈寺門望粲營未立便率銳卒來攻軍敗乘勝入營左右高馮牽粲避賊粲不動兵死略盡遂見害粲子尼及三

弟助警構從弟昂皆戰死親戚死者數百人賊傳粲首闕下以示城內簡文聞之流涕謂御史中丞蕭愷曰社稷所寄唯在韋公如何不幸先死行陣詔贈護軍將軍元帝平侯景追謚忠貞子諒以學業爲陳始興王叔陵所引爲中錄事參軍兼記室叔陵敗伏誅放弟正

正字敬直位襄陵太守初正與東海王僧孺善及僧孺爲吏部郎參掌大選賓友故人莫不傾意正獨澹然及僧孺擯廢正復篤素分有踰曩日論者稱焉卒於給事黃門侍郎子載

載字德基少聰慧篤志好學年十二隨叔父稜見沛國劉顯顯問漢書十事載隨問應無疑滯及長博涉文史沉敏有器局仕梁爲尚書三公郎侯景之亂元帝承制以爲中書侍郎尋爲尋陽太守隨都督王僧辯東討侯景景平歷位瑯邪義與太守陳武帝誅王僧辯乃遣周文育襲載載嬰城自守載所屬縣並陳武舊兵多善用弩載收得數十人繫以長鎖令所親監之使射文育軍約曰十發不兩中者死每發輒中所中皆斃相持數旬陳武帝聞文育軍不利以書喻

載以誅王僧辯意幷奉梁敬帝勑勑載解兵載得書乃以衆降陳武帝引載恆置左右與之謀議徐嗣徽任約等引齊軍濟江據石頭城帝問計於載載曰齊軍若分兵先據三吳之路略地東境則時事去矣今可急於淮南卽侯景故壘築城以通東道轉輸別令輕兵絶其糧運使進無所虜退無所資則齊將之首旬日可致帝從之永定中位散騎常侍太子右衞率天嘉元年以疾去官載有田十餘頃在江乘縣之白山至是遂築室而居屛絶人事吉凶慶弔無所往來不入籬門者幾十載卒於家載弟鼎

鼎字超威少通曉博涉經史明陰陽逆刺尤善相術仕梁起家湘東王法曹參軍遭父憂水漿不入口者五日哀毀過禮殆將滅性服闋爲邵陵王主簿侯景之亂鼎兄昂於京口戰死鼎負屍出寄于中興寺求棺無所得鼎哀憤慟哭忽見江中有物流至鼎所竊異之往視乃新棺也因以充斂元帝聞之以爲精誠所感侯景平司徒王僧辯以爲戶曹屬累遷中書侍郎陳武帝在南徐州鼎望氣知其當王遂寄孥焉因謂陳武帝曰明年有大臣誅死後四歲梁其代終天

之曆數當歸舜後昔周滅殷氏封嬀汭于宛丘其裔子孫因爲陳氏僕觀明公
天縱神武繼絕統者無乃是乎武帝陰有圖僭辯意聞其言大喜因而定策及
受禪拜黃門侍郎太建中以廷尉卿爲聘周使加散騎常侍後爲太府卿至德
初鼎盡貨田宅寓居僧寺友人大匠卿毛彪問其故答曰江東王氣盡於此矣
吾與爾當葬長安期運將及故破產爾初鼎之聘周也嘗遇隋文帝謂曰觀公
容貌不久必大貴貴則天下一家歲一周天老夫當委質願深自愛及陳亡驛
召入京授上儀同三司待遇甚厚每公宴鼎恆預焉性簡貴雖爲亡國之臣未
嘗俯仰當世時吏部尚書韋世康兄弟顯貴隋文帝從容謂鼎曰世康與公遠
近對曰臣宗族南徙昭穆非臣所知帝曰卿百代卿族豈忘本也命官給酒肴
遣世康請鼎還杜陵鼎乃自楚太傅孟以下二十餘世並考論昭穆作韋氏譜
七卷示之歡飲十餘日乃還時蘭陵公主寡上爲之求夫選親衞柳述及蕭瑒
等以示鼎鼎曰瑒當封侯而無貴妻之相述亦通顯而守位不終上曰位由我
爾遂以主降述上又問鼎諸兒誰爲嗣位答曰至尊皇后所最愛者當與之非

臣敢預知也上笑曰不肯顯言乎開皇十三年除光州刺史以仁義教導務弘清靜州中有土豪外修邊幅而內行不軌常爲劫盜鼎於都會時謂之曰卿是好人那忽作賊因條其徒黨姦謀逗遛其人驚懼卽自首伏又有人客游通主家之妾及其還去妾盜珍物於夜逃亡尋於草中爲人所殺主家知客與妾通因告客殺之縣司鞫問具得姦狀因斷客死獄成上於鼎鼎覽之曰此客實姦而不殺也乃某寺僧詃妾盜物令奴殺之贓在某處卽放此客遣人掩僧并獲贓物自是部內肅然咸稱其神道無拾遺尋追入京頃之而卒于長安年七十九正弟稜

稜字威直性恬素以書史爲業博物彊記當世士咸就質疑位終光祿卿著漢書續訓二卷稜弟黯

黯字務直性彊正少習經史位太府卿侯景濟江黯屯六門尋改爲都督城西面諸軍時景於城外起東西二土山城內亦應之簡文親自負土哀太子以下躬執畚鍤黯守西土山晝夜苦戰以功授輕車將軍加持節卒於城內初黯爲

太僕卿而兄子粲爲左衞率黯以常怏怏謂人曰韋粲已落驊騮前朝廷是能用才不識者頗以此闚之

裴邃字深明河東聞喜人魏冀州刺史徽之後也祖壽孫寓居壽陽爲宋武帝前軍長史父仲穆驍騎將軍邃十歲能屬文善左氏春秋齊東昏踐阼始安王蕭遙光爲揚州刺史引邃爲參軍遙光敗邃還壽陽會刺史裴叔業以壽陽降魏邃遂隨衆北徙魏宣武帝雅重之仕魏爲魏郡太守魏遣王肅鎭壽陽邃固求隨肅密圖南歸梁天監初自拔南還除後軍諮議參軍邃求邊境自効以爲廬江太守五年征邵陽洲魏人爲長橋斷淮以濟邃築壘逼橋每戰輒剋於是密作沒突艦會甚雨淮水暴溢邃乘艦徑造橋側進擊大破之以功封夷陵縣子遷廣陵太守與鄉人共入魏武廟因論帝王功業其妻甥王篆之密啓梁武帝云裴邃多大言有不臣跡由是左遷始安太守邃志立功邊垂不願閑遠乃致書於呂僧珍曰昔阮咸顏延有二始之歎吾才不逮古人今爲三始非其願也將如之何後爲竟陵太守開置屯田公私便之再遷西戎校尉北梁秦二州

刺史復開創屯田數千頃倉廩盈實省息邊運人吏獲安乃相率餉絹千餘匹
邃從容曰汝等不應爾吾又不可逆納其二匹而已入爲大匠卿普通二年義
州刺史文僧明以州入魏魏軍來援以邃爲信武將軍督衆軍討焉邃深入魏
境出其不意魏所署義州刺史封壽據檀公峴邃擊破之遂圍其城壽請降義
州平除豫州刺史加督鎭合肥四年大軍北侵以邃督征討諸軍事先襲壽陽
攻其郛斬門而入一日戰九合爲後軍蔡秀成失道不至邃以援絕拔還於是
邃復整兵收集士卒令諸將各以服色相別邃自爲黃袍騎先攻拔狄丘甓城
黎漿又屠安成馬頭沙陵等戍明年略地至汝穎閒所在響應魏壽陽守將長
孫承業河閒王元琛出城挑戰邃臨淮歎曰今日不破河閒方爲謝玄所笑乃
爲四甄以待之令直閤將軍李祖憐僞遁以引承業承業等悉衆追之四甄競
發魏衆大敗斬首萬餘級承業奔走閉門不敢復出在軍疾篤命衆軍守備送
喪還合肥尋卒贈侍中左衛將軍進爵爲侯諡曰烈邃沉深有思略爲政寬明
能得士心居身方正有威重將吏憚之少敢犯法及卒淮肥閒莫不流涕以爲

邃不死當大鬬土宇子之禮嗣之禮字子義美儀容能言玄理爲西豫州刺史母憂居喪唯食麥飯邃廟在光宅寺西堂宇弘敞松柏鬱茂范雲廟在三橋蓬蒿不翦梁武帝南郊道經二廟顧而歎曰范爲已死裴爲更生大同初都下旱蝗四籬門外桐柏凋盡唯邃墓犬牙不入當時異之歷位黃門侍郎武帝設無遮會儛象驚排突陛衞王公皆散唯之禮與散騎常侍臧盾不動帝壯之以之禮爲壯勇將軍北徐州刺史所兼中領軍將軍之禮卒於少府卿諡曰壯子政承聖中位給事黃門侍郎魏剋江陵隨例入長安

之高字如山邃兄中散大夫髦之子也頗讀書少負意氣常隨叔父邃征討所在立功甚爲邃所器重戎政咸以委焉壽陽之役邃卒於軍所之高隸夏侯夔平壽陽仍除梁郡太守封都城縣男時魏汝陰來附勑之高應接仍除潁州刺史父憂還都起爲光遠將軍令討平陰陵盜以爲譙州刺史侯景之亂之高爲西豫州刺史率衆入援南豫州刺史鄱陽嗣王範命之高總督江右援軍諸軍

事頓張公洲柳仲禮至橫江之高遣船舸迎致仲禮與韋粲等俱會青塘及城
陷之高還合肥與鄱陽王範西上元帝遣召之以爲侍中護軍將軍到江陵時
之高第六弟之悌在侯景中或傳之悌斬侯景元帝使兼中書舍人黃羅漢報
之高之高竟無言直云賊自殺賊非之高所聞元帝深嗟其介直承制除特進
金紫光祿大夫卒諡曰恭子畿官至太子右衞率魏剋江陵力戰死之
之高第五弟之平字如原少倜儻有志略以軍功封費縣侯承聖中累遷散騎
常侍太子詹事陳文帝初除光祿大夫慈訓宮衞尉並不就乃築山穿池植
以卉木居處其中有終焉志天康元年卒諡曰僖子子忌
忌字無畏少聰敏有識量頗涉史傳爲當時所稱侯景之亂招集勇力乃隨陳
武帝征討及陳武帝誅王僧辯僧辯弟僧智舉兵據吳郡陳武帝遣黃他攻之
不能剋命忌勒部下精兵自錢唐直趣吳郡夜至城下鼓譟薄之僧智疑大軍
至輕舟奔杜龕忌入據吳郡陳武帝嘉之表授吳郡太守天嘉五年累遷衞尉
卿封東興縣侯及華皎稱兵上流宣帝時爲錄尚書輔政盡命衆軍出討委忌

總知中外城防諸軍事宣帝卽位改封樂安縣侯歷位都官尙書及吳明徹督衆北伐詔忌以本官監明徹軍淮南平授豫州刺史忌善於綏撫甚得人和及明徹進軍彭汴以明徹爲都督與明徹俱進呂梁軍敗見囚于周授上開府隋開皇十四年卒於長安年七十三之高第十二弟之橫

之橫字如岳少好賓游重氣俠不事產業之高以其縱誕乃爲狹被蔬食以激厲之之橫歎曰大丈夫富貴必作百幅被遂與僮屬數百人於芍陂大營田墅遂致殷積梁簡文在東宮聞而要之以爲河東王常侍遷直閤將軍侯景之亂隸鄱陽王範討景景濟江仍與範世子嗣入援臺城城陷退還合肥侯景遣任約逼晉熙範令之橫下援未及至範薨之橫乃還時尋陽王大心在江州範副梅思立密要大心襲盆城之橫斬思立而拒大心大心以州降侯景之橫與兄之高歸元帝位廷尉卿河東內史隨王僧辯拒侯景景退遷東徐州刺史封豫寧侯又隨僧辯破景景東奔僧辯命之橫與杜崱入守臺城及陸納據湘州叛又隸僧辯南討斬納將李賢明平之又破武陵王於峽口還除吳興太守乃作

百幅被以成其志魏剋江陵齊遣上黨王高渙挾貞陽侯明攻東關晉安王承制以之橫爲徐州刺史都督衆軍出守蘄城之橫營壘未周而齊軍大至兵盡矢窮遂於陣沒贈司空諡曰忠壯子鳳寶嗣

論曰韋裴少年勵操俱以學尚自立晚節驅馳各著功於戎馬觀叡制勝之道謂爲魁梧之傑然而形甚羸瘠身不跨鞍板輿指麾隱如敵國其器分有在隆名豈虛得乎邃自効邊疆茂績克舉其志不遂良可悲夫二門子弟各著名節與梁終始克荷隆構將門有將斯言豈曰妄乎

南史卷五十八

南史卷五十九

唐　李　延　壽　撰

列傳第四十九

江淹　任昉　王僧孺

江淹字文通濟陽考城人也父康之南沙令雅有才思淹少孤貧常慕司馬長卿梁伯鸞之爲人不事章句之學留情於文章早爲高平檀超所知常升以上席甚加禮焉起家南徐州從事轉奉朝請宋建平王景素好士淹隨景素在南兗州廣陵令郭彥文得罪辭連淹言受金淹被繫獄自獄中上書曰昔者賤臣叩心飛霜擊於燕地庶女告天振風襲於齊臺下官每讀其書未嘗不廢卷流涕何者士有一定之論女有不易之行信而見疑貞而爲戮是以壯夫義士伏死而不顧者以此也下官聞仁不可恃善不可依謂徒虛語乃今知之伏願大王暫停左右少加矜察下官本蓬戶桑樞之人布衣韋帶之士退不飾詩書以驚愚進不買聲名於天下日者謬得升降承明之闕出入金華之殿何嘗不局

影凝嚴側身局禁者乎竊慕大王之義復爲門下之賓備鳴盜淺術之餘豫三五賤伎之末大王惠以恩光顧以顏色實佩荊卿黃金之賜竊感豫讓國士之分矣常欲結纓伏劍少謝萬一剖心摩踵以報所天不圖小人固陋坐貽謗缺迹墜昭憲身限幽圄履影弔心酸鼻痛骨下官聞虧名爲辱虧形次之是以每一念來忽若有遺加以涉旬月迫季秋天光沉陰左右無色身非木石與獄吏爲伍此少卿所以仰天搥心泣盡而繼之以血者也下官雖乏鄉曲之譽然嘗聞君子之行矣其上則隱於簾肆之間臥於巖石之下次則結綬金馬之庭高議雲臺之上退則虜南越之君係單于之頸俱啓丹冊並圖青史寧爭分寸之末競錐刀之利哉下官聞積毀銷金積讒摩骨遠則直生取疑於盜金近則伯魚被名於不義彼之二才猶或如是況在下官焉能自免昔上將之恥絳侯幽獄名臣之羞史遷下室至如下官當何言哉夫以魯連之智辭祿而不反接輿之賢行歌而忘歸子陵閉關於東越仲蔚杜門於西秦亦良可知也若使下官事非其虛罪得其實亦當鉗口吞舌伏匕首以殞身何以見齊魯奇節之人燕

趙悲歌之士平方今聖曆欽明天下樂業青雲浮洛榮光塞河西洎臨洮狄道北距飛狐陽原莫不霈仁沐義昭景飲醴而已下官抱痛圜門含憤獄戶一物之微有足悲者仰惟大王少垂明白則梧丘之魂不愧於沉首鵠亭之鬼無恨於灰骨景素覽書卽日出之尋舉南徐州秀才對策上第再遷府主簿景素爲荆州淹從之鎮少帝卽位多失德景素專據上流咸勸因此舉事淹每從容進諫景素不納及鎮京口淹爲鎮軍參軍領南東海郡丞景素與腹心日夜謀議淹知禍機將發乃贈詩十五首以諷焉會東海太守陸澄丁艱淹自謂郡丞應行郡事景素用司馬柳世隆淹固求之景素大怒言於選部黜爲建安吳興令及齊高帝輔政聞其才召爲尚書駕部郎驃騎參軍事俄而荆州刺史沈攸之作亂高帝謂淹曰天下紛紛若是君謂何如淹曰昔項彊而劉弱袁衆而曹寡羽卒受一劍之辱紹終爲奔北之虜此所謂在德不在鼎公何疑哉帝曰試爲我言之淹曰公雄武有奇略一勝也寬容而仁恕二勝也賢能畢力三勝也人望所歸四勝也奉天子而伐叛逆五勝也彼志銳而器小一敗也有恩無威二

敗也士卒解體三敗也搢紳不懷四敗也懸兵數千里而無同惡相濟五敗也雖豺狼十萬而終爲我獲焉帝笑曰君談過矣桂陽之役朝廷周章詔檄久之未就齊高帝引淹入中書省先賜酒食淹素能飲啖食鵝炙垂盡進酒數升訖文誥亦辦相府建補記室參軍高帝讓九錫及諸章表皆淹製也齊受禪復爲驃騎豫章王嶷記室參軍建元二年始置史官淹與司徒左長史檀超共掌其任所爲條例並爲王儉所駮其言不行淹任性文雅不以著述在懷所撰十三篇竟無次序又領東武令參掌詔策後拜中書侍郎王儉嘗謂曰卿年二十五已爲中書侍郎才學如此何憂不至尚書金紫所謂富貴卿自取之但問年壽何如爾淹曰不悟明公見眷之重永明三年兼尚書左丞時襄陽人開古冢得玉鏡及竹簡古書字不可識王僧虔善識字體亦不能諳直云似是科斗書淹以科斗字推之則周宣王之簡也簡殆如新少帝初兼御史中丞明帝作相謂淹曰君昔在尚書中非公事不妄行在官寬猛能折衷今爲南司足以振肅百僚也淹曰今日之事可謂當官而行更恐不足仰稱明旨爾於是彈中書令謝

朏司徒左長司王績護軍長史庾弘遠並以託疾不預山陵公事又奏收前益州刺史劉悛梁州刺史陰智伯並贓貨巨萬輒收赴廷尉臨海太守沈昭略永嘉太守庾曇隆及諸郡二千石并大縣官長多被劾內外肅然明帝謂曰自宋以來不復有嚴明中丞君今日可謂近世獨步累遷祕書監侍中衞尉卿初淹年十三時孤貧常采薪以養母曾於樵所得貂蟬一具將鬻以供養其母曰此故汝之休徵也汝才行若此豈長貧賤也可留待得侍中著之至是果如母言永元中崔慧景舉兵圍都衣冠悉投名刺淹稱病不往及事平時人服其先見東昏末淹以祕書監兼衞尉又副領軍王瑩及梁武至新林淹微服來奔位相國右長史天監元年爲散騎常侍左衞將軍封臨沮縣伯淹乃謂子弟曰吾本素宦不求富貴今之忝竊遂至於此平生言止足之事亦以備矣人生行樂須富貴何時吾功名既立正欲歸身草萊耳以疾遷金紫光祿大夫改封醴陵侯卒武帝爲素服舉哀諡曰憲淹少以文章顯晚節才思微退云爲宣城太守時罷歸始泊禪靈寺渚夜夢一人自稱張景陽謂曰前以一匹錦相寄今可見還

淹探懷中得數尺與之此人大恚曰那得割截都盡顧見丘遲謂曰餘此數尺既無所用以遺君自爾淹文章躓矣又嘗宿於冶亭夢一丈夫自稱郭璞謂淹曰吾有筆在卿處多年可以見還淹乃探懷中得五色筆一以授之爾後為詩絕無美句時人謂之才盡凡所著述自撰為前後集幷齊史傳志並行於世嘗欲為赤縣經以補山海之闕竟不成子蔿嗣

任昉字彥升樂安博昌人也父遙齊中散大夫遙兄遐字景遠少敦學業家行甚謹位御史中丞金紫光祿大夫始興永明中遐以罪將徙荒裔遙懷名請訴言淚交下齊武帝聞而哀之竟得免遙妻河東裴氏高明有德行嘗晝臥夢有五色采旗蓋四角懸鈴自天而墜其一鈴落入懷中心悸因而有娠占者曰必生才子及生昉身長七尺五寸幼而聰敏早稱神悟四歲誦詩數十篇八歲能屬文自製月儀辭義甚美褚彥回嘗謂遙曰聞卿有令子相為喜之所謂百不為多一不為少由是聞聲藉甚年十二從叔晷有知人之量見而稱其小名曰阿堆吾家千里駒也昉孝友純至每侍親疾衣不解帶言與淚幷湯藥飲食必

先經口初爲奉朝請舉兗州秀才拜太學博士永明初衞將軍王儉領丹陽尹復引爲主簿儉每見其文必三復殷勤以爲當時無輩曰自傳季友以來始復見於任子若孔門是用其入室升堂於是令昉作一文及見曰正得吾腹中之欲乃出自作文令昉點正昉因定數字儉拊几歎曰後世誰知子定吾文其見知如此後爲司徒竟陵王記室參軍時琅邪王融有才儁自謂無對當時見昉之文怳然自失以父喪去官泣血三年杖而後起齊武帝謂昉伯遐曰聞昉哀瘠過禮使人憂之非直亡卿之寶亦時才可惜宜深相全譬遐使進飲食當時勉勵回卽歐出昉父遙本性重檳榔以爲常餌臨終嘗求之剖百許口不得好者昉亦所嗜好深以爲恨遂終身不嘗檳榔遭繼母憂昉先以毀瘠每一慟絕亙久乃蘇因廬於墓側以終喪禮哭泣之地草爲不生昉素彊壯腰帶甚充服闋後不復可識齊明帝深加器異欲大相擢引爲愛憎所白乃除太子步兵校尉掌東宮書記齊明帝廢鬱林王始爲侍中中書監驃騎大將軍開府儀同三司揚州刺史錄尚書事封宣城郡公使昉具草帝惡其辭斥甚愠昉亦由是終

建武中位不過列校昉尤長載筆頗慕傅亮才思無窮當是王公表奏無不請焉昉起草卽成不加點竄沈約一代辭宗深所推挹永元中紆意於梅虫兒東昏中旨用爲中書郎謝尚書令王亮亮曰卿宜謝梅那忽謝我昉慚而退末爲司徒右長史梁武帝剋建鄴霸府初開以爲驃騎記室參軍專主文翰每制書草沈約輒求同署嘗被急召昉出而約在是後文筆約參製焉始梁武與昉遇竟陵王西邸從容謂昉曰我登三府當以卿爲記室昉亦戲帝曰我若登三事當以卿爲騎兵以帝善騎也至是引昉符昔言焉昉奉牋云昔承清宴屬有緒言提挈之旨形乎善謔豈謂多幸斯言不渝蓋謂此也梁臺建禪讓文誥多昉所具奉世叔父母不異嚴親事兄嫂恭謹外氏貧闕恆營奉供養祿奉所收四方餉遺皆班之親戚卽日便盡性通脫不事儀形喜慍未嘗形於色車服亦不鮮明武帝踐阼歷給事黃門侍郎吏部郎出爲宜興太守歲荒民散以私奉米豆爲粥活三千餘人時產子者不舉昉嚴其制罪同殺人孕者供其資費濟者千室在郡所得公田奉秩八百餘石昉五分督一餘者悉原兒妾食麥而已友

人彭城到溉溉弟洽從昉共爲山澤游及被代登舟止有絹七匹米五石至都無衣鎭軍將軍沈約遣裙衫迎之重除吏部郞參掌大選居職不稱尋轉御史中丞祕書監自齊永元以來祕閣四部篇卷紛雜昉手自讎校由是篇目定焉出爲新安太守在郡不事邊幅率然曳杖徒行邑郭人通辭訟者就路決焉爲政清省吏人便之卒於官唯有桃花米二十石無以爲斂遺言不許以新安一物還都雜木爲棺浣衣爲斂闔境痛惜百姓共立祠堂於城南歲時祠之武帝聞問方食西苑綠沉瓜投之於盤悲不自勝因屈指曰昉少時常恐不滿五十今四十九可謂知命卽日舉哀哭之甚慟追贈太常諡曰敬子昉好交結獎進士友不附之者亦不稱述得其延譽者多見升擢故衣冠貴游莫不多與交好坐上客恆有數十時人慕之號曰任君言如漢之三君也在郡尤以清潔著名百姓年八十以上者遣戶曹掾訪其寒溫嘗欲營佛齋調楓香二石始入三斗便出教長斷曰與奪自己不欲貽之後人郡有蜜嶺及楊梅舊爲太守所采昉以冒險多物故卽時停絕吏人咸以百餘年未之有也爲家誡殷勤甚有條貫

陳郡殷芸與建安太守到溉書曰哲人云亡儀表長謝元龜何寄指南誰託其爲士友所推如此昉不事生產至乃居無室宅時或譏其多乞貸亦隨復散之親故常自歎曰知我者亦以叔則不知我者亦以叔則既以文才見知時人云任筆沈詩昉聞甚以爲病晚節轉好著詩欲以傾沈用事過多屬辭不得流便自爾都下士子慕之轉爲穿鑿於是有才盡之談矣博學於書無所不見家雖貧聚書至萬餘卷率多異本及卒後武帝使學士賀縱共沈約勘其書目官無者就其家取之所著文章數十萬言盛行於時東海王僧孺嘗論之以爲過於董生楊子昉樂人之樂憂人之憂虛往實歸忘貧去吝行可以厲風俗義可以厚人倫能使貪夫不取懦夫有立其見重如此有子東里西華南容北叟並無術業墜其家聲兄弟流離不能自振生平舊交莫有收卹西華冬月著葛帔練裙道逢平原劉孝標泫然矜之謂曰我當爲卿作計乃著廣絕交論以譏其舊交曰客問主人曰朱公叔絕交論爲是乎爲非乎主人曰客奚此之問客曰夫草虫鳴則阜螽躍彫虎嘯而清風起故氣氳相感霧涌雲蒸嚶鳴相召星流電

激是以王陽登則貢公喜罕生逝而國子悲且心同琴瑟言鬱郁於蘭茝道叶膠漆志婉孌於塤篪聖賢以此鏤金板而鐫盤盂書玉牒而刻鍾鼎若乃匠石輟成風之妙巧伯牙息流波之雅引范張款款於下泉尹班陶陶於永夕駱驛從横烟霏雨散巧曆所不知心計莫能測而朱益州汩彝敘粤謨訓捶直切絶交遊視黔首以鷹鸇媲人靈於豺虎蒙有猜焉請辯其惑主人听然曰客所謂撫弦徽音未達燥溼變響張羅沮澤不睹鴻鴈高飛蓋聖人握金鏡闡風烈龍驤蠖屈從道汙隆日月連壁贊亹亹之弘致雲飛雷薄顯棣華之微旨若五音之變化濟九成之妙曲此朱生得玄珠於赤水謨神睿以爲言至夫組織仁義琢磨道德懽其愉樂恤其陵夷寄通靈臺之下遺跡江湖之上風雨急而不輟其音霜雪零而不渝其色斯賢達之素交歷萬古而一遇逮叔世人訛狙詐飈起溪谷不能踰其險鬼神無以究其變競毛羽之輕趨錐刀之末於是素交盡利交興天下蚩蚩鳥驚雷駭然利交同源派流則異較言其略有五術焉若其寵均董石權壓梁竇彫刻百工鑪錘萬物吐嗽興雲雨呼噏下霜露九域聳其

風塵四海疊其熏灼靡不望影星奔藉響川騖雞人始唱鶴蓋成陰高門旦開流水接軫皆願摩頂至踵隳膽抽腸約同要離焚妻子誓殉荊卿湛七族是曰勢交其流一也富埒陶白貲巨程羅山擅銅陵家藏金穴出平原而聯騎居里閈而鳴鐘則有窮巷之賓繩樞之士冀宵燭之末光邀潤屋之微澤魚貫鳧踊颯沓鱗萃分鴈鶩之稻粱霑玉斝之餘瀝銜恩遇進款誠援青松以示心指白水而旌信是曰賄交其流二也陸大夫宴喜西都郭有道人倫東國公卿貴其籍甚搢紳羨其登仙加以顩頤蹙頞涕唾流沫騁黃馬之劇談縱碧雞之雄辯敘溫燠則寒谷成暄論嚴苦則春叢零葉飛沉出其顧指榮辱定其一言於是有弱冠王孫綺紈公子道不挂於通人聲未遒於雲閣攀其鱗翼丐其餘論附騏驥之旄端軼歸鴻於碣石是曰談交其流三也陽舒陰慘生靈大情憂合歡離品物恆性故魚以泉涸而呴沫鳥因將死而鳴哀同病相憐綴河上之悲曲恐懼寘懷昭谷風之盛典斯則斷金由於湫隘刎頸起於苫蓋是以伍員濯溉於宰嚭張王撫翼於陳相是曰窮交其流四也馳騖之俗澆薄之倫無不操權

衡執纖纊衡所以揣其輕重纊所以屬其鼻息若衡不能舉纊不能飛雖顏冉龍翰鳳鶵曾史蘭薰雪白舒向金玉淵海卿雲黼黻河漢視若游塵遇同土梗莫肯費其半菽罕有落其一毛若衡重錙銖纊微影撇雖共工之蒐慝驩兜之掩義荊南之跋扈東陵之巨猾皆爲匍匐委蛇折支舐痔金膏翠羽將其意脂韋便辟導其誠故輪蓋所游必非夷惠之室包苴所入實行張霍之家謀而後動芒豪寡忒是曰量交其流五也凡斯五交義同賈鬻故桓譚譬之於闤闠林回諭之於甘醴夫寒暑遞進盛衰相襲或前榮而後悴或始富而終貧或初存而末亡或古約而今泰循環翻覆迅若波瀾此則徇利之情未嘗異變化之道不得一由是觀之張陳所以凶終蕭朱所以隙末斷焉可知矣而翟公方規規然勒門以箴客何所見之晚乎然因此五交是生三釁敗德殄義禽獸相若一釁也難固易攜讎訟所聚二釁也名陷饕餮貞介所羞三釁也古人知三釁之爲梗懼五交之速尤故王丹威子以檟楚朱穆昌言而示絕有旨哉有旨哉近世有樂安任昉海內髦傑早綰銀黃夙昭人譽遒文麗藻方駕曹王英跱俊邁

聯衡許郭類田文之愛客同鄭莊之好賢見一善則盱衡扼腕遇一才則揚眉抵掌雌黃出其脣吻朱紫由其月旦於是冠蓋輻湊衣裳雲合輜軿擊轄坐客恆滿蹈其閫閾若升闕里之堂入其隩隅謂登龍門之坂至於顧盼增其倍價翦拂使其長鳴彯組雲臺者摩肩趨走丹墀者疊跡莫不締恩狎結綢繆想慧莊之清塵庶羊左之徽烈及瞑目東粵歸骸洛浦繐帳猶懸門罕漬酒之彥墳未宿草野絕動輪之賓藐爾諸孤朝不謀夕流離大海之南寄命瘴癘之地自昔把臂之英金蘭之友曾無羊舌下泣之仁寧慕郈成分宅之德嗚呼世路嶮巇一至於此太行孟門豈云嶄絕是以耿介之士疾其若斯裂裳裹足棄之長騖獨立高山之頂懽與麋鹿同羣皦皦然絕其雰濁誠恥之也誠畏之也到溉見其論抵之於地終身恨之昉撰雜傳二百四十七卷地記二百五十二卷文章三十三卷東里位尚書外兵郎

王僧孺字僧孺東海郯人也魏衞將軍肅八世孫也曾祖雅晉左光祿大夫儀同三司祖準之宋司徒左長史父延年員外常侍未拜卒僧孺幼聰慧年五歲

便機警初讀孝經問授者曰此書何所述曰論忠孝二事僧孺曰若爾願常讀

之又有餽其父冬李先以一與之僧孺不受曰大人未見不容先嘗七歲能讀

十萬言及長篤愛墳籍家貧常傭書以養母寫畢諷誦亦了仕齊爲太學博士

尚書僕射王晏深相賞好晏爲丹陽尹召補功曹使撰東宮新記司徒竟陵王

子良開西邸招文學僧孺與太學生虞羲丘國賓蕭文琰丘令楷江洪劉孝孫

並以善辭藻游焉而僧孺與高平徐夤俱爲學林文惠太子欲以爲宮僚乃召

入直崇明殿會薨出爲晉安郡丞仍除候官令建武初舉士爲始安王遙光所

薦除儀曹郎遷書侍御史出爲錢唐令初僧孺與樂安任昉遇於竟陵王西邸

以文學會友及將之縣昉贈詩曰唯子見知唯余知子觀行視言要終猶始敬

之重之如蘭如芷形應影隨曩行今止百行之首立人斯著子之有之誰毀誰

譽脩名既立老至何遽誰其執鞭吾爲子御劉略班藝虞志荀錄伊昔有懷交

相欣勗下帷無倦升高有屬嘉爾晨澄惜余夜燭其爲士友推重如此梁天監

初除臨川王後軍記室待詔文德省出爲南海太守南海俗殺牛曾無限忌僧

孺至便禁斷又外國舶物高涼生口歲數至皆外國賈人以通貨易舊時州郡就市回而卽賣其利數倍歷政以爲常僧孺歎曰昔人爲蜀郡長史終身無蜀物吾欲遺子孫者不在越裝竝無所取視事二歲聲績有聞詔徵將還郡中道俗六百人詣闕請留不許至拜中書侍郎領著作復直文德省撰起居注中表簿遷尚書左丞俄兼御史中丞僧孺幼貧其母鬻紗布以自業嘗攜僧孺至市道遇中丞鹵簿驅迫墜溝中及是拜日引騶清道悲感不自勝頃之卽眞時武帝制春景明志詩五百字敕沈約以下辭人同作帝以僧孺爲工歷少府卿尚書吏部郎參大選請謁不行出爲仁威南康王長史蘭陵太守行府州國事初帝問僧孺妾媵之數對曰臣室無傾視及在南徐州友人以妾寓之行還妾遂懷孕爲王典籤湯道愍所糾逮詣南司坐免官久之不調友人廬江何炯猶爲王府記室僧孺乃與炯書以見其意後爲安成王參軍事鎮右中記室參軍僧孺工屬文善楷隸多識古事侍郎金元起欲注素問訪以砭石僧孺答曰古人當以石爲針必不用鐵說文有此砭字許慎云以石刺病也東山經高氏之山

多針石郭璞云可以爲砭針春秋美疢不如惡石服子慎注云石砭石也季世無復佳石故以鐵代之爾轉北中郎諮議參軍入直西省知撰譜事先是尚書令沈約以爲晉咸和初蘇峻作亂文籍無遺後起咸和二年以至于宋所書並皆詳實並在下省左戶曹前廂謂之晉籍有東西二庫此籍既並精詳實可寶惜位宦高卑皆可依案宋元嘉二十七年始以七條徵發既立此科人姦互起僞狀巧籍歲月滋廣以至于齊患其不實於是東堂校籍置郎令史以掌之競行姦貨以新換故昨日卑細今日便成士流凡此姦巧並出愚下不辨年號不識官階或注隆安在元興之後或以義熙在寧康之前此時無此府此時無此國元興唯有三年而猥稱四五詔書甲子不與長曆相應校籍諸郎亦所不覺不才令史固自忘言臣謂宋齊二代士庶不分雜役減闕職由於此竊以晉籍所餘宜加寶愛武帝以是留意譜籍州郡多離其罪因詔僧孺改定百家譜始晉太元中員外散騎侍郎平陽賈弼篤好簿狀乃廣集衆家大搜羣族所撰十八州一百一十六郡合七百一十二卷凡諸大品略無遺闕藏在祕閣副在左

戶及弼子太宰參軍匪之匪之子長水校尉深世傳其業太保王弘領軍將軍劉湛並好其書弘日對千客不犯一人之諱湛爲選曹始撰百家以助銓序而傷於寡略齊衞將軍王儉復加去取得繁省之衷僧孺之撰通范陽張等九族以代鴈門解等九姓其東南諸族別爲一部不在百家之數焉普通二年卒僧孺好墳籍聚書至萬餘卷率多異本與沈約任昉家書埒少篤志精力於書無所不覩其文麗逸多用新事人所未見者時重其富博集十八州譜七百一十卷百家譜集抄十五卷東南譜集抄十卷文集三十卷兩臺彈事不入集別爲五卷及東宮新記並行於世虞羲字士光會稽餘姚人盛有才藻卒於晉安王侍郎丘國賓吳與人以才志不遇著書以譏楊雄蕭文琰蘭陵人丘令楷吳興人江洪濟陽人竟陵王子良嘗夜集學士刻燭爲詩四韻者則刻一寸以此爲率文琰曰頓燒一寸燭而成四韻詩何難之有乃與令楷江洪等共打銅鉢立韻響滅則詩成皆可觀覽劉孝孫彭城人博學通敏而仕多不遂常歎曰古人或開一說而致卿相立談間而降白璧書籍安耳徐夤高平人有學行父榮祖

位祕書監嘗有罪繫獄旦日原之而髮皓白齊武問其故曰臣思愆於內而髮變於外當時稱之

論曰二漢求士率先經術近代取人多由文史觀江任之所以効用蓋亦會其時焉而淹實先覺加之以沉靜昉乃舊恩持之以內行其所以名位自畢各其宜乎僧孺碩學而中年遭躓非爲不遇斯乃窮通之數也

南史卷五十九

南史卷五十九考證

江淹傳豫三五賤伎之末○五閣本注一作王

任昉傳東昏中旨用爲中書郎謝尙書令王亮○郎閣本作令誤也

主人听然○听監本作忻梁書同今從閣本

王僧孺傳東海郯人也○監本缺也字今增入

撰起居注中表簿○簿一本作薄今從梁書

南史卷五十九考證

南史卷六十

唐　李　延　壽　撰

列傳第五十

范岫　傅昭弟映　孔休源　江革子德藻
徐勉　許懋子亨　殷鈞宗人芸

范岫字懋賓濟陽考城人也高祖宣晉徵士父義宋尚書殿中郎本州別駕竟陵王誕反義在城中事平遇誅岫幼而好學早孤事母以孝聞外祖顏延之早相題目以爲中外之寶蔡興宗臨荆州引爲主簿及蔡將卒以岫貧乏遺旨賜錢二十萬固辭拒之仕齊爲太子家令文惠太子之在東宮沈約之徒以文才見引岫亦預焉岫文雖不逮約而名行爲時輩所與博涉多通尤悉魏晉以來吉凶故事約常稱曰范公好事該博胡廣無以加南鄉范雲謂人曰諸君進止威儀當問范長頭以岫多識前代舊事也遷國子博士岫長七尺八寸姿容奇偉永明中魏使至詔妙選朝士有辭辯者接使於界首故以岫兼淮陰長史迎

焉入爲尙書左丞丁母憂居喪過禮朝廷頻起並不拜朝廷亮其哀款得終喪制出爲安成內史創立鈞折行倉公私弘益徵黃門侍郎兼御史中丞吏將送一無所納永元末爲輔國將軍冠軍晉安王長史行南徐州事梁武帝平建鄴承制徵爲尙書吏部郎參大選天監五年爲散騎常侍光祿大夫侍皇太子給扶累遷祠部尙書金紫光祿大夫卒官岫恭敬儼恪進止以禮自親喪後蔬食布衣以終身每所居官恆以廉絜著稱爲長城令時有梓材巾箱至數十年經貴遂不改易在晉陵唯作牙管筆一雙猶以爲費所著文集禮論雜儀字訓行於世二子褒偉

傅昭字茂遠北地靈州人晉司隸校尉咸七世孫也祖和之父淡善三禮知名宋世淡事宋竟陵王誕誕反坐誅昭六歲而孤哀毁如成人爲外祖所養十歲於朱雀航賣曆日雍州刺史袁顗見而奇之顗嘗來昭所昭讀書自若神色不改顗歎曰此兒神情不凡必成佳器司徒建安王休仁聞而悅之固欲致昭昭以宋氏多故遂不往或有稱昭於廷尉虞愿乃遣車迎昭時愿宗人通之在坐

並當時名流通之貽昭詩曰英妙擅山東才子傾洛陽清塵誰能嗣及爾遘遺芳太原王延秀薦昭於丹陽尹袁粲深見禮辟爲郡主簿使諸子從昭受學會明帝崩粲造哀策文乃引昭定其所製昭有其半焉粲每經昭戶輒歎曰經其戶寂若無人披其室其人斯在豈非名賢尋爲總明學士奉朝請齊永明中累遷尚書儀曹郎先是御史中丞劉休薦昭於齊武帝永明初以昭爲南郡王侍讀王嗣帝位故時臣隸爭求權寵唯昭及南陽宗夬保身而已守正無所參入竟不罹禍明帝踐阼引昭爲中書通事舍人時居此職者皆權傾天下昭獨廉靜無所干豫器服率陋身安麤糲常插燭板牀明帝聞之賜漆合燭盤敕曰卿有古人之風故賜卿古人之物累遷尚書左丞梁武帝素重昭梁臺建以爲給事黃門侍郎領著作兼御史中丞天監三年兼五兵尚書參選事四年卽真歷位左戶尚書安成內史郡自宋來兵亂相接府舍稱凶每昏旦聞人鬼相觸在任者鮮以吉終及昭至有人夜見甲兵出曰傅公善人不可侵犯乃騰虛而去有頃風雨忽至飄郡聽事入隍中自是郡遂無患咸以昭貞正所致郡溪無魚

或有暑月薦昭魚者昭既不納又不欲拒遂餧于門側郡多猛獸爲害常設檻穽昭曰人不害猛獸猛獸亦不害人乃命去檻穽猛獸竟不爲害歷祕書監太常卿遷臨海太守郡有蜜巖前後太守皆自封固專收其利昭以周文之囿與百姓共之大可喻小乃教勿封縣令嘗餉栗置絹于簿下昭笑而還之普通五年爲散騎常侍金紫光祿大夫昭所莅官常以清靜爲政不尚嚴肅居朝廷無所請謁不畜私門生不交私利終日端居以書記爲樂雖老不衰博極古今尤善人物魏晉以來官宦簿伐姻通內外舉而論之無所遺失世稱爲學府性尤篤慎子婦嘗得家餉牛肉以進昭昭召其子曰食之則犯法告之則不可取而埋之其居身行己不負闇室類皆如此後進宗其學重其道人人自以爲不逮卒諡曰貞長子諝位尚書郎湘東王外兵參軍諝子準有文才梁宣帝時位度支尚書昭弟昳字徽遠三歲而孤兄弟友睦脩身勵行非禮不動始昭之守臨海陸倕餞之賓主俱懽日暮不反昳以昭年高不可連夜極樂乃自往候接同乘而歸兄弟並已斑白時人美而服焉及昭卒昳喪之如父年踰七十哀戚過

禮服制雖除每言輒慟天監中位烏程令卒於太中大夫子弘

孔休源字慶緒會稽山陰人晉尚書沖之八世孫沖卽開府儀同三司愉之世父也曾祖遙之宋尚書水部郎父佩齊通直郎休源十一而孤居喪盡禮每見父手所寫書必哀慟流涕不能自勝見者莫不爲之垂泣後就吳興沈驎士受經略通大義州舉秀才太尉徐孝嗣省其策深善之謂同坐曰董仲舒華令思何以尚此可謂後生之準的也觀此足稱王佐之才琅邪王融雅相友善乃薦之於司徒竟陵王爲西邸學士梁臺建與南陽劉之遴同爲太學博士當時以爲美選休源初到都寓於宗人少府孔登曾以祠事入廟侍中范雲一與相遇深加褒賞曰不期忽覯清顏頓祛鄙吝觀天披霧驗之今日後雲命駕到少府登便拂筵整帶謂當詣已備水陸之品雲駐節命休源及至命取其常膳止有赤倉米飯蒸鮑魚雲食休源食不舉主人之饌高談盡日同載還家登深以爲愧尚書令沈約當朝貴顯軒蓋盈門休源或時後來必虛襟引接處之坐右商略文義其爲通人所推如此武帝嘗問吏部尚書徐勉求一有學藝解朝儀者

爲尚書儀曹郎勉曰孔休源識見清通詳練故事自晉宋起居注誦略上口武帝亦素聞之卽日除兼尚書儀曹郎時多所改作每逮訪前事休源卽以所誦記隨機斷決曾無疑滯吏部郎任昉常謂之爲孔獨誦遷建康獄正平反辯析時罕寃人後有選人爲獄司者帝常引休源以勵之除中書舍人後爲尚書左丞彈肅禮闈雅允朝望時周捨撰禮疑義自漢魏至于齊梁並皆搜采休源所有奏議咸預編錄再遷長兼御史中丞正色直繩無所迴避百寮憚之後爲晉安王長史南郡太守行荊州府州事帝謂曰荊州總上流衝要義高分陝今以十歲兒委卿善匡翼之勿憚周昌之舉也乃敕晉安王曰孔休源人倫儀表汝年尚幼當每事師之尋始與王憺代鎭荊州復爲憺府長史太守行府事如故在州累政甚有政績平心決斷請託弗行帝深嘉之歷祕書監復爲晉安王府長史南蘭陵太守別敕專行南徐州事休源累佐名蕃甚得人譽王深相倚仗常於中齋別施一榻云此是孔長史坐人莫得預焉其見敬如此歷都官尚書普通七年揚州刺史臨川王宏薨武帝與羣臣議代居州任者時貴戚王公咸

望還授帝曰朕已得人孔休源才識通敏實應此選乃授宣惠將軍監揚州事休源初爲臨川王行佐及王薨而管州任時論榮之神州都會簿領殷繁休源剖斷如流傍無私謁中大通二年加金紫光祿大夫在州晝決辭訟夜覽墳籍每車駕巡幸常以軍國事委之昭明太子薨有敕夜召休源入宴居殿與羣公參定謀議立晉安王綱爲皇太子自公卿珥貂插筆奏決於休源前休源怡然無愧時人名爲兼天子四年卒遺令薄葬節朔薦蔬菲而已帝爲之流涕顧謝舉曰孔休源居職清忠方欲共康政道奄至隕沒朕甚痛之舉曰此人清介彊直臣竊爲陛下惜之諡曰貞子休源風範彊正明練政體常以天下爲己任武帝深委仗之累居顯職性縝密未嘗言禁中事聚書盈七千卷手自校練凡奏議彈文勒成十五卷長子雲章頗有父風位東揚州別駕少子宗範聰敏有識度位中書郎

江革字休映濟陽考城人也祖齊之宋都水使者尚書金部郎父柔之齊尚書倉部郎有孝行以母憂毀卒革幼而聰敏早有才思六歲便解屬文柔之深加

賞器曰此兒必興吾門九歲丁父艱與第四弟觀同生少孤貧傍無師友兄弟自相訓勗讀書精力不倦十六喪母以孝聞服闋與觀俱詣太學補國子生舉高第齊中書郎王融吏部郎謝朓雅相欽重朓嘗行還過候革時大寒雪見革弊絮單席而耽學不倦嗟歎久之乃脫其所著襦幷手割半氈與革充臥具而去司徒竟陵王聞其名引爲西邸學士弱冠舉南徐州秀才時豫章胡諧之行州事王融與諧之書令薦革諧之方貢琅邪王汎便以革代之僕射江祏深相引接祏爲太子詹事啓革爲丞祏時權傾朝右以革才堪經國令參掌機務詔誥文檄皆委以具革防杜形迹外人不知祏誅賓客皆罹其罪革獨以智免除尚書駕部郎中興元年梁武帝入石頭時吳興太守袁昂據郡拒義不從革製書與昂於坐立成辭義典雅帝深賞歎之令與徐勉同掌書記建安王爲雍州刺史表求管記以革爲征北記室參軍帶中廬令與弟觀少長共居不忍離別苦求同行以觀爲征北行參軍兼記室時吳興沈約樂安任昉與革書云比聞雍府妙選英才文房之職總卿昆季可謂馭二龍於長途騁騏驥於千里途次

江夏觀卒革在雍州爲府王所禮款若布衣後爲建康正頻遷秣陵建康令爲政明肅豪彊憚之歷中書舍人尚書左丞晉安王長史尋陽太守行江州府事徙廬陵王長史太守行事如故以清嚴爲屬城所憚時少王行事多傾意於籤帥革以正直自居不與典籤趙道智坐道智因還都啓事面陳革墮事好酒以琅邪王曇聰代爲行事南州士庶爲之語曰故人不道智新人佞散騎莫知度不度新人不如故遷御史中丞彈奏豪權一無所避後爲鎮北豫章王長史廣陵太守時魏徐州刺史元法僧降附革被敕隨府王鎮彭城城既失守革素不便馬汎舟而還途經下邳爲魏人所執魏徐州刺史安豐王延明聞革才名厚加接待革稱脚疾不拜延明將害之見革辭色嚴正更加敬重時祖暅同被拘縶延明使暅作欹器漏刻銘革唾罵暅曰卿荷國厚恩已無報答乃爲虜立銘孤負朝廷延明聞之乃令革作丈八寺碑幷祭彭祖文革辭以因執既久無復心思延明將加箠朴革厲色曰江革年六十不能殺身報主今日得死爲幸誓不爲人執筆延明知不可屈乃止日給脫粟三升僅餘性命會魏帝請中山王

元略反北乃放華及祖恒還朝上大宴舉酒勸華曰卿那不畏延明害對曰臣行年六十死不爲夭豈畏延明帝曰今日始見蘇武之節於是以爲太尉臨川王長史時帝惑於佛教朝賢多啓求受戒華精信因果而帝未知謂華不奉佛法乃賜華覺意詩五百字云唯當勤精進自彊行勝脩豈可作底突如彼必死因以此告華及諸貴遊又手敕曰果報不可不信豈可底突如對元延明邪華因乞受菩薩戒時武陵王紀在東州頗驕縱上以臧盾性弱不能匡正召華慰遣乃除武陵王長史會稽郡丞行府州事華門生故吏家多在東聞華應至並賫持緣道迎候華曰我通不受餉不容獨當故人筐篚至鎮唯資公俸食不兼味郡境殷廣辭訟日數百華分判辯析曾無疑滯人安吏畏百城震恐琅邪王騫爲山陰令贓貨狼籍望風自解府王憚之每侍讌言論必以詩書王因此耽學好文典籤沈熾文以王所制詩呈武帝帝謂僕射徐勉曰華果稱職乃除都官尚書將還贈遺一無所受送故依舊訂舫華並不納唯乘臺所給一舸舸艚偏欹不得安臥或請濟江從重物以迮輕艚華既無物乃於西陵岸取石十餘

片以實之其清貧如此尋監吳郡時境內荒儉劫盜公行華至郡唯有公給仗身二十人百姓皆懼不能靜寇華乃省游軍尉百姓逾恐華乃廣施恩惠盜賊盡息武陵王出鎭江州乃曰我得江華又得華清貧豈能一日忘之當與其同飽乃表華同行除南中郎長史尋陽太守徵入爲度支尙書好獎進閭閻爲後生延譽由是衣冠士子翕然歸之時尙書令何敬容掌選序用多非其人華性彊直每朝宴恆有褒貶以此爲權貴所疾乃謝病還家除光祿大夫優游閑放以文酒自娛卒諡曰彊子有集二十卷行於世華歷官八府長史四王行事三爲二千石傍無姬侍家徒壁立時以此高之長子敏早卒次子德藻

德藻字德藻好學美風儀身長七尺四寸性至孝事親盡禮與異產昆弟居恩惠甚篤涉獵經籍善屬文仕梁爲尙書比部郎以父憂去職服闋後容貌毀瘠如居喪時及陳武帝受禪爲祕書監兼尙書左丞尋以本官兼中書舍人天監中兼散騎常侍與中書郎劉師知使齊著北征道里記三卷還除太子中庶子遷御史中丞坐公事免後自求宰縣補新渝令政尙恩惠頗有異績卒於官文

帝贈散騎常侍文筆十五卷子椿亦善屬文位尚書右丞德藻弟從簡少有文
情年十七作采荷調以刺何敬容爲當時所賞位司徒從事中郎侯景亂爲任
約所害子兼叩頭流血乞代父命以身蔽刃遂俱見殺天下痛之
徐勉字脩仁東海郯人也祖長宗宋武帝霸府行參軍父融南昌相勉幼孤貧
早勵清節年六歲屬霖雨家人祈霽率爾爲文見稱耆宿及長好學宗人孝嗣
見之歎曰此所謂人中之騏驥必能致千里又嘗謂諸子曰此人師也爾等則
而行之年十八召爲國子生便下帷專學精力無怠同時儕輩肅而敬之祭酒
王儉每見常目送之曰此子非常器也每稱有宰輔之量射策甲科起家王國
侍郎補太學博士時每有議定勉理證明允莫能貶奪同官咸取則焉還臨海
王西中郎田曹行參軍俄徙署都曹時琅邪王融一時才儁特相慕悅嘗請交
焉勉謂所親曰王郎名高望促難可輕襲衣裾融後果陷於法以此見推識鑒
累還領軍長史初與長沙宣武王游梁武帝深器賞之及武帝兵至建鄴勉於
新林謁見帝甚加恩禮使管書記及帝即位拜中書侍郎進領中書通事舍人

直內省遷臨川王後軍諮議尚書左丞自掌樞憲多所糾舉時論以爲稱職天監三年除給事黃門侍郎尚書吏部郎參掌大選遷侍中時師方侵魏候驛填委勉參掌軍書劬勞夙夜動經數旬乃一還家羣犬驚吠勉歎曰吾憂國忘家乃至於此若吾亡後亦是傳中一事六年除給事中五兵尚書遷吏部尚書勉居選官彝倫有序既閑尺牘兼善辭令雖文案填積坐客充滿應對如流手不停筆又該綜百氏皆避其諱嘗與門人夜集客有虞暠求詹事五官勉正色答云今夕止可談風月不宜及公事故時人服其無私天監初官名互有省置勉撰立選簿奏之有詔施用其制開九品爲十八班自是貪冒苟進者以財貨取通守道淪退者以貧寒見沒矣後爲左衞將軍領太子中庶子侍東宮昭明太子尚幼敕知宮事太子禮之甚重每事詢謀嘗於殿講孝經臨川王宏尚書令沈約備二傅勉與國子祭酒張充爲執經王瑩張稷柳憕王暕爲侍講時選極親賢妙盡人譽勉陳讓數四又與沈約書求換侍講詔弗許然後就焉舊揚徐首迎主簿盡選國華中正取勉子崧充南徐選首帝敕之曰卿寒士而子與王

志子同迎偃王以來未之有也勉恥以其先爲戲答旨不恭由是左遷散騎常侍領游擊將軍後爲太子詹事又遷尚書右僕射詹事如故時人間喪事多不遵禮朝終夕殯相尚以速勉上疏曰禮記問喪云三日而後斂者以俟其生也三日而不生亦不生矣頃來不遵斯制送終之禮殯以期日潤屋豪家乃或半晷衣衾棺槨以速爲榮親戚徒隸各念休反故屬纊纔畢灰釘已具忘狐鼠之顧步媿燕雀之徊翔傷情滅理莫此爲大且人子承衾之時志懣心絕喪事所資悉關他手愛憎深淺事實難原如覘視或爽存沒違濫使萬有其一怨酷已多豈不緩其告斂之辰申其望生之冀請自今士庶宜悉依古三日大斂如其不奉加以糾繩詔可其奏又除尚書僕射中衛將軍勉以舊恩繼升重位盡心奉上知無不爲爰自小選迄于此職常參掌衡石甚得士心禁省中事未嘗漏泄每有表奏輒焚藁草博通經史多識前載齊世王儉居職已後莫有逮者朝儀國典昏冠吉凶勉皆預圖議初勉受詔知撰五禮普通六年功畢表上之曰夫禮以安上化人弘風訓俗經國家利後嗣者也唐虞三代咸必由之在乎有

周憲章尤備因殷革夏損益可知雖復經禮三百曲禮三千經文三百威儀三千其大歸有五即宗伯所掌典禮吉爲上凶次之賓次之軍次之嘉爲下也故祠祭不以禮則不齊不莊喪紀不以禮則背死忘生者衆賓客不以禮則朝覲失其儀軍旅不以禮則致亂於師律冠昏不以禮則男女失其時爲國脩身於斯攸急洎周室大壞王道既衰官守斯文日失其序暴秦滅學掃地無餘漢氏鬱興日不暇給猶命叔孫於外野方知帝王之爲貴末葉紛綸遞有興毀及東京曹褒南宮制述集其散略百有餘篇雖寫以尺簡而終闕平奏其後兵革相尋異端互起章句既淪俎豆斯輟方領矩步之容事滅於旌鼓蘭臺石室之典用盡於帷蓋至乎晉氏爰定新禮荀顗制之於前摯虞刪之於末既而中原喪亂罕有所遺江左草創因循而已釐革之風是則未暇伏惟陛下睿明啓運光天改物撥亂惟武經俗以文作樂在乎功成制禮弘於業定伏尋所定五禮起齊永明二年太子步兵校尉伏曼容表求制一代禮樂于時參議置新舊學士十人止脩五禮諮稟衞將軍丹陽尹王儉學士亦分住郡中制作歷年猶未克

就及文憲薨遺文散逸又以事付國子祭酒何胤經涉九載猶復未畢建武四年胤還東山齊明帝敕委尚書令徐孝嗣舊事本末隨在南第永元中孝嗣於此遇禍又多零落當時鳩集所餘權付尚書左丞蔡仲熊驍騎將軍何佟之共掌其事時禮局住在國子學中門外東昏之時頻有軍火其所散失又踰大半天監元年佟之啓審省置之宜敕使外詳時尚書參詳以天地初革庶務權輿宜俟隆平徐議刪撰欲且省禮局併還尚書儀曹詔旨云禮壞樂缺故國異家殊實宜以時修定以爲永準於是尚書僕射沈約等參議請五禮各置舊學士一人人各自舉學士二人相助抄撰其中有疑者依前漢石渠後漢白虎隨源以聞請旨斷決乃以舊學士右軍記室參軍明山賓掌吉禮中軍騎兵參軍嚴植之掌凶禮中軍田曹行參軍兼太常丞賀瑒掌賓禮征虜記室參軍陸璉掌軍禮右軍參軍事司馬褧掌嘉禮尚書右丞何佟之總參其事佟之亡後以鎮北諮議參軍伏暅代之後又以暅代嚴植之掌凶禮暅尋還官以五經博士繆昭掌凶禮復以禮儀深廣記載殘缺宜須博論共盡其致更使鎮軍將軍丹陽

尹沈約太常卿張充及臣三人同參厥務臣又奉別敕總知其事末又使中書侍郎周捨庾於陵二人復豫參知若有疑義所掌學士當職先立議通諮五禮舊學士及參知各言同異條牒啓聞決之制旨疑事既多歲時又積制旨裁斷其數不少莫不網羅經誥玉振金聲凡諸奏決皆載篇首具列聖旨爲不刊之則寧孝宣之能擬豈孝章之足云五禮之職事有繁簡及其列畢不得同時嘉禮儀注以天監六年五月七日上尚書合十有二帙一百一十六卷五百三十六條賓禮儀注以天監六年五月二十日上尚書合十有七帙一百三十三卷五百四十五條軍禮儀注以天監九年十月二十九日上尚書合十有八帙一百八十九卷二百四十條吉禮儀注以天監十一年十一月十日上尚書合二十有六帙二百二十四卷一千五條凶禮儀注以天監十一年十一月十七日上尚書合四十有七帙五百一十四卷五千六百九十三條大凡一百二十帙一千一百七十六卷八千一十九條又列副祕閣及五經典書各一通繕寫校定以普通五年二月始獲完畢竊以撰正履禮歷代罕就皇明在運厥功克成

周代三千舉其盈數今之八千隨事附益質文相變故其數兼倍猶如八卦之爻因而重之錯綜成六十四也臣以庸識謬司其任淹留歷稔允當斯責兼勤成之初未遑表上實由才輕務廣思力不周永言慚惕無忘寤寐自今春輿駕將親六師搜尋軍禮閱其條章靡不該備可以懸諸日月頒之天下者矣詔有司案以遵行尋加中書令勉以疾求解內任詔不許乃令停下省三日一朝有事遣主書論決患脚轉劇久闕朝覲固求陳解詔許疾差還省勉雖居顯職不營產業家無畜積奉祿分贍親族之貧乏者門人故舊或從容致言勉乃答曰人遺子孫以財我遺之清白子孫才也則自致輜軿如不才終爲佗有嘗爲書戒其子崧曰吾家本清廉故常居貧素至於產業之事所未嘗言非直不經營而已薄躬遭逢遂至今日尊官厚祿可謂備之每念叨竊若斯豈由才致仰藉先門風範及以福慶故臻此爾古人所謂以清白遺子孫不亦厚乎又云遺子黃金滿籯不如一經詳求此言信非徒語吾雖不敏實有本志庶得遵奉斯義不敢墜失所以顯貴以來將三十載門人故舊承薦便宜或使創闢田園或勸

興立邸店又欲舳艫運致亦令貨殖聚斂若此衆事皆拒而不納非謂拔葵去
織且欲省息紛紜中年聊於東田開營小園者非存播藝以要利政欲穿池種
樹少寄情賞又以郊際閑曠終可爲宅儻獲懸車致事實欲歌哭於斯慧曰十
住等既應營昏又須住止吾淸明門宅無相容處所以爾者亦復有以前劃西
邊施宣武寺既失西廂不復方幅意亦謂此逆旅舍爾何事須華常恨時人謂
是我宅古往今來豪富繼踵高門甲第連闥洞房宛其死矣定是誰室但不能
不爲培塿之山聚石移果雜以花卉以娛休沐用託性靈隨便架立不存廣大
唯功德處小以爲好所以內中逼促無復房宇近脩東邊兒孫二宅乃藉十住
南還之資其中所須猶爲不少既牽挽不至又不可中途而輟郊間之園遂不
辦保貨與韋黯乃獲百金成就兩宅已消其半尋園價所得何以至此由吾經
始歷年粗已成立桃李茂密桐竹成陰塍陌交通渠畎相屬華樓迥榭頗有臨
眺之美孤峯叢薄不無糾紛之興瀆中並饒荷茭湖裏殊富芰蓮雖云人外城
闕密邇韋生欲之亦雅有情趣追述此事非有吝心蓋是事意所至爾憶謝靈

運山家詩云中爲天地物今成鄙夫有吾此園有之二十載今爲天地物物之與我相校幾何哉此直所餘今以分汝營小田舍親累既多理亦須此且釋氏之教以財物謂之外命外典亦稱何以聚人曰財況汝常情安得忘此聞汝所買湖熟田地甚爲舄鹵彌復可安所以如此非物競故也雖事異寢丘聊可髣髴孔子曰居家理事可移於官既已營之宜使成立進退兩亡更貽恥笑若有所收獲汝可自分贍內外大小宜令得所非吾所知又復應霑之諸女爾汝既居長故有此及凡爲人長殊復不易當使中外諧緝人無閒言先物後己然後可貴老生云後其身而身先若能爾者更招巨利汝當自勗見賢思齊不宜忽略以棄日也棄日乃是棄身身名美惡豈不大哉可不慎歟今之所敕略言此意政謂爲家以來不事資產暨立墅舍似乖舊業陳其始末無愧懷抱兼吾年時朽暮心力稍單牽課奉公略不克舉其中餘暇裁可自休或復冬日之陽夏日之陰良辰美景文案閒隙負杖躡履逍遙陋館臨池觀魚披林聽鳥濁酒一杯彈琴一曲求數刻之暫樂庶居常以待終不宜復勞家間細務汝交關既定

此書又行凡所資須付給如別自茲以後吾不復言及田事汝亦勿復與吾言之假使堯水湯旱豈如之何若其滿庾盈箱爾之幸遇如斯之事過並無俟令吾知也記云夫孝者善繼人之志善述人之事今且望汝全吾此志則無所恨矣第二子悱卒痛悼甚至不欲久廢王務乃爲答客以自喻焉普通末武帝自算擇後宮吳聲西曲女妓各一部並華少賚勉因此頗好聲酒祿奉之外月別給錢十萬信遇之深故無與匹中大通中又以疾自陳移授特進右光祿大夫侍中中衞將軍置佐史扶如故增親信四十人兩宮參問冠蓋結轍有敕每欲臨幸勉以拜伏有虧頻啓停出詔許之遂停輿駕及卒帝聞而流涕卽日車駕臨殯贈右光祿大夫開府儀同三司皇太子亦舉哀朝堂有司奏謚居敬行簡曰簡帝益執心決斷曰肅因謚簡肅公勉雖骨鯁不及范雲亦不阿意苟合後知政事者莫及梁世之言相者稱范徐云善屬文勤著述雖當機務下筆不休常以起居注煩雜乃撰爲流別起居注六百六十卷左丞彈事五卷在選曹撰選品三卷齊時撰太廟祝文二卷以孔釋二教殊途同歸撰會林五十卷凡所

著前後二集五十卷又爲人章表集十卷大同三年故佐史尚書左丞劉覽等詣闕陳勉行狀請刊石紀德即降詔立碑於墓焉悱字敬業幼聰敏能屬文位太子舍人掌書記累遷洗馬中舍人猶管書記出入宮坊者歷稔以足疾出爲湘東王友俄遷晉安內史

許懋字昭哲高陽新城人魏鎮北將軍允九世孫也五世祖詢晉徵士祖珪宋給事著作郎桂陽太守父勇慧齊太子家令冗從僕射懋少孤性至孝居父憂執喪過禮篤志好學爲州黨所稱十四入太學受毛詩旦領師說晚而覆講坐下聽者常數十百人因撰風雅比興義十五卷盛行於時尤明故事稱爲儀注學起家後爲豫章王行參軍轉法曹舉秀才遷驃騎大將軍儀同中記室文惠太子聞而召之侍講於崇明殿後兼國子博士與司馬褧同志友善僕射江祏甚推重之號爲經史笥梁天監初吏部尚書范雲舉懋參詳五禮除征西鄱陽王諮議參軍兼著作郎待詔文德省時有請會稽封禪者武帝因集儒學士草封禪儀將行焉懋建議獨以爲不可帝見其議嘉納之由是遂停十年轉太子

家令凡諸禮儀多所刊正以足疾出爲始平太守政有能名加散騎常侍轉天門太守中大通三年皇太子召與諸儒錄長春義記四年拜中庶子是歲卒撰述行記四卷有集十五卷子亨

亨字亨道少傳家業孤介有節行博通羣書多識前代舊事甚爲南陽劉之遴所重梁太清初爲西中郎記室兼太常丞侯景之亂避地郢州會梁邵陵王自東至引爲諮議參軍王僧辯之襲郢州素聞其名召爲儀同從事中郎遷太尉從事中郎與吳興沈炯對掌書記府政朝務一以委之晉安王承制授給事黃門侍郎陳武帝受禪爲太中大夫領大著作知梁史事初僧辯之誅也所司收僧辯及其子顧屍於方山同坎埋瘞至是無敢言者亨以故吏抗表請葬之與故義徐陵張種孔奐等相率以家財營葬凡七柩皆改窆焉光大中宣帝入輔以亨貞正有古人風甚相欽重常以師禮事之及到仲舉之謀出宣帝宣帝問亨亨勸勿奉詔宣帝即位拜衛尉卿卒於官亨初撰齊書并志五十卷遇亂亡失後撰梁史成者五十八卷梁太清之後所製文筆六卷子善心位尚書度支

侍郎
殷鈞字季和陳郡長平人晉荊州刺史仲堪五世孫也曾祖元素宋南康相坐元凶事誅元素娶尚書僕射瑯邪王僧朗女生子寧早卒寧遺腹生子叡亦當從戮僧朗啓孝武救之得免叡有口辯司徒褚彥回甚重之謂曰諸殷自荊州以來無出卿叡斂容答曰殷族衰悴誠不如昔若此旨爲虛故不足降此旨爲實彌不可聞仕齊歷司徒從事中郎叡妻瑯邪王奐女奐爲雍州刺史啓叡爲府長史奐誅叡亦見害鈞九歲以孝聞及長恬靜簡交游好學有思理善隸書爲當時楷法南鄉范雲樂安任昉並稱美之梁武帝與叡少故舊以女永興公主妻鈞拜駙馬都尉歷祕書丞在職啓校定祕閣四部書更爲目錄又受詔料檢西省法書古迹列爲品目累遷侍中東宮學士自宋齊以來公主多驕淫無行永與主加以險虐鈞形貌短小爲主所憎每被召入先滿壁爲殷叡字鈞輒流涕以出主命婢束而反之鈞不勝怒而言於帝帝以犀如意擊主碎於背然猶恨鈞自侍中出爲王府諮議後爲明威將軍臨川內史鈞體羸多疾閑閤臥

理而百姓化其德劫盜皆奔出境嘗禽劫帥不加考掠和言誚責劫帥稽顙乞
改過鈞便命遣之後遂爲善人郡舊多山瘧更暑必動自鈞在任郡境無復瘧
疾母憂去職居喪過禮昭明太子憂之手書誡喻服闋爲散騎常侍領步兵校
尉侍東宮改領中庶子後爲國子祭酒卒謚貞二子構渥鈞宗人芸
芸字灌蔬倜儻不拘細行然不忘交游門無雜客勵精勤學博洽羣書幼而廬
江何憲見之深相歎賞天監中位祕書監司徒左長史後直東宮學士省卒
論曰范懋賓之德美傳茂遠之淸令孔休源之政事江休映之彊直並加之以
學植飾之以文采其所以取高時主豈徒然哉徐勉少而勵志發憤忘食脩身
愼行運屬興王依光日月致位公輔提衡端執時無異議爲梁氏宗臣信爲美
矣許懋業藝以經笥見推亨懷道好古以博覽歸譽其所以折議封禪求葬僧
辯正直存焉豈唯文義而已古人云仁者有勇斯言近之殷鈞德業自居又加
之以政績文質斌斌亦足稱也

南史卷六十

南史卷六十考證

傅昭傳父淡善三禮知名宋世事宋竟陵王誕○事監本作仕今從閣本

郡有蜜巖○監本脫蜜字今從閣本增入

縣令常餉栗置絹於簿下○栗一本作粟

孔休源傳時周捨撰禮疑義○監本缺義字又下文休源所有奏議咸預編錄

句缺錄字今俱增入

江革傳會魏帝請中山王元略反北○請監本誤討今從魏書改正

武陵王出鎮江州乃曰我得江革又得華清貧豈能一日忘之○又一本作文

許亨傳凡七柩皆改窆焉○柩監本誤樞今改正

南史卷六十考證

南史卷六十一

唐　李延壽　撰

列傳第五十一

陳伯之　陳慶之子昕　暄　蘭欽

陳伯之濟陰睢陵人也年十三四好著獺皮冠帶刺刀候鄰里稻熟輒偷刈之嘗爲田主所見呵之曰楚子莫動伯之曰君稻幸多取一擔何苦田主將執之因拔刀而進曰楚子定何如田主皆反走徐擔稻而歸及年長在鍾離數爲劫盜嘗援面覘人船船人斫之獲其左耳後隨鄉人車騎將軍王廣之廣之愛其勇每夜臥下榻征伐常將自隨頻以戰功累遷驃騎司馬封魚復縣伯梁武起兵東昏假伯之節督前驅諸軍事豫州刺史轉江州據尋陽以拒梁武郢城平武帝使說伯之即以爲江州刺史子虎牙爲徐州刺史伯之雖受命猶懷兩端帝及其猶豫逼之伯之退保南湖然後歸附與衆軍俱下建康城未平每降人出伯之輒喚與耳語帝疑其復懷翻覆會東昏將鄭伯倫降帝使過伯之謂曰

城中甚急卿欲遣信誘卿須卿降當生割卿手脚卿若不降復欲遣刺客殺卿
伯之大懼自是無異志矣城平封豐城縣公遣之鎮伯之不識書及還江州得
文牒辭訟唯作大諾而已有事典籤傳口語與奪決於主者伯之與豫章人鄧
繕永興人戴承忠並有舊繕經藏伯之息免禍伯之尤德之及在州用繕爲別
駕承忠爲記室參軍河南褚緭都下之薄行者武帝即位頻造尚書范雲雲不
好緭堅拒之緭益怒私語所知曰建武以後草澤底下悉成貴人吾何罪而見
棄今天下草創喪亂未可知陳伯之擁強兵在江州非代來臣有自疑之意且
復熒惑守南斗詎非爲我出今者一行事若無成入魏何減作河南郡於是投
伯之書佐王思穆事之大見親狎及伯之鄉人朱龍符爲長流參軍並乘伯之
愚闇恣行姦險伯之子虎牙時爲直閤將軍武帝手疏龍符罪親付虎牙虎牙
封示伯之帝又遣代江州別駕鄧繕伯之並不受命曰龍符健兒鄧繕在事有
績臺所遣別駕請以爲中從事繕於是日夜說伯之云臺家府庫空竭無復器
仗三倉無米此萬世一時機不可失緭承忠等每贊成之伯之謂繕今段啓卿

若復不得便與卿共下使反武帝敕部內一郡處繕伯之於是集府州佐史謂曰奉齊建安王教率江北義勇十萬已次六合見使以江州見力運糧速下我荷明帝厚恩誓以死報使緝詐爲蕭寶夤書以示僚佐於聽事前爲壇殺牲以盟伯之先歃長史以下次第歃緝說伯之今舉大事宜引人望程元沖不與人同心臨川內史王觀僧虔之孫人身不惡可召爲長史以代元沖伯之從之仍以緝爲尋陽太守承忠輔義將軍龍符豫州刺史豫章太守鄭伯倫起郡兵拒守程元沖既失職於家合率數百人使伯之典籤呂孝通戴元則爲內應伯之每旦常作伎日晡輒臥左右仗身皆休息元沖因其解弛從北門入徑至聽事前伯之聞叫自率出盪元沖力不能敵走逃廬山伯之遣使還報虎牙兄弟虎牙等走盱眙盱眙人徐文安莊與紹張顯明邀擊之不能禁反見殺武帝遣王茂討伯之敗走間道亡命出江北與子虎牙及褚緝俱入魏魏以伯之爲使持節散騎常侍都督淮南諸軍事平南將軍光祿大夫曲江縣侯天監四年詔太尉臨川王宏北侵宏命記室丘遲私與之書曰陳將軍足下無恙幸甚幸甚將

軍勇冠三軍才爲世出棄燕雀之毛羽慕鴻鵠以高翔昔因機變化遭遇明主立功立事開國稱孤朱輪華轂擁旄萬里何其壯也如何一旦爲奔亡之虜聞鳴鏑而股戰對穹廬以屈膝又何劣邪尋君去就之際非有他故直以不能內審諸己外受流言沉迷猖蹶以至於此聖朝赦罪責功棄瑕錄用推赤心於天下安反側於萬物此將軍之所知非假僕一二談也昔朱鮪涉血於友于張繡剚刃於愛子漢主不以爲疑魏君待之若舊況將軍無昔人之罪而勳重於當代夫迷塗知反往哲是與不遠而復先典攸高主上屈法申恩吞舟是漏將軍松柏不翦親戚安居高堂未傾愛妾尚在悠悠爾心亦何可言當今功臣名將鴈行有序佩紫懷黃讚帷幄之謀乘軺建節奉疆埸之任並刑馬作誓傳之子孫將軍獨靦顏借命驅馳氈裘之長寧不哀哉夫以慕容超之強身送東市姚泓之盛面縛西都故知霜露所均不育異類姬漢舊邦無取雜種北虜僭號中原多歷年所惡積禍盈理至焦爛況僞孽昏狡自相夷戮部落攜離酋豪猜貳方當係頸蠻邸縣首藁街而將軍魚游於沸鼎之中燕巢於飛幕之上不亦惑

平暮春三月江南草長雜花生樹羣鶯亂飛見故國之旗鼓感生平於疇日撫絃登陴豈不愴恨所以廉公之思趙將吳子之泣西河人之情也將軍獨無情哉想早勵良規自求多福當今皇帝盛明天下安樂白環西獻楛矢東來夜郎滇池解辮請職朝鮮昌海蹶角受化唯北狄野心崛強沙塞之間欲延歲月之命耳中軍臨川殿下明德茂親總茲戎重方弔民洛汭伐罪秦中若遂不改方思僕言聊布往懷君其詳之伯之得書乃於壽陽擁衆八千歸降虎牙爲魏人所殺伯之既至以爲平北將軍西豫州刺史永新縣侯未之任復爲驍騎將軍又爲太中大夫久之卒於家其子猶有在魏者褚緭在魏魏人欲用之魏元會緭戲爲詩曰帽上著籠冠袴上著朱衣不知是今是不知非昔非魏人怒出爲始平太守日日行獵墮馬而死

陳慶之字子雲義興國山人也幼隨從梁武帝帝性好棋每從夜至旦不輟等輩皆寐唯慶之不寢聞呼卽至甚見親賞從平建鄴稍爲主書散財聚士恆思立效除奉朝請普通中魏徐州刺史元法僧於彭城求入內附以慶之爲武威

將軍與胡龍牙成景儁率諸軍應接還除宣猛將軍文德主帥仍率軍送豫章王綜入鎮徐州魏遣安豐王元延明臨淮王元彧率衆十萬來拒延明先遣其別將丘大千觀兵近境慶之擊破之後豫章王棄軍奔魏慶之乃斬關夜退軍士獲全普通七年安西將軍元樹出征壽春除慶之假節總知軍事魏豫州刺史李憲遣其子長鈞別築兩城相拒慶之攻拔之憲力屈遂降慶之入據其城轉東宮直閤大通元年隸領軍曹仲宗伐渦陽魏遣常山王元昭等東援前軍至駝澗去渦陽四十里韋放曰賊鋒必是輕銳戰捷不足爲功如不利沮我軍勢不如勿擊慶之曰魏人遠來皆已疲倦須挫其氣必無不敗之理於是與麾下五百騎奔擊破其前軍魏人震恐慶之還共諸將連營西進據渦陽城與魏相持自春至冬各數十百戰師老氣衰魏之援兵復欲築壘於軍後仲宗等恐腹背受敵謀退慶之杖節軍門曰須虜圍合然後與戰若欲班師慶之別有密敕仲宗壯其計乃從之魏人掎角作十三城慶之陷其四壘九城兵甲猶盛乃陳其俘馘鼓譟攻之遂奔潰斬獲略盡渦水咽流詔以渦陽之地置西徐州衆

軍乘勝前頓城父武帝嘉焉手詔慰勉之大通初魏北海王元顥來降武帝以慶之爲假節飇勇將軍送顥還北顥於渙水即魏帝號授慶之前軍大都督自銍縣進遂至睢陽魏將丘大千有衆七萬分築九壘以拒慶之自旦至中攻陷其三大千乃退時魏濟陰王元徽業率羽林庶子二萬人來救梁宋進屯考城慶之攻陷其城禽徽業仍趣大梁顥進慶之徐州刺史武都郡王仍率衆而西魏左僕射楊昱等率御仗羽林宗子庶子衆七萬據滎陽拒顥兵強城固魏將元天穆大軍復將至先遣其驃騎將軍介朱兆騎將魯安等援楊昱又遣右僕射介朱世隆西荊州刺史王羆據虎牢時滎陽未拔士衆皆恐慶之乃解鞍秣馬宣喻衆曰我等纔有七千賊衆四十餘萬今日之事義不圖存須平其城壘一鼓悉使登城壯士東陽宋景休義興魚天愍踰堞而入遂剋之俄而魏陣外合慶之率精兵三千大破之魯安於陣乞降天穆兆單騎獲免進赴虎牢介朱世隆棄城走魏孝莊出居河北其臨淮王彧安豐王延明率百僚備法駕迎顥入洛陽宮御前殿改元大赦顥以慶之爲車騎大將軍魏上黨王元天穆又攻

拔大梁分遣王老生費穆據虎牢刁宣刁雙入梁宋慶之隨方掩襲並降天穆與十餘騎北度河慶之麾下悉著白袍所向披靡先是洛中謠曰名軍大將莫自牢千兵萬馬避白袍自發銍縣至洛陽十四旬平三十二城四十七戰所向無前初魏莊帝單騎度河宮衛嬪侍無改於常顥既得志荒于酒色不復視事與安豐臨淮計將背梁以時事未安且資慶之力用慶之心知之乃說顥曰今遠來至此未伏尚多宜啓天子更請精兵幷勒諸州有南人沒此者悉須部送顥欲從之元延明說顥曰慶之兵不出數千已自難制今更增其衆寧肯爲用魏之宗社於斯而滅顥由是疑慶之乃密啓武帝停軍洛下南人不出一萬魏人十倍軍副馬佛念言於慶之曰勳高不賞震主身危二事既有將軍豈得無慮今將軍威震中原聲動河塞屠顥據洛則千載一時慶之不從顥前以慶之爲徐州刺史因求之鎮顥心憚之遂不遣魏將尒朱榮尒朱世隆元天穆尒朱兆等衆號百萬挾魏帝來攻顥顥據洛陽六十五日凡所得城一時歸魏慶之度河守北中郎城三日十一戰傷殺甚衆榮將退還時有善天文人劉靈助謂

榮曰不出十日河南大定榮乃爲棧濟自硤石與顥戰於河橋顥大敗走至臨潁被禽洛陽復入魏慶之馬步數千結陣東反榮親自來追軍人死散慶之乃落鬚髮爲沙門間行至豫州州人程道雍等潛送出汝陰至都仍以功除右衞將軍封永興侯出爲北兗州刺史都督緣淮諸軍事會有祆賊沙門僧強自稱爲帝土豪蔡伯寵起兵應之攻陷北徐州詔慶之討焉慶之斬伯寵僧強傳其首中大通二年除南北司二州刺史加都督慶之至鎮遂圍縣瓠破魏潁州刺史婁起揚州刺史是玄寶於溱水又破行臺孫騰豫州刺史堯雄梁州刺史司馬恭於楚城罷義陽鎮兵停水陸轉運江湘諸州並得休息開田六千頃二年之後倉廩充實又表省南司州復安陸郡置上明郡大同二年魏遣將侯景攻下楚州執刺史桓和景仍進軍淮上慶之破之時大寒雪景棄輜重走是歲豫州饑慶之開倉振給多所全濟州人李昇等八百人表求樹碑頌德詔許焉五年卒諡曰武慶之性祗慎每奉詔敕必洗沐拜受儉素不衣紈綺不好絲竹射不穿札馬非所便而善撫軍士能得其死力長子昭嗣梁世寒門達者唯慶之

與俞藥初爲武帝左右帝謂曰俞氏無先賢世人云俞錢非君子所宜改姓
喻藥曰當令姓自於臣歷位雲旗將軍安州刺史
慶之第五子昕字君章七歲能騎射十二隨父入洛遇疾還都詣鴻臚卿朱异
异訪北間事昕聚土畫城指麾分別异甚奇之慶之在縣瓠魏驍將堯雄子寶
樂特爲敢勇求單騎校戰昕躍馬直趣寶樂雄卽潰散後爲臨川太守太清二
年侯景圍歷陽敕召昕還昕啓云採石急須重鎮王質水軍輕弱恐虜必濟乃
板昕爲雲騎將軍代質未及下渚景已度江爲景所禽令收集部曲將用之昕
誓而不許景使其儀同范桃棒嚴禁之昕因說桃棒令率所領歸降襲殺王偉
宋子仙桃棒許之遂立盟射城中遣昕夜縋而入武帝大喜敕卽受降簡文遲
疑累日不決外事泄昕弗之知猶依期而下景邀得之逼昕令更射書城中云
桃棒且輕將數十人先入景欲裹甲隨之昕不從遂見害
少弟暄學不師受文才俊逸尤嗜酒無節操徧歷王公門沉湎諠譊過差非度
其兄子秀常憂之致書於暄友人何胥冀以諷諫暄聞之與秀書曰旦見汝書

與孝典陳吾飲酒過差吾有此好五十餘年昔吳國張長公亦稱耽嗜吾見張時伊已六十自言引滿大勝少年時吾今所進亦多於往日老而彌篤唯吾與張季舒耳吾方與此子交歡於地下汝欲笑吾所志邪昔阮咸阮籍同遊竹林宣子不聞斯言王湛能玄言巧騎武子呼爲癡叔何陳留之風不嗣太原之氣巋然翻成可怪吾既寂漠當世朽病殘年產不異於顏原名未動於卿相若不日飲醇酒復欲安歸汝以飲酒爲非吾以不飲酒爲過昔周伯仁度江唯三日醒吾不以爲少鄭康成一飲三百盃吾不以爲多然洪醉之後有得有失成廝養之志是其得也使次公之狂是其失也吾常譬酒之猶水亦可以濟舟亦可以覆舟故江諮議有言酒猶兵也兵可千日而不用不可一日而不備酒可千日而不飲不可一飲而不醉美哉江公可與共論酒矣汝驚吾墮馬侍中之門陷池武陵之第徧布朝野自言焦悚丘也幸苟有過人必知之吾生平所願身沒之後題吾墓云陳故酒徒陳君之神道若斯志意豈避南征之不復賈誼之慟哭者哉何水曹眼不識盃鐺吾口不離瓢杓汝寧與何同日而醒與吾同日

而醉乎政言其醒可及其醉不可及也速營糟丘吾將老焉爾無多言非爾所及暄以落魄不爲中正所品久不得調陳太康中徐陵爲吏部尚書精簡人物縉紳之士皆嚮慕焉暄以玉帽簪插髻紅絲布裹頭袍拂踝靴至膝不陳爵里直上陵坐陵不之識命吏持下暄徐步而出舉止自若竟無怍容作書謗陵陵甚病之後主之在東宮引爲學士及即位遷通直散騎常侍與義陽王叔達尚書孔範度支尚書袁權侍中王瑳金紫光祿大夫陳褒御史中丞沈瓘散騎常侍王儀等恆入禁中陪侍游宴謂爲狎客暄素通脫以俳優自居文章諧謬語言不節後主甚親昵而輕侮之嘗倒縣于梁臨之以刃命使作賦仍限以晷刻暄援筆即成不以爲病而傲弄轉甚後主稍不能容後遂摶艾爲帽加于其首火以爇之然及於髮垂泣求哀聲聞于外而弗之釋會衞尉卿柳莊在坐遽起撥之拜謝曰陳暄無罪臣恐陛下有謌人之失輒矯赦之造次之愆伏待刑憲後主素重莊意稍解敕引暄出命莊就坐經數日暄發悸而死

蘭欽字休明中昌魏人也幼而果決趫捷過人宋末隨父子雲在洛陽恆於市

驅槖駞後子雲還南梁天監中以軍功至冀州刺史欽兼文德主帥征南中五郡諸洞反者所至皆平欽有謀略勇決善戰步行日二百里勇武過人善撫馭得人死力以軍功封安懷縣男累遷都督梁南秦二州刺史進爵爲侯征梁漢事平進號智武將軍改授都督衡州刺史未及赴職會西魏攻圍南鄭梁州刺史杜懷瑤來請救欽乃大破魏軍追入斜谷斬獲略盡魏相安定公遣致馬二千疋請結鄰好欽百日之中再破魏軍威振鄰國詔加散騎常侍仍令赴職經廣州因破俚帥陳文徹兄弟並禽之至衡州進號平南將軍改封曲江縣公在州有惠政吏人詣闕請立碑頌德詔許焉後爲廣州刺史前刺史新渝侯暎之薨南安侯恬權行州事冀得卽真及聞欽至嶺厚貸廚人塗刀以毒削瓜進之欽及愛妾俱死帝聞大怒檻車收恬削爵土欽子夏禮侯景至歷陽率其部曲邀景兵敗死之

論曰陳伯之雖輕狡爲心而勇勁自立其累至爵位蓋有由焉及喪亂既平去就不已卒得其死亦爲幸哉慶之初同燕雀之游終懷鴻鵠之志及乎一見任

委長驅伊洛前無強陣攻靡堅城雖南風不競晚致傾覆其所剋捷亦足稱之
蘭欽戰有先鳴位非虛受終逢鴆毒唯命也夫

南史卷六十一

南史卷六十一考證

陳伯之傳張繡剸刃於愛子○剸監本作手今從閣本

自旦至中攻陷其三大千乃退○梁書中作申退作降

顯由是疑慶之乃密啓武帝○疑監本訛陳今改正又梁書云顯由是致疑稍

成疎貳慮慶之密啓乃表高祖與此小異

破魏潁州刺史婁起揚州刺史是玄寶於溱水○玄魏書作云

南史卷六十一考證

西元二〇二〇年十一月一日重製一版

南史（附考證）冊三（唐李延壽撰）

平裝四冊基本定價貳仟柒佰元正
（郵運匯費另加）

發行人　張敏君
發行處　中華書局
臺北市內湖區舊宗路二段一八一巷八號五樓（5FL., No. 8, Lane 181, JIOU-TZUNG Rd., Sec 2, NEI HU, TAIPEI, 11494, TAIWAN)
客服電話：886-2-8797-8396
公司傳真：886-2-8797-8909
匯款帳戶：華南商業銀行西湖分行
179100026931
印刷：維中科技有限公司
海瑞印刷品有限公司

No. N1051-3

國家圖書館出版品預行編目(CIP)資料

南史/(唐)李延壽撰. -- 重製一版. -- 臺北市 :
中華書局, 2020.11
冊 ; 公分
ISBN 978-986-5512-31-6(全套 : 平裝)

1.南史

623.501 109016723